教育部人文社会科学项目"当代中国价值观念国际传播的有效性研究"
（项目编号：19YJC710092）成果
南京理工大学特色理科精品文科专项资助

当代中国价值观念
国际传播的有效性研究

Study on Efficiency of International Communication
of Contemporary Chinese Values

姚兰◎著

天津出版传媒集团

天津人民出版社

图书在版编目(ＣＩＰ)数据

当代中国价值观念国际传播的有效性研究 / 姚兰著
. -- 天津 : 天津人民出版社, 2021.11
　ISBN 978-7-201-17790-8

　Ⅰ.①当… Ⅱ.①姚… Ⅲ.①社会主义建设—价值论
—研究—中国②中华文化—文化传播—国际交流—研究
Ⅳ.①D616②G125

中国版本图书馆 CIP 数据核字(2021)第 225435 号

当代中国价值观念国际传播的有效性研究
DANGDAI ZHONGGUO JIAZHI GUANNIAN GUOJI CHUANBO DE YOUXIAOXING YANJIU

出　　版	天津人民出版社	
出 版 人	刘　庆	
地　　址	天津市和平区西康路35号康岳大厦	
邮政编码	300051	
邮购电话	(022)23332469	
电子信箱	reader@tjrmcbs.com	

责任编辑	郑　玥
特约编辑	郭雨莹
装帧设计	李晶晶

印　　刷	天津新华印务有限公司
经　　销	新华书店
开　　本	710毫米×1000毫米　1/16
印　　张	17.25
插　　页	2
字　　数	220千字
版次印次	2021年11月第1版　2021年11月第1次印刷
定　　价	71.00元

目录
CONTENTS

导　论

　　改革开放四十多年来,中国经济实现了飞速发展,成为了世界第二大经济体,创造了人类发展史上的伟大奇迹。中国的重新崛起,可以说是 21 世纪令世界瞩目的事情。随着中国国家实力和国际地位的提升,如何增强中国的世界影响力,是当前中国在崛起过程中需要积极探索的问题。习近平总书记指出:“我国成功走出了一条中国特色社会主义道路,实践证明我们的道路、理论体系、制度是成功的。要加强提炼和阐释,拓展对外传播平台和载体,把当代中国价值观念贯穿于国际交流和传播方方面面。”① 进行当代中国价值观念的国际传播,就是要向世界讲述中国故事,传播中国声音,阐释中国价值;让中国声音唱响世界,让中国理念惠及世界。“让世界了解中国”成为当代中国对外传播的重要战略任务。

一、问题的提出

　　国际传播被视为国家之间除经济、军事、外交之外的重要交往手段,加

---

① 《习近平谈治国理政》,外文出版社,2014 年,第 161 页。

强国际传播的主要目的就是要提升一个国家的国际影响力，而这个影响力与一个国家在思想、文化、价值观念方面的吸引力密切相关。习近平总书记指出，当代中国价值观念就是中国特色社会主义价值观念，代表了中国先进文化的前进方向。加强当代中国价值观念的国际传播，就是要向世界介绍和说明中国的理念、思想和文化，释放中国价值观念的思想魅力，这是中国崛起和走向世界的应然选择，也是提升国家文化软实力的一种重要方式。现阶段，我国的国际传播事业正在随着中国融入世界程度的加深而不断拓展，同时，也给我们带来诸多反思：到底我国的国际传播达到了什么样的效果？是否增进了其他国家和人民对中国的了解？目前的传播中存在哪些问题？未来需要在哪些方面进行改进？对这些问题的回答都是中国更进一步做好国际传播工作的重要考量。

（一）选题缘由

效果研究一直以来都是传播学研究的一个重要领域，传播过程分为信源、信道、信息、信宿、效果这五个环环相扣的环节，效果是传播过程的最后环节，也是传播的最终目的。从传播的意义来说，有效传播是传播的目的和归宿。在国际传播中，传播主体与传播受众来自不同的文化群体，更是要通过传播效果的反馈来评判传播行为是否得当。在传播活动中，传播主体都希望通过信息传播对传播受众产生相应的影响。国际传播是跨国、跨文化和跨语言的传播，是针对海外受众的传播，传播难度更大，因此更需要在传播过程中精心地施略和规划，因为传播是在特定的时空中发生的，面临着诸多因素的影响。加强国际传播的有效性研究，要对国际传播性质、过程、影响因素等进行尽可能全面系统的考察，从而总结和把握进行有效国际传播的一般规律与特殊规律，加深对国际传播活动的科学认识，为更加积极有效地开展国际传播提供意见和建议。

　　今天的中国比以往任何时期都重视加强与世界的沟通和交流。一方面，中国的崛起需要更加有利的国际舆论环境。在当前的国际舆论中，世界对中国的态度是复杂的，随着中国的崛起，对中国的发展与成就毋庸置疑存在着褒奖和羡慕的声音。但同时，捧杀和棒杀中国的声音也不绝于耳，批评、误解、故意抹黑都客观存在。总体来说，目前的国际舆论对中国而言并不是十分有利。在当前经济全球化深入发展、信息国际化日趋加强的背景下，以美国为首的西方发达国家凭借其经济实力、政治影响力和技术优势，在国际传播领域明显趋势。随着国家经济实力和综合国力的日益提升，如何更好地在国际社会发声，讲好中国故事、传播好中国声音，塑造良好的国家形象，是我国国际传播事业面临的一个十分紧迫的问题。另一方面，国际社会越来越关注中国，中国也越来越重视国际传播，投入的人力物力财力也在大幅度增加，但这也并不能从根本上保证国际传播的实际效果。中国过去及现在所开展的国际传播在实然状态和应然效果之间存在怎样的差距，这是目前需要考察和反思的问题。不能一味地只注重采取行动，而不重视行动所带来的实际效益，否则这种行动就是盲目的、不科学的。积极总结传播的有效经验，探求低效和无效传播的症结与原因，改进不当的传播举措，对于讲好中国故事，传播好中国声音意义重大。

（二）研究意义

　　一个国家走向强盛，既取决于其强大的硬实力，也取决于其强大的软实力。中国走向强盛，不仅要体现在强大的经济实力上，更要体现在其深远的文化、价值观的影响力上。文化软实力对于提升我国经济硬实力、核心竞争力与综合国力都有重要的价值，中国在国内外发展中遇到的很多障碍都跟软实力不足有很大关系，增强文化软实力成为我们迫切需要解决的重大问题。"中国做了许多对世界不少国家有好处的事情，但为什么效果会打折扣？

我们的发展给世界很多国家带来好处,为什么会被曲解?这也是由于我国的软实力尤其是文化软实力发展不够所致。"①价值观是文化的内核,加强价值观的国际传播,致力提升传播的有效性,让世界越来越多的人民愿意倾听来自中国的声音,并且能随着经年久月潜移默化的影响,让其他国家人民认同并推崇中国理念,那么中国的价值吸引力、文化软实力就是真正的增强了,那时的中国才算全面的强盛起来。这正是中国价值观念国际传播未来的前进方向与奋斗目标。本书通过系统研究当代中国价值观念国际传播的有效性问题,立足基本理论,指向实际应用问题,具有以下思想意蕴和实践意义。

1.彰显理论自觉和价值自信

在 2014 年的"第十六届全国价值哲学学术研讨会"上,全国价值哲学研究会会长李德顺作出明确倡议:"当前的形势为我国当代价值观研究提供了良好机遇,也提出了新的考验,从事价值哲学研究的学者应进一步凝聚共识、形成合力,在对人类价值观念的变革和中国特色社会主义价值观念体系的形成、总结、凝练和阐释等方面作出应有贡献。"②在中共中央政治局第十二次集体学习之后,对当代中国价值观念的内涵界定已经较为明晰。现在,我们面临的更迫切的任务是对国际传播理论与实践的探索和研究。2015 年,当代中国价值观念的国际传播策略研究进入国家社科基金重大招标课题规划,体现了党和政府对国际传播研究的战略价值的高度洞察力,这为相关研究的推进奠定了良好的基础和理论指导。赵启正先生说,他认为中国企业"走出去"的一个重要原因是中国拥有足够的外汇储备,那么中国要"走出去",更需要充足的文化储备,而文化储备的主要内涵就是指新思想的创造,

---

① 本刊记者:《背靠理论 面向实践 拓展思想政治教育学术之路——武汉大学骆郁廷教授访谈录》,《思想理论教育》,2014 年第 10 期。

② 罗建平:《第十六届全国价值哲学学术研讨会召开》,《光明日报》,2015 年 1 月 2 日。

就是能被世界接受的思想。①

2.拓宽研究视域,凸显相关研究的深度、宽度与厚度

本书以习近平总书记在中共中央政治局第十二次集体学习中的讲话为切入点,以增进当代中国价值观念的国际理解、提升中国国际形象、增强中国国际话语权为最终目标,坚持理论与实践相结合、科学性与价值性相统一的原则,围绕当代中国价值观念的国际传播实效进行研究和论证。一方面,本书与国际传播主体优化、国际话语建构、受众分析等研究论域相比,既自成体系,又一脉相承,是对国际传播这一大课题研究的细化推进。对国际传播实效的研究,是推进关于当代中国价值观念国际传播研究从理论走向实践、从政策研究走向策略实施的重要步骤,是在目前已有研究领域基础上的拓展。另一方面,关注国际传播实效的研究,从不同的领域进行分析研究,有助于挖掘研究深度,深化国际传播的理论与实践研究。

3.提升国际传播实效

有效性的提升一定是基于对传播效果的影响因素的准确把握,从而采取恰当的传播措施,才能达成目的。加强当代中国价值观念国际传播的有效性研究,主要着重于对中国国际传播现状、国际传播有效性的致效因素、提升传播有效性的举措进行探索和挖掘,这些方面就是增强传播正向效果必须要掌握的理论与经验。因此,在把握传播现状的基础上,尤其是对中国价值观念在国际社会所产生的影响的把握,再有针对性地改进传播方式和策略,有助于更好地讲述中国故事、传播中国声音,提高对外传播实效。通过对传播有效性的探究,一方面更加"知己",当前中国在促进国际传播方面从思想到行动都给予了高度重视,在国际传播中的投入是否取得了理想的效果?有哪些经验值得发扬?有哪些工作环节需要加强?通过对这些问题的研究,

---

① 参见韩方明主编:《城市外交:中国实践与外国经验》,新华出版社,2014年,第162页。

有利于更加积极主动地传播中国声音。另一方面可以更好地"知彼",传播效果主要反映在受众的思想和行为上,通过对受众心理的分析与把握,有利于有针对性地做好国际传播工作,使别人愿意听、听得懂、能理解,从而增强中国理念的说服力和感召力。

4.增强战略前瞻

世界总是在不断向前推进,国际传播也需要具有与时俱进的全球化思维,从全球视野来审视中国和世界的未来发展。未来,中国作为地区性、世界性大国的作用将越来越关键,世界"向东看"将成为必然趋势。中国将不仅是全球经济增长的引擎与发动机,还要努力成为全球治理的重要参与者和引领者。加强传播有效性研究,针对国际局势、国际舆论环境、国际传播对象等的变化,提高国际传播前瞻性,增强预见性,使中国理念在全球治理的实践中更加深入人心,不断提升国际影响力,促进国际秩序向更加公正合理的方向发展。

(三)研究综述

当代中国价值观念国际传播的有效性研究,既是一个理论问题,也是一个实践问题;既是一个传播学领域的问题,也是一个关乎意识形态和国际政治关系的问题。一言以蔽之,它是一个跨学科的交叉研究问题。在传播学领域,关于传播效果理论的研究发端很早,成果显著,为本书奠定了丰富的理论基础和理论指导。在价值传播领域,基于对跨文化传播的认知,近年来学界主要集中于国际传播能力建构、提升国际话语权以及国际传播理论、主体、受众、载体、方法等方面的研究。一些高校专门成立了国家对外传播战略研究中心,国际传播作为学术研究的重大选题也进入到了高校、学者、智库的研究视野,从理论探讨到实证研究,关于传播方面的研究成果都越来越丰富。

1.关于传播效果的相关理论

传播效果研究始于西方。在一战以后,就有学者对一战期间各交战国家对敌国的宣传活动进行了专门研究,其中代表性著作有著名传播学者拉斯韦尔的《世界大战中的宣传技巧》以及德国学者海恩斯·戴曼的《不依靠武器的世界大战》等著作,他们对交战国政府主导的对外宣传活动及其策略和效果,进行了全面的描述和深刻的分析,[1]自此拉开了传播学效果研究的序幕。伴随着传播效果研究的推进过程,传播效果理论得到了极大的丰富与发展。

(1)"魔弹论"。"魔弹论"也被称为"子弹论"或"皮下注射论"。该理论产生于初期阶段的传播效果研究,认为在传播过程中传播媒介具有不可阻挡的影响作用。通过它们将信息传递给受传播者就像子弹击中靶子,药剂注入皮肤一样,可以引起直接有效的反应,强调了一种绝对的传播效果。20世纪20年代,印刷媒体、广播、电影等大众传播媒介已经出现,人们在信息获得方面已经大大超越了传统的生活模式,人们可以在家里定期阅读报刊杂志,接收广播信息等,在很大程度上改变了人们对很多问题的看法。大众传播之所以能够获得极大的渲染力,是因为在那个特定的时代,一般个体几乎无能力也无动机去批判他们从媒介获得的信息,他们只是感激和接受媒介提供给他们的东西。[2]就好比在农村刚兴起黑白电视的时代,普通家庭有条件购买电视机,接收到电视信号,在休闲时间打开电视能观看电视节目有所消遣,就已经很满足了,而不会对电视节目还品头论足。正是在那样的现实环境中,媒介资源的稀缺性促成了大众传媒才具有的极高的神秘性和权威性,其影响力才势不可挡。

---

① 参见张昆:《国家形象传播》,复旦大学出版社,2005年,第381~382页。
② 参见段鹏:《传播效果研究:起源、发展与应用》,中国传媒大学出版社,2008年,第8页。

尤其是在一战中,传媒的宣传作用发挥出了前所未有的功效。在拉斯韦尔著名的《世界大战中的宣传技巧》一书中,作者以价值中立的态度,重点对战争中的宣传符号和内容进行了深入分析。交战国之间使用报纸、宣传手册、传单、书籍、电影、海报、图片等形式传播信息,进行精神鼓动。战争爆发后需要大量的人力物力,于是需要赢得民众支持从而积极参军,工厂要开足马力生产,在物资方面支持战争。在战争中,如何激发对敌人的仇恨、对战争胜利的预期与幻想、对盟友团结及友谊的维系、对敌人意志的瓦解,都是战争取得最终胜利的重要因素。拉斯韦尔将宣传战线视为现代战争中与军事战线和经济战线并驾齐驱的三大战线之一,并且认为宣传是现代社会最强有力的工具之一。[①]"魔弹论"中,不仅是媒介的强大力量决定着传播效果,同时受众的特点也直接影响着传播效果。在该理论中,受众的特点就是被动的信息接收者,是零散的、孤立的个体,面对媒介的信息传播是毫无抵抗力的。

20世纪初期,人们的交流沟通还无法突破时空的客观限制,社会成员处于相互隔绝或相互疏离的环境中,在社会信息流中处于单向的、被动的接收端,社会个体之间相互联系的共识认知也没有统一的行为参照系,于是在大众媒介有组织、有计划的传播活动面前,受众一击即中。于是,传播就像魔弹一样具有无比强大的威力,能很轻易地传播思想、欲望、野心等。应该说,这一理论将传播活动视为直接的线性活动,权威的传播主体对被动的传播受众直接"灌输""注射"信息内容,不管所传播的信息是虚假的,还是具有一定欺骗性的,都能起到很强大的传播效果。这一理论产生在特定的时代背景之下,具有特定环境的现实基础,也有它固有的缺陷和不完整性。

---

① 参见[美]哈罗德·D.拉斯韦尔:《世界大战中的宣传技巧》,张洁、田青译,中国人民大学出版社,2003年,第176页。

（2）有限效果论。有限效果论是兴起于 20 世纪 40 年代的传播效果理论，它是对早期"魔弹论"的一种否定。该理论认为，信息传播是一个传播主体与传播受众互动的过程，传播受众不应该被视为被动接收信息的靶子，人们在接受信息的时候，许多因素会影响和改变人们的认知与判断。著名的社会学者保罗·拉扎斯菲尔德对 1940 年美国总统选举的投票情况进行跟踪调查研究，其目的在于找出选民改变意见（和投票意向）的原因，以及发生改变的原因是否与人们接触到的媒介信息有关系。其研究成果体现为《人民的选择》（1948）这本被誉为"社会科学史上最复杂的调查研究之一"的传播效果研究的经典著作。其调查结果发现人们对不同政党竞选人的支持态度主要与自己的支持意愿紧密相连，受媒介宣传影响的群体只有一小部分。也就是说，在选举中，人们具有"既有政治倾向"，在投票选举之际，投票并不取决于大众媒介的政治宣传，而是基本上保持着他们既有的政治倾向。同时，他还发现，人际交流对人们意见的改变比大众传媒更加频繁有效。对他人思想和行为产生影响的人往往扮演着"意见领袖"的角色，他们往往具有更加丰富的知识和阅历，对知识水平很低、兴趣浓度不强、认知能力较差的群体有更加明显的影响。通过有影响力的人去影响其他人，就成为了传播学中"两级传播"理论的重要实践来源，观点经常从广播和印刷媒体流向意见领袖，然后再从他们流向不太活跃的人群。

除此以外，人际影响与媒介传播效果还有一项重要的研究就是关于1948年纽约艾米拉（Elmira）的选举，其调查研究成果最终收录在伊利休·卡茨（Elihu Katz）和保罗·拉扎斯菲尔德所著的《个人的影响：大众传播流中人民的作用》（1955 年）一书中，可以说是对 1940 年关于总统选举调查研究的继承与深化。在大众传播中，意见领袖是对相关问题了解更多的人，"也许仅仅是以一个特殊的事例证实了这样一个更普通的论断，意见领袖的作用是通过一切合适的媒介将本群体与社会环境的相关部分连接起来的"①。对于具体的问题而言,谁充当意见领袖由事物本身所决定,比如说在经验性认知事物方面,年长的人更容易充当意见领袖;而在新潮事物方面,年轻群体则更容易充当意见领袖。

著名的心理学家卡尔·霍夫兰受邀为美国军方进行劝服性传播效果的研究工作, 他的专门任务则是研究一系列以《我们为何而战》(Why We Fight)为名的士兵训练电影的效果。②军方训练电影的目标旨在通过电影的励志宣传,提高士兵的服役动机。研究结果表明,电影宣传在解释一些普遍事实方面具有比较显著的效果,提高了士兵对美国卷入战争的客观认知,也发生了预想中的变化。但是在态度影响方面, 受众的态度却不总是发生改变,也就是说,对受众业已形成的态度的影响效果并不明显,而且个体差异与传播效果之间也有相关性。霍夫兰的研究结果使媒介效果研究走向了有限效果论的方向。③霍夫兰在研究实验中还获得了其他一些重大发现,比如在说服性传播中两面提示比一面提示更有说服力,取得的效果更明显。可信信源(或不可信信源)与传播效果,在短期内成正比,而长期看来却并不总是如此。

有限效果论强调媒介的影响效果是有限度的,它很少直接作用于个人,而是通过先影响一部分人再由人际交流去影响其他人的层级传播关系。同时强调,媒介对于人们已有的观念和认知影响轻微,不可能像子弹击中受众或向注射剂一样立即生效。该理论纠正了"魔弹论"绝对的传播效果,但是又在一定程度上压低了传播的影响力,因此也具有一定的局限性,在 20 世纪

---

① [美]沃纳·赛弗林、[美]小詹姆斯·坦卡德:《传播理论:起源、方法与应用》(第 4 版),郭镇之译,华夏出版社,2000 年,第 231 页。

② 参见[美]威尔伯·施拉姆:《美国传播研究的开端:亲身回忆》,王金礼译,中国传媒大学出版社,2016 年,第 109 页。

③ 参见段鹏:《传播效果研究:起源、发展与应用》,中国传媒大学出版社,2008 年,第 40 页。

70 年代以后,也受到了人们的批评。

（3）使用与满足理论。使用与满足理论是传播效果研究史上一个新的研究点。在此前的效果研究中,都是从传媒角度出发,研究的是大众媒介在传播中对受众产生了怎样的影响,达成了怎样的传播目标。而使用与满足理论并非如此,它从受众的角度出发,通过考察受众对媒介的接触动机以及信息需求,来分析大众传媒对受众心理和行为所产生的影响。

20 世纪 40 年代,使用与满足理论的研究正式开始,主要集中在对无线电广播、报纸与电视等传播媒体的研究,标志之一是 1940 年《声音的广播和印刷物》一书在美国的出版。①该书对美国家庭收听广播的节目类型进行了普遍调查,研究结果发现,相比于教育性、知识性等严肃类节目,娱乐类节目的收听率是最高的。在这一现象的影响之下,研究者们对广播听众进行了深入访谈,以找出出现上述现象的原因。通过对受众的访谈,了解到受众多样不一的需求是他们选择节目的重要原因,包括消除不满情绪、增长见识、娱乐休闲,或者仅仅只是作为茶余饭后的消遣谈资等。也就是说,人们接触媒体是有选择性的,是根据自身的需求而去选择接收的内容。另一个与此类似的研究就是贝雷尔森根据当时纽约的主要报纸在工人罢工后进行访谈调查,其研究结果发表为《失去报纸意味着什么》一文。他总结出了六种人们利用报纸的形态:①获得外界消息的信息来源,②日常生活的工具,③休憩的手段,④获得社会威信的手段,⑤社交的手段,⑥读报本身的目的化。这些目的都显示出了受众是在受自身需求动机的支配下有选择性地接触大众媒介的,而不是一味地被动接收。20 世纪 60 年代初,传播学的鼻祖威尔伯·施拉姆与 J.莱尔和 E.帕克对美国儿童使用电视的情况进行了大规模的研究调查,其研究结果以《我国儿童生活中的电视》的调研报告呈现,揭示了儿童使用

---

① 　参见段鹏:《传播效果研究:起源、发展与应用》,中国传媒大学出版社,2008 年,第 58 页。

电视的动机主要存在三种情况:幻想、消遣和指导。并且儿童与其家庭的关系将在很大程度上影响他们接触媒介的目的，越是与父母有激烈冲突的儿童越喜欢看电视上的幻想节目以逃避现实。

20世纪60年代，麦奎尔(McQuail)和布卢姆勒(Blumler)针对英国大选的研究，又将使用与满足理论的研究向前推进了一步，他们试图通过对受众的收视动机来找出选民态度转变与竞选新闻之间的关系。通过开放式的问题，他们的研究发现人们通过电视关注选举的主要问题集中在判别政治人物、预判某政党执政后的政策、研判胜选结果、了解自己所支持政党的优点，甚至用作与他人辩论的素材等诸多方面。在此之后，麦奎尔等人对英国大量电视节目的研究又推进了使用与满足理论的发展，他们对媒介的满足功能进行了明晰的分类，将其列为:消遣(diversion)的功能、增进人际关系(personal relationships)的功能、加强个人认同(personal identity)的功能和守望环境(surveillance)的功能。

20世纪70年代，卡茨、格利维奇等人将大众传媒视为个人与他人建立联系的重要工具，他们通过对1500名受访者的调查研究整理出了35个人们接触大众传媒的需求，并将其分为认知需求、情感需求、个人整合需求、社会整合需求和解释紧张需求五类。卡茨被认为是使用和满足理论的代表人物之一，他与布鲁姆斯等人在《个人对大众传播的使用》(1974)一文中提出了媒介使用与满足的基本逻辑:个人的媒介接触行为是一个"社会因素+心理因素—媒介期待—媒介接触—需求满足"的逻辑演进过程，为传播效果研究提供了一个新的研究范式。此后，其他的传播学者在继承和批判卡茨模式的基础上，不断推进着使用与满足理论的研究，比如温道尔提出了使用与效果理论(1979)，菲利普·帕姆格林(Phillip Palmgren)提出了期望价值理论等。

使用与满足理论肯定了受众对媒介的自主选择的能动性，是对以往效果研究中受众绝对被动观点的纠正，揭示了受众需求对传播效果的影响和制约，受众的主体意识得以体现。但同时，它太过强调个人及其心理因素，行为主义色彩比较浓厚，既忽略了传媒内容的作用效果，也忽略了媒介使用的现实社会环境，因此不能全面地揭示受众与传媒的社会关系。

（4）宣传与说服理论。宣传与说服是传播致效的重要手段，是有意图的传播，通常由一个信源进行传播，以改变受众的态度为目的。宣传作为一种战术心理，在古今中外的历史上，都产生过重要的作用。中国强调"不战而屈人之兵"，"威加于敌"便可达到对敌人的威慑心理。在西方，宣传手段也更多地被运用于战争之中，一战掀起了战时宣传的浪潮，二战时希特勒的纳粹宣传煽动起了疯狂的种族敌视。拉斯韦尔将宣传视为世界上最有力的工具和手段，他在《世界大战中的宣传技巧》中将其定义为"以消息、谣言、报道、图片和其他种种社会传播方式来控制意见的做法"。宣传作为一种传播形式，是借助大众传媒对群体受众进行劝服的传播行为。有学者提出了关于宣传的七种策略，并被阿尔弗莱德（Alfred McClung Lee）和伊丽莎白（Elizabeth Briant Lee）收录在其合编的《宣传的完美艺术》一书中：①辱骂法。用贬义甚至是贬低的修辞来贬损某种事物，使人们先入为主地拒绝它、排斥它，比如西方国家用"恐怖主义""流氓国家"来形容一些它们要压制的国家。②光辉泛化法。将某种事物用很多褒义词进行美化，使人们更轻易地就能接纳它。③转移法。将一种更具权威性的事物的影响力转移到另一事物上，帮助其获得认可。④证词法。即用有代表性的观点来影响公众的态度。⑤平民百姓法。通过强调某种思想或观念的大众性，来获得更广阔的民意基础。⑥洗牌作弊法。即用更多的相关或不相关的素材，对某种事物进行更好或者更坏的说明。⑦乐队花车法。即利用人们的从众心理，告诉说服对象"每个人都在这样做"，从而引导人们相信和追随多数人的意见。如此多的宣传技巧，足以说明宣传真的是一种通过操纵象征物来影响人类行为的技巧，它们被用于战时宣传、政治宣传、广告以及公共关系等多个领域。恰当的宣传技巧对于宣传者达成自己的目标,实现自身利益能产生极大的助力。

与宣传作为一种大众传播方式不一样,说服往往指的是人际间面对面的传播,具有双向交流的特点。一般来说,说服的前提是双方都具有某种共同的利益追求或者某种能达成共识的认知,在意见相左的情况下,一方试图使对方的态度和行为向自己所期望的方向发生改变。说服者采用尽可能巧妙的方式,作用于被说服者的意识和潜意识,从而影响人的态度和行为,其中包括的说服技巧与说服效果紧密相关。如何改变别人的态度,麦奎尔的信息处理理论总结为 8 个阶段(1976 年):接触、感受、理解、赞同、记忆、恢复、决定和行动,[①]它详细地描述了信息传播发生作用的完整过程。首先,信息要得以传播,接收者有机会接收到信息;其次,接收者要消化、理解信息内容;再次,认同所接收的信息并且这种立场能得以维持;最后,发生态度或行为方面的改变。这其中,说服者一方面要从情感上对被说服者进行感化;另一方面又要从理性上引发被说服者的思考,同时要强化自己观点和行为的合理性,加强被说服者对自己的信赖。

宣传与说服都是信息流动中,通过操纵有意义的符号,主观意图十分明确的传播。从古至今,大到国际政治的宏观领域,小到个人的人际交往,它都一直存在,如何运用宣传与说服技巧是提升传播效果的重要路径,这对于当今的国际国内传播事业都具有启示和借鉴意义。

(5)议程设置理论。议程设置理论主要是指媒介有意建构公共话题,引导人们的关注方向,制造人们的关注焦点,是关于大众传媒效果的重要理论之一。其理论雏形来源于沃尔特·李普曼在其著作《舆论学》中"头脑图像"的

---

① 参见[美]沃纳·赛弗林、[美]小詹姆斯·坦卡德:《传播理论:起源、方法与应用》(第 4 版),郭镇之译,华夏出版社,2000 年,第 204 页。

观点,他认为,人们关于世界的认知,"也只能看见媒介所反映的现实,而这些反映便是构成我们头脑中关于现实图像的基础"①。也就是说,媒介在影响人们对世界的认知方面发挥着重要作用,甚至它可以构建一个与客观世界不太吻合的主观世界。沿袭李普曼的思想,一些传播学者继续围绕这一主题进行研究,逐渐明晰了"议题设置"这一命题,其中美国学者诺顿·朗(Norton Long)首先对该命题作了一个较为清晰的表述:"在某种意义上,报纸是设置地方性议题的原动力。"②报纸在引导人们关注话题和了解事实方面发挥着重要作用。马克斯韦尔·麦库姆斯(Maxwell McCombs)和唐纳德·肖(Donald Shaw)通过对媒体报道和政治竞选活动的实证研究证实了大众媒介强化和引导社会关注力的观点,于1972年在《大众传媒的议程设置功能》一文中明确提出了"议程设置"这一专门术语。

议程设置理论表达的主要观点展现了媒介在新闻舆论中具有"把关人"的重要地位,从掌握信息源的主体来说,他们在一定程度上操控着想要普通民众知道的信息,大众媒介的选择性报道就是"把关人"权力的体现。比如,在政党竞选中,每个竞选的政党都会利用大众媒介尽可能地设置有关自己政策主张的新闻议题,或者是有关诋毁竞争党派的话题,在20世纪和21世纪西方国家的总统大选中,这种现象从未消失。虽然媒介不能决定人们对具体问题的看法,但是媒介可以通过议题安排和信息报道在一定程度上左右人们的关注热点和思想态度。也就是说,媒介与公众之间存在着一定的因果联系,一方面,公众关注更多的问题,也是媒介需要增加关注力度的问题;另一方面,媒介突出强调的问题,也越容易引起人们关注的问题。越是影响力大的媒体,它的议程设置能力就越强,议程引导的影响力就越深刻、越广泛。

---

① Lippmann, *Public Opinion*, Macmillan.1922, p.4.

② [美]沃纳·赛弗林、[美]小詹姆斯·坦卡德:《传播理论:起源、方法与应用》(第4版),郭镇之译,华夏出版社,2000年,第248页。

此外,议程设置理论所探究的传播影响不仅仅只是特定时间内的作用效果,它考察的还是在较长的时间跨度中, 大众媒介的议题设置对整个社会产生的整体的、综合的、宏观的影响。

该理论具有很强的实践操作性和极其重要的现实意义, 它揭示了媒介在一定程度上构造环境和左右认知的功用, 对达成传播主体的传播目标具有重要的启示意义,在传播效果研究领域也是一个不可忽视的重要理论。

(6)沉默的螺旋理论。沉默的螺旋理论是伊丽莎白·诺尔-诺依曼提出的关于传播效果的理论。它所表达的观点用通俗的话来说,就是人们的"意见表达"会随着他们对周围环境的感知而发生变化,"多数意见"会越来越占据上风,而"少数观点"则会越来越沉默。1974年,她发表了《回归强大的大众媒介观》一文,并在其中提出沉默的螺旋的假设,开创了传播的强大效果模式。1980年,在其专著《沉默的螺旋》中,诺依曼对该理论进行了详细的阐述。

1965年德国议会选举,诺依曼及其团队对选举过程进行了全程追踪。在选举的最后阶段,她发现一个奇怪的现象,那就是一部分选民改变了自己的投票意向,跟随了大多数人的意见,诺依曼将这种现象称为 "乐队花车效果"。她认为一些人之所以临时改变了自己的选择,是因为舆论的力量改变了他们的想法,也就是她后来提出的"意见气候"左右了人们的思想和认知。为了证实她的假设,诺依曼对诸如竞选、种族、孩子抚养等问题进行了列车测试,她发现在公共场合中,人们在觉知自己的观点能得到大多数人拥护的时候更有发表意见的积极热情,如果自己的观点只有寥寥数人赞同,那么他们更倾向于沉默。诺依曼的数个实验证实了她的假设,她认为持少数观点的人群之所以容易改变自己原有的选择意愿,不只是想把自己归为"获胜者的阵营",更重要的是出于担心自己陷入被孤立的心理动机。

因此,诺依曼围绕传播效果的研究,从心理学、舆论学和传播学三个方面对沉默的螺旋理论进行了阐释。第一,他人意见的表达是一个心理活动和选择的过程。作为一种社会动物，人总是对自己周围的环境保持着趋利避害的洞察力,总是避免将自己陷入势单力薄的弱势处境。第二,舆论的"表达"和"沉默"是一个螺旋式的发展过程。社会舆论此消彼长的客观规律决定着,当一种声音式微时,另一种声音就会越来越响亮,"多数意见"变得越来越强大就成为了优势意见,那么"少数意见"就只能"沉默"。第三,大众传播通过营造"意见环境"来影响舆论。"意见环境"不仅是周围群体观点表达所构成的环境,还包括大众传媒所营造出来的社会舆论环境,两者会共同影响人们对事物的认知和意见表达。

在传播领域,沉默的螺旋理论带来的重要启示就是要注重对人的心理生成和变化的考量。运用于国际传播中,则要注重在国际舆论中勇敢发声,对于涉及国家利益和安全的问题或者是争议,如果选择沉默,那么只会助长其他不良舆论的嚣张气焰,最终影响整个国际社会的认知。

兴起于西方的传播效果研究理论,除了以上列举的六种,还有创新扩散理论(埃弗雷特·罗杰斯)、涵化理论(格伯纳)、知识沟假说(P.J.蒂奇诺)等理论。前期的效果研究理论其主要的研究范围和案例都来自政治选举和战争,后期的研究理论开始着眼于媒介等传播介质对效果的影响的研究,这些理论奠定了今天进行国际传播有效性研究的理论基础,在特定的情景下,具有十分重要的指导意义。

2.国外对中国认知的研究

(1)国外对中国形象认知的研究。国家形象反映了国际社会中其他国家对一个国家的整体认知。国家形象的好坏反映着国际社会对这个国家的认知与评价。

20世纪90年代中后期,清华大学李希光教授根据自己在美国当记者并做高级访问学者期间的亲身感受和实证研究,提出了美国媒体"妖魔化中国”的理论,①并先后发表了《妖魔化中国的背后》(1996)、《中国有多坏？》(1998)、《妖魔化与媒体轰炸》(1999)等文章或著作对“妖魔化中国”进行了系列论述,在我国学界引起了广泛关注和高度重视,也成为中国开始关注对外传播效果的重要诱发点。进入 21 世纪,中国的飞速发展更加引起世界的瞩目,国际社会对中国的认知既有对中国经济发展、对国际事务贡献的赞誉,也有对中国崛起的恐惧和诋毁。

一方面,关于中国的正面评价增多。进入 21 世纪以来,中国的经济实力显著增强,国际地位大大提高,中国参与国际事务的能力更强,影响力不断扩大。在一些西方国家和政客大力鼓吹“中国威胁论”与“中国崩溃论”等言论的时候,一些开明之士却依然可以用客观的眼光来正视中国的发展与成就。美国高盛公司高级顾问乔舒亚·库珀·雷默(Joshua Cooper Ramo)在 2004年的时候,就提出了“北京共识”这一概念,开始探索中国有别于“华盛顿共识”的特色发展模式。他积极肯定中国艰苦努力、大胆创新的精神,“摸着石头过河”探索出了一条适合中国国情的发展道路,并且在这条道路上不断取得辉煌成就。“中国梦”的提出引发多国政要、专家学者、海外智库高度关注,新加坡国立大学东亚所所长郑永年认为,中国梦这个概念的提出就是要解决今天中国很多人对国家前途、对个人前途的信心危机。马丁·雅克也指出中国对未来、对自己在未来世界格局中的位置越来越自信。哥斯达黎加大学教授帕特里西亚·罗德里格斯·奥尔凯梅耶尔认为,中国梦根植于中国追求个人幸福和集体幸福的理念中。《大趋势》的作者约翰·奈斯比特高度评价中国的发展成就,并且认为中国共产党对于中国的改革开放和伟大复兴起着决定性作用。

另一方面,也有关于中国的负面评价。从已有研究中得出对中国反感比

---

① 参见庹继光:《中国当代传播理论体系分析》,四川大学出版社,2005 年,第 54 页。

例最高的十个国家为：日本、越南、意大利、土耳其、德国、约旦、菲律宾、美国、西班牙和法国。其中，主要西方国家有六个，与中国有领土或领海争端的国家有三个。中国与日本的民间感情恶劣，这一趋势由于近年来钓鱼岛问题的升级而愈演愈烈。越南、菲律宾由于南海问题而与中国龃龉不断，对中国的印象也不佳。其他主要发达国家对中国的反感主要来自于传统的意识形态差异，对人权、民主等问题的偏见等，这些偏见很难在短时间内消除。

（2）世界主流媒体有关中国报道的研究。媒体是人们了解他国的重要方式，人们通过媒体的报道形成对别的国家的认知和印象。在所有媒体中，世界主流媒体的权威性和影响力是最大的，主流媒体在新闻报道和舆论导向中所持的态度和立场，将在很大程度上塑造一个国家的国际形象，并且引导受众认知。因此，很多学者在研究中国的国际形象时，都对世界主流媒体关于中国的报道情况进行研究。早在2006年，中国传媒大学原校长刘继南就带领其课题组对"中国国家形象国际传播现状与对策"进行了深入研究，其中所研究的主要媒体包括《纽约时报》《时代》周刊（美）、《泰晤士报》《经济学家》（英）、《费加罗报》（法）、《法兰克福汇报》（德）、《读卖新闻》（日）、《国家报》（西班牙）等主流媒体。主要对以上媒体有关中国和中国人物的新闻报道作了内容分析。首先，从媒体报道的角度分析世界主流媒体报道的方法、态度和倾向性，寻找世界主流媒体报道中国和中国人物的一般规律。其次，对一些典型事件新闻报道进行重点分析和研究。通过研究，他们得出了这样一些结论：第一，文化报道在世界主流媒体报道中占了一定的比例，大部分是比较中性和客观的；第二，经济方面的报道是国外媒体关注中国的一个重点；第三，媒体报道中的意识形态色彩或明或隐或潜地出现；第四，有关政治和领导人的报道不在少数；第五，启示中国，在注重外宣的同时，要强调对国内问题的解决，同时提出了整合传播是塑造良好形象的重要方式。

（3）关于国外对中国价值范畴理解的研究。从总体来说，国外民众对中国传统价值观念的认同度远高于对当代中国价值观念的认知。如关世杰（2011）主编的"跨文化交流与国际传播研究"论丛，俄罗斯民众对多数中国核心价值理念的认同度高达80%~90%，认可度最高的是中国传统价值观中的"孝道""天人合一""己所不欲，勿施于人"，超过90%。近年来，中国政府提出的"和谐社会"理念也获得了大多数人（84%）的认可，这说明中国传统和现代的核心价值理念在俄罗斯具有较大的认同感，但是俄罗斯人对中国传统价值理念的认知度和认同度都高于现代价值核心理念。

此外，有学者对外媒关于我国一些重大事件的评价与解读进行研究发现，有媒体对中国加强和宣传社会主义核心价值观这项活动的用意给予了积极肯定，他们认为中国官方将大力倡导和践行自由、平等、法治等人类共同追求的重要理念，展示中国共产党卓越的精神追求和与时俱进的治国理念。同时，一些外媒对当代中国及其价值观念予以高度评价。新加坡《联合早报》曾撰文称，中国的腾飞崛起为世界发展注入了新的能量，能够为世界带来和平与发展的价值观。文章认为，中国在国际交往和与第三世界国家谋求共同发展的努力中，提出并遵循和平共处、独立自主、互不干涉内政等外交原则，这些外交价值观是中国对国际社会外交理念的巨大贡献。英国广播公司称，习近平所讲的"民主不是装饰品，不是用来做摆设的"道出了政治协商民主的真谛，中国智慧将助益人类政治文明进步。尼日利亚《今日报》评论认为，中国已经成为全球无可争议的经济巨人，也必将对民主思想的丰富和实践作出更大的贡献。探索和选择适合本国国情的政治经济制度，才能最终实现国家的繁荣和稳定，中国为尼日利亚树立了榜样。

同时，也有与积极评价相反的论调存在，个别海外媒体认为，法治在中国将依然只是确保中央政府权威的一项机制，而不是限制权力的一种手段。此外，针对中国价值观念的国际传播，美国官方从来就没有放松对中国的警惕，而是极力地想要渗透他们的价值观给中国人。美国前驻华大使李洁明

(James R. Lilley)披露,凡是有中国人聚居的地方,美国都极力用它的价值观取代中国的价值观,并且要让中国人相信,凡是不符合美国价值观的思想体系都是疯狂的、有问题的。

　　(4)关于孔子学院的世界影响的研究。从 2004 年 11 月第一所孔子学院在韩国首尔挂牌正式成立至今,孔子学院已经走过了十几年的历程。伴随着中国的发展强大和世界影响力的提升,孔子学院的海外规模也越来越大,关于孔子学院的研究成果也日渐丰富,以"孔子学院"为主题的学术论文达七千多篇,学术著作数十本。如《孔子学院跨文化传播影响力研究》(安然,2017)对孔子学院文化影响和跨文化研究的相关理论基础进行了论证与分析,首次建构了孔子学院跨文化传播影响力的评估维度及指标,并对海内外具有代表性的媒体关于孔子学院报道的话语进行了专门分析研究。《全球视野下的孔子学院》(王路江,2017)一书通过案例分析、理论研究等形式,从多角度呈现全球孔子学院的发展现状,就孔子学院的可持续发展、特色化建设、内涵建设及综合文化交流功能的提升等方面进行了深入研究。《大机构观与中国道路:孔子学院发展比较研究》(黄湄,2015)将孔子学院和法国法语联盟、德国歌德学院、西班牙塞万提斯学院等纳入比较研究的框架,探寻国际机构的内在规律。《孔子学院传播研究》(刘程、安然,2012)一书总结了孔子学院海内外研究的现状和特点,并提出了在跨文化语境下,优化孔子学院网站建设及其传播的策略。此外,还有《孔子学院与中国文化的国际传播》(吴瑛,2013)等学术著作,同时,自 2006 年起,孔子学院总部、国家汉办每年都会发布《孔子学院年度发展报告》,以年度学术成果为依据,从教学、发展、影响和舆情等方面客观反映孔子学院的发展状况。

　　这些已有的研究,一方面展示了孔子学院作为传播中国语言与文化的重要机构,已经成为宣介中华文化的独特名片,对推广汉语、增进国外人民对中华文化的了解、提升中国文化软实力,都具有十分重要的作用。但另一方面也显示了一些国家及人民对孔子学院持有的偏见、质疑和排斥的态度。比如,由于孔子学院数量和规模快速增长,一些外国人质疑其教学质量无法得到保障。更严重的质疑来自于对孔子学院设立及推广的目的,部分国外高校教授或者学者,对孔子学院的官办性质进行政治化解读,认为孔子学院是中国进行"文化输出""文化侵略"的工具,是中国作为增持国际话语权的重要手段。一些政客也对孔子学院发难,比如美国逢华必反的年轻政客马可·卢比奥,他对孔子学院的敌意之深不可小觑,他声称孔子学院是被中国共产党操控的项目,是推展政治影响力的工具,是进行思想渗透的工具。

3.关于国际传播效果影响因素的研究

当传播学进入我国以后,效果研究也成为了一个热点领域,在新闻传播中,效果被视为整个传播活动的出发点和归宿。在西方传播效果理论的影响下,从现实问题层面对新闻传播效果进行了重点关注,议程设置与舆论引导在大众传媒中成为重要的研究点,且在我国的新闻报道实践中具有较高的现实指导意义。《大众传播学的议程设置理论与框架理论关系探讨》(张洪忠)、《传播效果研究的一种途径》(孙英春)、《议程设置、舆论导向与新闻报道》(刘训成)、《中国大众传媒议程设置功能研究》(李本乾)都是中国传播领域关于效果研究的重要理论成果。[①]而将效果研究运用到国际传播,是随着中国逐渐融入国际体系、与他国交流愈益频繁,并且国际地位逐步提高的过程中兴起并发展起来的。关于中国国际传播效果方面的研究,既有基础性的理论研究,也有实践性的实证研究。

(1)关于中国对外宣传技巧方面的研究。国际传播在过去很长的一段时间都是被"对外传播"这个词所替代的,一般来说,之前谈论的对外传播仅仅指的是国家和政府层面的传播,因此关于对外传播效果的探讨也多数是由

---

① 参见庹继光:《中国当代传播理论体系分析》,四川大学出版社,2005年,第52页。

外宣部门的工作人员进行的。提起对外传播，就不得不提曾任中国外文局局长的编辑家、翻译家段连城。他长期从事对外宣传工作，不仅在外传实务方面作出了巨大贡献，在对外传播理论建设方面也立下了汗马功劳。他的传世之作《对外传播学初探》是根据自己丰富的外交实践而升华的理论总结，被他的老朋友、老同事沈苏儒盛赞"为我国的对外传播理论建设奠下了第一块基石"。同时，沈苏儒先生作为我国著名翻译家、中国外文局资深外语专家，是我国对外传播理论的奠基人之一，他的著作及翻译文集在内容上涵盖了对外传播领域的基础性、前瞻性、战略性问题，对传播理论进行了系统性的建构，从一般原理到特殊规律、从传播渠道到报道技巧、从传播原则到翻译理论，无不指引着外宣工作提升传播效果。此外，五洲传播出版社出版的《朱穆之论对外宣传》，集结了朱穆之同志从事外宣工作数十年的心血与智慧，在很大程度上反映了中国外宣事业在艰难探索中的宝贵经验；新华出版社出版的《动荡　反思　合作——吴建民外交思考》，收录了外交学院原院长吴建民先生关于外交经验总结、研究对外政策、追踪国际局势等的重要文章和讲话，为今天的对外传播工作如何加强中国与世界的互动关系提供了经验与借鉴；新世界出版社出版的《向世界说明中国——赵启正演讲谈话录》以及赵启正关于公共外交方面的理论与思考，对于探索新时期外宣工作的特点与规律、经验及教训，具有十分重要的指导意义。

随着时间的推移和实践的推进，对外传播从一个外宣部门的实务问题逐步演变为传播领域、国际关系领域的一个理论问题、学术问题。北京大学程曼丽教授、王维佳于 2011 年出版了《对外传播及其效果研究》一书，该书立足中国对外传播的历史经验与主要问题，在深刻分析当前国际传播环境的前提下，结合传播实践和传播效果理论，对影响中国对外传播效果的因素从文化环境、意识形态因素以及传播硬件条件等方面进行了深入分析，并且从质性研究的角度对抽象的传播效果测评进行了具体的、可操作性的指标和流程分解,对进一步深化传播测评提供了可资借鉴的方法和指引。

(2)关于受众的研究。受众是传播过程中不容忽视的一个核心要素,传播效果的取得,很大程度上都直接反映在受众的态度和行为上,因此加强对受众的了解和对受众反馈的把握,是研究传播效果的关键问题。在21世纪初,传播领域对受众的研究一般都限于国内受众,对海外受众和对外宣传效果的研究,仍然非常之少。虽然中国 CCTV-4、中国国际广播电台等媒体也曾做过海外受众调查,但总的来看,它们进行的海外受众调查工作还没有经常化、制度化、规范化,自然会影响到效果评估的水准。①

近年来,随着国际传播的蓬勃发展,对海外受众的研究得到更多重视,也代表着我国传播观念从"传者中心"到"受众取向"的观念的转变。由刘燕南和史利等编著的《国际传播受众研究》(2011年)是国内第一本系统探讨国际传播受众理论、方法和实务的专门著作,从"理论""方法"和"实务"三大部分对国际传播受众进行了深入探讨。理论篇分析了国际受众的历史、现状和理论范式,方法篇对定性和定量受众研究方法的应用进行了探讨,实务篇对新媒体环境下受众研究工作进行了分析,三大部分对国际传播受众研究具有综合性指导意义,指引着国际传播从"功能导向型"模式向"受众导向型"或者说是"需求导向型"模式发生转变。②同时期,由刘利群、张毓强主编的《国际传播概论》(2011年)一书,也对国际传播受众进行了专门探讨。

首先,对国际传播受众的角色进行了全新的界定,作为宣传对象的国际受众是需要被说服的对象;作为消费者的国际受众是文化产品的消费者,且拥有消费能力的受众被视为"有效受众";作为世界公民的受众则是国际社会共同的建构者。其次,分析了国际受众具有跨国界性、跨文化性、重要程度差异性的特点。最后,描述了国际受众的选择性媒介接触行为、解码行为以

---

① 参见张昆:《国家形象传播》,复旦大学出版社,2005年,第384页。

② 参见刘燕南、史利等:《国际传播受众研究》,中国传媒大学出版社,2011年,第5~9页。

及刻板印象等因素对传播效果的影响。通过一系列详细的分析,本书对更加全面深刻地认识国际受众,在国际传播中赢得更多国际受众具有重要指导意义。此外,对在中国的客居受众也有专门的研究,其中的代表有复旦大学教师王帆出版的《中国对外传播的客居受众效果研究》,通过对客居中国的部分外国人实施的实证研究,了解在华外国人对于中国媒体的使用和评价情况,通过对客居受众传播效果的掌握,为建立有效的对外传播路径提供了实证支持与建议。

(3)关于中国媒体国际传播效果分析的研究。媒体是进行国际传播的重要渠道和方式,因此媒体在国外的传播能力和影响力就是衡量传播效果的重要参考标准。中国媒体的海外影响力如何?有哪些因素影响着中国媒体的海外传播效果?这些问题是研究中国国际传播效果需要关注的焦点。从现有研究成果来看,学者们对中国媒体的海外传播情况从不同的角度进行了相关探究。吴瑛在其著作《文化对外传播:理论与战略》中,提出了"媒体走出去是中国形象走出去的主体途径"[1],并且分析了中国媒体对外传播的总体态势:新华社成为传播中国声音的重要平台,中国国际广播电台的国际影响力逐渐提升,中央电视台在更多的国家和地区落地、入户,《中国日报》等英文报纸在新媒体时代成功突围,进入了国际市场。郭可在其研究中认为,"就中国媒体国际化总体发展现状而言,最大一个特点是过去 20 多年中,中国媒体的国际影响力(或者说国际传播实力)已得到逐步提升。中国媒体的发展环境越来越宽松,与国际传播界和国际媒体的关系越来越紧密,使中国媒体本身发展成为国际传播中的一个重要组成部分"[2]。另外,郭可还在其另外一本著作《当代对外传播》中,提出了当前国际传播中英语强势的问题,以及对我国英语媒体发展的影响,并且对我国英语媒体传播低效的原因进行了深

---

[1] 吴瑛:《文化对外传播:理论与战略》,上海交通大学出版社,2009 年,第 91 页。
[2] 郭可:《国际传播学导论》,复旦大学出版社,2004 年,第 232 页。

入探讨。熊德在其博士论文《中国新闻电视媒体跨国传播能力研究——以CNC 为例》中，从传播学和经济学的角度，测量出"作为中国第一个跨国新闻电视传播机构，CNC 的全球电视新闻采集量已达到日均 1000 分钟，居国际电视新闻行业首位"①。吴立斌在其博士论文《中国媒体的国际传播及影响力研究》中概括了中国媒体对外传播的两种无效形式："客观上的弱势传播，即西强我弱的国际传播格局导致'传而不通'；主观上的无效传播，即保守的对外传播观念和传播形式导致'通而不受'。"②同时，他从议程设置角度探讨了中国媒体国际传播的议题设置能力及其影响因素，并且尝试提出了中国媒体国际传播影响力的评估体系。

中国媒体在国际传播中，虽然影响力在逐步增强，但依然存在影响力不足和滞后等问题，一些学者对其进行了专门研究，也指出了现存的客观外部原因。唐润华指出，中国媒体在对外传播活动中有一些不可避免的制约因素：首先，有效落地率低；其次，传播内容与海外受众需求的契合度低；再次，市场推广力度不足；最后，国际人才聘用与管理难度颇多。③另外，程曼丽教授指出，国际传播存在文化对接问题，一种文化传播到另一种文化圈时，就必须适应这一文化圈的特殊情况。

总的来说，从现有的研究成果看，第一，传播效果理论为本研究提供了基础理论支撑，对传播有效性探究的影响因素和措施的提炼具有指引意义。第二，从当前对中国国际传播效果的相关研究成果来看，它们一方面集中在国际新闻传播领域，多从实践角度来探讨如何加强国际新闻报道，如何提高新闻报道的有效性，却没能从更宏观的视角来研究国际传播的有效性问题。

---

① 熊德:《中国新闻电视媒体跨国传播能力研究——以 CNC 为例》,武汉理工大学博士论文,2012 年,第 2 页。

② 吴立斌:《中国媒体的国际传播及影响力研究》,中共中央党校博士论文,2011 年,第 21 页。

③ 参见唐润华:《中国媒体国际传播能力建设策略》,新华出版社,2015 年,第 115~117 页。

因为国际传播囊括的内容十分丰富,政治、经济、文化、体育等各方面的交往活动都会涉及国际传播的问题,因此相比已有研究,国际传播的有效性问题研究还应该涉及更广阔多元的内容,上至政府首脑的外事活动,下至公民个人的日常交往,都是传播中国价值观念的重要内容。第三,现有在国际传播效果方面的研究还比较分散、零碎,还没有形成一个较为完整的体系,这为提升国际传播有效性的研究留下了重大的现实任务和广阔的发展空间。

二、概念分析

(一)当代中国价值观念的内涵

2013 年 12 月 30 日下午,中共中央政治局就提高国家文化软实力研究进行第十二次集体学习,习近平总书记在讲话中强调:"提高国家文化软实力,要努力传播当代中国价值观念。当代中国价值观念,就是中国特色社会主义价值观念,代表了中国先进文化的前进方向。我国成功走出了一条中国特色社会主义道路,实践证明我们的道路、理论体系、制度是成功的。要加强提炼和阐释,拓展对外传播平台和载体,把当代中国价值观念贯穿于国际交流和传播方方面面。"[1]首次提出了"当代中国价值观念"的概念,即"中国特色社会主义价值观念"。社会主义核心价值观继承和发扬了中华优秀传统文化和传统美德,体现了中华优秀传统文化的思想精华和道德精髓的时代特征,代表了中华民族独特的精神标识。[2]一般来说,当代中国价值观念即被理解为社会主义核心价值观,即富强、民主、文明、和谐,自由、平等、公正、法治,爱国、敬业、诚信、友善。从国家、社会、个人三个层面表达的作为社会主

---

① 《习近平谈治国理政》,外文出版社,2014 年,第 161 页。

② 参见刘帅:《社会主义核心价值观确立了当代中国价值观念》,求是网,2015 年 4 月 19 日。

义国家的价值取向和追求,有鲜明的中国特色、民族特性和时代特征。

具体来说,"当代中国价值观念"是以"社会主义核心价值观"为基础进一步提炼和阐释的内容,二者总体上是"中国特色社会主义"与"社会主义"的关系。可以说,前者是后者的"时代化、中国化、大众化"成果。①同时,它也彰显了和平、发展、公平、正义、民主、自由等人类社会普遍追求的共同价值。中国特色社会主义道路和制度是有别于西方社会的现代文明类型,当代中国价值观念以社会主义核心价值观为基础,以人类共同价值为内核,具有彰显社会主义、中国特色和人类共同价值意义的丰富内涵。

1."国强民富"的观念

国家富强、人民富足是自新中国成立以来,历代国人的不懈追求。在新中国成立以前一百多年的近代历史中,中国经受了落后挨打的屈辱遭遇,实现国家富强成为了中华民族共同呼喊的一个声音,是全体中华儿女共同的心愿。在社会主义核心价值观中,"富强"作为国家层面价值观的首要目标被提出来,展现了中华民族的迫切愿望就是实现国家富强,实现民族复兴。如何界定富强?顾名思义,就是富有和强大。中国倡导的国家富强是实现中国特色社会主义现代化建设的目标,在不断解放和发展生产力的基础上,实现中国工业、农业、国防、科技现代化。同时,人民生活的富裕也是国家富强中包含的重要内涵。社会主义制度在中国确立以后,"人民至上""以人为本"的原则便成了社会主义中国最根本的价值准则。尤其是改革开放以来,中国的发展与决策总是以人民的利益为导向的。邓小平同志曾将"人民拥护不拥护、赞成不赞成、高兴不高兴、答应不答应"作为制定方针政策的出发点和重要标准;"三个代表"重要思想强调了中国共产党始终要代表中国最广大人民的根本利益;"科学发展观"强调了党的一切奋斗和工作都是为了造福人民,

---

① 参见李德顺:《推进当代中国价值观念建设》,《光明日报》,2014 年 4 月 18 日。

要始终把实现好、维护好、发展好最广大人民的根本利益作为党和国家一切工作的出发点和落脚点。在十八届中央政治局常委与中外记者的第一次见面会上，习近平总书记就说："人民对美好生活的向往，就是我们的奋斗目标。"国家的富强与人民的富裕是辩证统一的，国强民弱是与社会主义的发展方向背道而驰的，而且从长远来看，脱离人民的富强其发展前景和动力都是不持久的，最终会影响国家的长远发展。中国所倡导的"富强"价值观，是国家和人民都富裕强大的有机统一。

2."文明和谐"的观念

文明与和谐是一个国家和社会进步的重要标志，是中国在现代化建设中的重要内容，体现了中国在实现经济富强、政治民主的基础上，在国家建设中对精神文明层面的高度重视。文明与和谐是中国特色社会主义建设的核心价值，也是中国特色社会主义的本质属性。建设文明社会，要培育先进文化与和谐的社会风气，具体来说，可以阐释为以下三方面内容：

一是人与人之间的友好和谐。社会主义核心价值观提倡人与人之间应诚信友善，这是对中华民族传统美德的继承和发扬。市场经济条件下，诚信成为了维系契约经济的重要品质，离开了诚信，市场经济就难以运行，人与人之间的信任就会缺失，人际交往成本就会变大。友善价值观是人与人之间相处的一种宽厚品德，它强调人们之间的相处要常怀友善之心，做到与人为善，在与人相处中对他人多一份理解、包容和支持。诚信和友善引领着社会成员之间建立一种更加和谐的人际关系。

二是人与社会的融洽和谐。社会要给个人提供安居乐业的环境，个人也要为社会的发展作出应有的贡献。首先，社会要给个人在就业、住房、教育、医疗、养老等民生问题方面提供可靠保障。近年来，中国进行了全面深化改革：以创业带动就业，努力增加就业机会；改善居民住房条件，实施廉租住房，合理调控房价；加强教育领域改革，保证教育公平；全面推进医疗保险和养老保险,建立和完善社会保障制度,大力解决社会民生问题。同时,作为个人,倡导树立爱国、敬业的价值观念,在社会主义现代化建设进程中,用爱国精神和敬业精神助推中国梦想,为实现中华民族伟大复兴的中国梦贡献个人力量。

三是人与自然的和谐。人与自然是统一的生命共同体,人必须在尊重和保护自然中才能实现长久的持续发展。中国在进行经济建设的过程中,日益将生态环境的保护提升到了重要地位,生态文明建设被纳入到了关系国家发展的“五位一体”的战略高度,在“美丽中国”理念的引领下,中国的发展目标不仅是要实现富强民主文明,还要实现和谐与美丽。

3.“公正平等”的观念

公平、正义、平等是人类社会共同追求的价值准则。在国家建设中,追求发展,追求公平的发展,保障人民的平等权利,是中国始终坚持的价值取向。在生产力尚不发达的历史阶段,解放生产力,促进经济发展是中国的第一要务。以邓小平同志为核心的党的第二代中央领导集体从社会主义初级阶段的理论出发,提出了“三步走”的发展战略,鼓励一部分人先富起来,通过先富带动后富。新时代是全国各族人民团结奋斗、不断创造美好生活、逐步实现全体人民共同富裕的时代,此时的中国,不仅要关注发展的速度,同时更要关注发展的平衡度和公平性。邓小平同志曾指出:“社会主义的本质,是解放生产力,发展生产力,消灭剥削,消除两极分化,最终达到共同富裕。”①当经济发展到一定阶段后,公平与共富就是要解决的重大问题。习近平总书记强调,广大人民群众共享改革发展成果,是社会主义的本质要求。现阶段,中国的发展更加关注解决贫富差距问题,让发展成果更多更公平地惠及全体人民是国家发展始终不渝的追求。

---

① 《邓小平文选》(第三卷),人民出版社,1993年,第373页。

在国际交往中,公正、正义、平等也是中国始终坚持的外交理念。中国秉承公平与正义原则,积极促进公正、平等的国际秩序的建成。现有的国际秩序存在很多不公正、不平等、不合理的地方,占主导地位的某些西方国家,在政治上垄断国际事务,恃强凌弱,以大欺小;在经济上,国际经济发展严重失衡,富国越富,穷国越穷,逆全球化现象十分严重;在文化上,西方国家的扩张渗透从来都没有停歇;在军事上,不断扩充的军备竞赛严重威胁着世界的和平与稳定。中国提倡一切国家无论大小、强弱、贫富都是国际社会的平等一员,反对霸权主义和"丛林法则",反对弱肉强食、以富欺贫。各个国家主权平等且神圣不可侵犯,各个国家都有自主选择符合自身国情的发展道路,这是中国自 20 世纪 50 年代在万隆会议上提出"和平共处五项原则"后一以贯之的外交立场和原则。在经济发展上,中国倡导双赢、多赢、共赢的理念。习近平总书记强调:"这个世界上一部分人过得很好,一部分人过得很不好,不是个好现象。真正的快乐幸福是大家共同快乐、共同幸福。我们希望全世界共同发展,特别是希望广大发展中国家加快发展。""我们应该把本国利益同各国共同利益结合起来,努力扩大各方共同利益的汇合点,不能这边搭台、那边拆台,要相互补台、好戏连台。要积极树立双赢、多赢、共赢的新理念,摒弃你输我赢、赢者通吃的旧思维。"①中国提出的"一带一路"倡议,就是中国与世界分享发展机遇和红利,实现共赢发展的中国诚意。

4."和合天下"的观念

中华民族历来是一个爱好和平的民族,"以和为贵"的思想不仅体现在人际交往中,也体现在国与国之间的交往中。"和而不同""远亲不如近邻""亲望亲好,邻望邻好""四海之内皆兄弟""协和万邦""亲仁善邻,国之宝也"

---

① 习近平:《弘扬和平共处五项原则　建设合作共赢美好世界——在和平共处五项原则发表 60 周年纪念大会上的讲话》,人民出版社,2014 年,第 9 页。

"国虽大,好战必亡"等思想已经深深地嵌入在了中华民族和中国人民的精神血脉中,在今天,它依然是中华民族继承和发扬的精神传统,依然是中国处理国际关系的基本理念。当今世界,虽然和平与发展依然是世界的主题,但是世界各地的局部冲突和战争也从未停歇,核安全问题、宗教问题、种族问题、领土问题、能源问题等依然扰乱着一个更加有序的世界的建成。站在全人类发展的世界高度,早在2005年,胡锦涛主席在参加雅加达亚非峰会的时候,就提出了共建一个"和谐世界"的理念;近年来,习近平主席又提出了构建"人类命运共同体"的理念,呼吁各个国家携手建设一个普遍发展、共同繁荣与持久和平的世界。这些理念,都体现了在爱好和平思想的引领下,中国和合天下的世界观。同时,中国也始终坚持走和平发展的道路。中国的和平发展道路是事实、意愿和结局的三位一体。首先,中国的发展得益于和平的国际环境(of peace);其次,中国发展是和平参与全球化的结果(by peace);最后,中国的发展目标是为了和平(for peace)。①随着中国的不断发展进步,中国将开创一条不同于西方国家侵略扩张的和平崛起之路。同时,中国也必将以自己的发展来切实维护世界的和平。

5."开放包容"的观念

万物并育而不相害,道并行而不相悖。人类文明发展的历史,是世界多元文明共同创造的历史。开放是中国的坚定选择。自1840年鸦片战争中国被西方利炮打开国门之后,就开始痛定思痛,开始睁眼看世界。1978年确定改革开放政策以后,中国更加具有世界眼光,再也不会关上发展的大门,而且中国越发展,也将越开放。改革开放四十多年来,中国取得了举世瞩目的发展成就,在新的历史条件下,世界各国都需要在开放中求发展,中国的开放既是顺应世界发展大势,也是中国自身发展的必然选择。不管国际局势如

———————
① 参见王义桅:《海殇? 欧洲文明启示录》,上海人民出版社,2013年,第197页。

何变化,中国都将站在历史正确的一边,扩大开放,加强各领域的开放合作,在谋求本国发展的同时促进各国共同发展。

包容是中国的文化心态。中华文化的包容性十分强大,海纳百川,有容乃大,和而不同就是其包容文化的精髓。在世界范围中,因为带着有色眼镜或者以自身文明的优越感审视其他文明而引发的文明之间的冲突并不罕见,并且已成为不同文明体系之间相互理解的重大障碍。中国始终强调要以包容的心态破解文明的冲突,在党的十九大报告中明确指出,要"尊重世界文明多样性,以文明交流超越文明隔阂、文明互鉴超越文明冲突、文明共存超越文明优越"①。两千多年前的古丝绸之路作为人类文明开放交往的重要通道,连接了中华文明、印度文明、巴比伦文明和埃及文明,跨越了地域与种族,绘就了不同文明交流互鉴、包容发展的绚丽图画。今天,在中国的倡议下,古丝绸之路又被赋予了新的生命,丝路精神又得到新的传承和发扬,中国将为世界多元文明的包容发展、文明互鉴,建设一个"各美其美,美人之美,美美与共"的和谐世界作出贡献。

6."互信互利"的观念

早在 2009 年,胡锦涛主席在联合国大会上发表演讲时就提出了中国倡导的"互信、互利、平等、协作"的新安全观。它是指世界各国应该超越意识形态和社会制度的异同,在相互信任的基础上,相互尊重彼此利益,平等相待,以和平的方式解决争端问题,消除战争等冲突隐患,既维护本国安全,又尊重别国安全,促进人类共同安全。新形势下,随着中国的崛起而引发的美国的东亚焦虑,从而试图将战略中心转向亚洲,实施"亚太再平衡战略"。加之亚太地区的中国周边国家本身就不太平,更加加剧了亚太地区安全局势的复杂性和紧张程度。中国始终保持着一个大国的战略定力,以习近平总书记

---

① 习近平:《决胜全面建成小康社会　夺取新时代中国特色社会主义伟大胜利——在中国共产党第十九次全国代表大会上的报告》,人民出版社,2017 年,第 59 页。

为核心的党中央在准确把握国家安全局势的情况下提出了涵盖政治、经济、军事、文化和社会的"总体国家安全观",开辟了一条新的安全道路。在此基础上,习近平总书记在2014年5月于上海召开的"亚洲相互协作和信任措施会议"第四次峰会上,又提出了"共同、综合、合作、可持续"的新亚洲安全观,从而为维护亚太安全凝聚了广泛的共识。中国倡导的新安全观,不是零和博弈,而是求同存异,共谋和平与安全,作为一种合作的新理念,将有助于推动地区矛盾与冲突的和平解决,为维护世界的和平与安全作出贡献。

总的来说,当代中国价值观念是以社会主义核心价值观为内核与精髓的价值取向和追求,体现的最本质特点就是以实现和维护人民的根本利益为核心内容,把中国建设成为一个更加和谐的社会、一个更加富强的国家,使人民过上更美好的生活。它与人类所追求的共同价值在本质上是一致的,将人类所赖以生存的地球建设成为一个和平稳定安全美丽的世界,是中国和全人类的共同追求。

(二)当代中国价值观念国际传播有效性的内涵

"效"指效验、效果、功用或成果,如有效、见效。根据《现代汉语词典》(第7版),"有效"的释义为:能实现预期目的,有效果。"效果"指由某种力量、做法或因素产生的结果(多指好的)。达到预期效果谓之有效,否则就是无效。[①]通常,人们用效果来表达有效的本质内涵,就是具有好的结果。从本质上来说,有效性问题既是一个评价问题,也是一个价值属性问题。"任何实践活动的有效性问题,首要的包含着这种实践活动的结果的有效性问题。"[②]结果的有效是进行实践活动的目标导引,同时也是直接感知实践活动有效或无效

---

① 参见田志友、韩彦芳:《认证有效性:从感知到提升》,上海交通大学出版社,2016年,第24~25页。

② 沈壮海:《思想政治教育有效性研究》,武汉大学出版社,2016年,第13页。

的根本依据。同时,"实践活动的有效性,就其本质而言,是体现于特定价值关系中的价值属性问题"①。实践活动的开展,不管需要花费多大的心力,也不论最终的效果有多大,都要以该实践活动结果是否满足了主体需要为依据。因此,实践活动的有效性问题具有如下两个特点:

第一,有效性问题体现实践活动的合目的性。任何实践活动都是作为具有主观能动性的人所开展的自觉的、有目的的活动。马克思在《资本论》中就提过:"最蹩脚的建筑师从一开始就比最灵巧的蜜蜂高明的地方,是他在用蜂蜡建筑蜂房以前,已经在自己的头脑中把它建成了。劳动过程结束时得到的结果,在这个过程开始时就已经在劳动者的表象中存在着,即已经观念地存在着。"②作为实践主体的人,需要根据自己的目标来建构外部世界的图景,人们总是在一定目标指引下进行活动,目标的实现、目的的达成,就是实践活动有效结果的实现。盲目的实践活动很难有确切的有效性问题需要考究,或者说没有目的的活动谈不上去探讨它的有效性问题。因此,关于有效性问题的研究,就是对所开展的实践活动是否实现了活动目的的评价。

第二,有效性问题体现实践活动的合规律性。效果的产生是有条件的,它受事物发展的客观规律的制约,在开展实践活动的过程中,人们只有充分认识客观条件和客观规律,按照客观规律来开展实践活动,才能实现自己的主体性与目的性,任何只重视活动目的,而忽视客观规律的行为,都是不能达到预期目的的。"必然只有在它没有被理解时才是盲目的"③,人们在认知和把握了实践活动的规律以后,就能更加积极有效地开展实践活动,促成实践目的的达成。因此,对有效性问题的研究,不仅仅只是对活动目的的探讨,还必须对目的实现过程中的各种影响因素、作用条件、实现方式和客观规律

---

① 沈壮海:《思想政治教育有效性研究》,武汉大学出版社,2016年,第14页。
② 《马克思恩格斯文集》(第五卷),人民出版社,2009年,第208页。
③ 《马克思恩格斯文集》(第九卷),人民出版社,2009年,第120页。

等内容进行深入研究。只有在充分把握实践活动的合符规律的基础上，才能有效实现实践活动的目的。

因此，关于有效性问题的研究就是对实践活动主体如何开展实践活动，是否实现了活动目标的总结与评价。当代中国价值观念的国际传播活动，是以国家、政府、组织、个体为传播主体，以海外国家和民众为传播受众，以讲好中国故事，传播好中国声音为目的的实践活动。当代中国价值观念国际传播的有效性就是指当代中国价值观念在国际传播活动中所产生的、体现在国际传播受众身上的有效结果，一方面是指传播受众对当代中国价值观念的有效认知，另一方面是指对当代中国价值观念的有效理解与接受。具体来说，它包括以下三层意蕴：

第一，有效结果的导向性。当下中国的高速发展，让世界惊叹的同时也会让世界产生恐惧。就目前的国际社会而言，不仅在具体层面，对真实的中国形象的认知度还不高，而且在价值层面，对中国的深层次认知更是极其欠缺。在国际传播中，中国远未在价值观、思维方式、生活方式等方面参与到对异质文化的影响中。①加强国际传播，提升传播的有效性，其目的就是要通过国际传播活动，一是在传播受众那里引起心理、态度和行为的变化，二是在整个国际社会产生良好的影响和反映。前者着眼于对效果产生的微观过程和具体效果的分析，后者着重对宏观过程和综合结果的考察。②

第二，有效程度的层级性。"有效"也表明了对程度的衡量。从不同的角度出发，就有不同的效果分类。从传播效果的显现上讲，或是直接、显在的，或是间接、潜在的；从传播效果的时效上讲，或是一次性、短期的，或是阶段性、长期的；从传播效果的范围上讲，或是局部的，或是整体的；从传播效果

---

① 参见胡智锋、刘俊：《主体·诉求·渠道·类型：四重维度论如何提高中国传媒的国际传播力》，《新闻与传播研究》，2013年第4期。

② 参见郭庆光：《传播学教程》，中国人民大学出版社，1999年，第188页。

的层次上讲,或是微观、个别的,或是宏观、综合的;从传播效果的形成上讲,或是渐进、累积性的,或是激变、速成性的;从传播效果的表现维度上讲,或是认知上或是情感上的,或是态度上或是行为上的。①国际传播的有效内涵,"从传播的效度来说,应该有三个层面的含义:第一层是信息能否及时而广泛地到达接收对象;第二层是接收对象是否真实了解并正确理解和接受了发出的信息;第三层是信息对接收对象是否产生了态度和行为上的影响"②。

第三,有效结果的溢出效应。当代中国价值观念的国际传播并不只是简单的国际交流行为,更重要的是,它应该是中国作为一个崛起中的大国在国际社会发挥出更大能量的表现。从更深远的角度来看,传播的有效要看是否提升了我国的国际形象,是否增强了我国在国际事务中的话语权,是否增加了中国在国际社会的信誉度等。换一个角度说,也就是在风云诡谲的国际局势以及纷繁复杂的国际事务中,中国理念有没有贡献出它的智慧和价值,是否有利于人类面临的诸多共同问题的解决。

三、研究思路与方法

(一)研究思路

当代中国价值观念国际传播的有效性研究主要是探讨中国在与世界的深层交往和互动中,一方面,是否进行了可行的传播,即有没有讲好中国故事,传播好中国声音?另一方面,传播是否达到了预期的效果,即其他国家及其民众是否接受、理解、认可我们的价值观念?是否有助于中国打造良好的国际形象?是否有助于增强中国的国际影响力?中国该如何加强自身价值观

---

① 参见李智:《国际传播》,中国人民大学出版社,2013 年,第 169~170 页。
② 李智:《国际政治传播:控制与效果》,北京大学出版社,2007 年,第 143 页。

念的传播实效？带着对这些问题的思考,本研究采用理论与实践相结合的分析框架,在对当代中国价值观念的具体内涵、有效性的内涵进行界定的基础上,首先,通过对改革开放四十多年来的国际传播实践以及当前中国面临的国际国内传播局势的分析,明确"为什么要提升国际传播有效性"的问题;其次,通过对当代中国价值观念国际传播有效性的影响因素进行分析,明确"什么原因影响传播有效性"的问题;再次,根据对影响因素的分析,从措施层面提出了提升当代中国价值观念国际传播有效性的路径,明确"怎样提升传播有效性"的问题;最后,提出了对国际传播有效性进行测评的原则、标准及方法,明确"如何界定传播有效性"的问题。

(二)研究重难点

当代中国价值观念国际传播的有效性研究,既是一个理论性问题,也是一个实践性问题;既是一个政治性问题,也是一个科学性问题。本研究主要依循"如何提升传播有效性"这一目标方向指引,重点探讨当代中国价值观念国际传播有效性的影响因素、提升路径以及如何进行有效传播的测评,这三个重点问题同时也是本研究的难点问题。

首先,关于传播有效性影响因素的分析研究。这是本研究需要着重厘清的核心问题,只有在全面、详细了解影响传播效果的因素的基础上,才能找到传播无效、传播效果微弱的原因,才能知道如何提升传播的有效性,所以这是一个十分重要的研究论题。但同时,因为国际传播这一活动本身的复杂性、动态性,其影响因素是多方面的,不同时期在不同地区对不同的对象进行的传播活动,其影响因素都是不一样的,所产生的传播效果也可能是迥然不同的。那么如何做到全面、准确、客观地分析有效传播的影响因素是一个很重要且复杂的问题。

其次,关于提升传播有效性路径的探索研究。提升传播有效性最终需要落脚在如何传播这个问题上来，只有实实在在的行动才能达到有效传播的结果，因此探索有效传播的路径是必然要重点研究的问题之一。在现有的国际传播实践中，从宏观的政府活动到微观的个人交往，无不参与着国际传播活动，因此如何在多样的、分散的传播活动中，提取出具有一定普遍指导和应用意义的传播举措，是提升传播有效性需要重点研究的内容之一。

最后，关于传播有效性测评的分析研究。如何判定国际传播实践活动有无效果以及效果的大小，都需要通过科学的方式，按照科学的测评标准才能检验出来，关于传播有效性的测评是有效性研究中的落脚点，是一个必不可少的环节，同时，它也是国际传播活动不断推进的新起点。因此，科学有效的测评方式对于掌握传播现状，提升传播效果具有不可替代的作用。如何凝练和形成一套完整的测评机制，这是一个重要且困难的事情。

(三)研究方法

第一，文献研究法。文献研究是本研究的重要依托，既是开展研究的基础，也是推进研究的必由之路。一方面，要通过文本尽可能全面地掌握和领会当代中国价值观念的基本思想以及历史渊源，特别是党的十八大以来以习近平同志为核心的党中央关于加强当代中国价值观念国际传播、提升文化软实力的重要论述，从而为当代中国价值观念的国际传播提供文本依据和思想指导。另一方面，要通过系统的文本研究，尽量全面地占有已有的研究资料，在吸收借鉴已有研究资源的基础上，深化研究。

第二，跨学科研究法。本研究围绕国际传播实效进行理论探索和实践研究，紧密切合党和国家的理论指导，发挥学科优势，结合传播学、政治学、外交学等相关领域的理论，对当代中国价值观念的国际传播进行深入分析和探索，深化国际传播有效性影响因素的研究，提升传播策略，从而推进当代中国价值观念的有效传播。

第三,质性研究方法。主要是在采纳和吸收已有的关于国际传播方面的权威报告、国家政要或学者的采访、媒体以及普通民众关于当代中国价值观念的认识及态度评价的相关调查的基础上,使用归纳总结的方法,获得关于国际传播现状、问题及原因等内容的理解性认知。

第一章 当代中国价值观念国际传播有效性的历史回溯

中国国际传播事业的兴起与发展是以中国融入世界的历史进程为背景的。国内外政治经济环境的发展变化和信息技术的更新进步，是中国国际传播发展和进步的坐标。自新中国成立以来，对外传播就是中国外宣工作的重要组成部分，只是因为国际国内政治环境的影响，才导致中国的对外传播事业在曲折中发展缓慢。1978年末，党的第十一届三中全会召开，开启了中国历史转折的新起点，中国国际传播也随着改革开放大幕的拉开，进入了快速发展的新时期。①在关于中国国际传播历程的研究中，现有的很多研究成果，比如《国际传播史》(刘笑盈、何兰,2011)、《中国对外传播史略》(陈日浓,2010)、《中国对外报道思想研究》(何国平,2009)、《新中国国际传播历史分期再研究》(刘思佳、王青亦,2012)、《1976—2001年中国对外传播史研究》(钟馨,2010)等都将中国的对外传播大致分为起步阶段(1949—1978)、发展阶段(1978—

---

① 参见刘笑盈、何兰主编:《国际传播史》,中国传媒大学出版社,2011年,第248页。

2000)和新的开放阶段(2000至今)。本书在借鉴这种划分方法的基础上,着力研究改革开放以后中国价值观念国际传播的理论与实践探索,以期通过对改革开放四十多年来中国价值观念国际传播发展历程的梳理,探察中国传播事业的发展与变化,在深刻把握当下国际国内局势的基础上,更好地促进当代中国国际传播事业的发展。

一、当代中国价值观念国际传播任务的演变

当代中国价值观念的国际传播作为国家对外战略的重要组成部分,作为国家之间沟通交流的重要渠道,要为国家建设与发展服务,要为国家的内外政策服务。不同的历史发展阶段,国家面临着不同的国际环境,有着不一样的对外方针,当代中国价值观念的国际传播,要紧紧围绕每个时期党和国家的方针政策,明确传播任务,有针对性地调整传播策略,为国家争取有利的国际舆论环境、塑造良好的国际形象而努力。

(一)改革开放初期:推进对外开放

以党的十一届三中全会为标志,中国开启了新的历史转折点,作出了实施改革开放的伟大决策。中国自此开启了社会主义现代化建设的新征程。这一重大的转变,不仅在中国是一声巨响,对于世界也同样是一个惊雷,国际社会开始关注中国的发展动向,这在客观上为我国加强对外传播工作提出了严肃的要求。

中国作为一个社会主义国家,在过去很长的一段时间内是不开放的。实行改革开放政策,打开了国门,中国走上了一条适合自身国情的发展道路,这种变化吸引着外国人的注意,他们想了解中国到底是一个怎样的国家? 中国的改革发展是否能够取得成功? 在改革开放的初始阶段,外国人对中国的

关注更多的是与国内政治局势紧密联系在一起的。他们会质疑中国这个国家是否稳定？内部是否会发生动乱？开放政策是否持久？只有他们对中国的发展情况有所了解，才敢积极放心地来到中国。中国的改革开放处于起步阶段，需要对外进行招商引资，外交、外贸、文化交流都需要密切对外往来。但是因为国家制度、国家政策的不同，加之外国人对中国的固有认知的影响，必然会引起很多的认知问题。因此，在对外交往中，要加强解释、宣传，不仅要告诉别人中国的大门打开了，还要告诉别人门内的情况，让其放心大胆地走进来。同时，在特定的问题上，还要坚持作必要的斗争，为改革开放的顺利推进营造良好的舆论环境。

随着改革开放政策的推行，宣传工作领域倡导大力解放思想，要打破原来以"促进世界革命"为对外传播目标的桎梏。从主客观条件上来说，中国都迫切地希望加强与外部世界的沟通与交流，要通过对外传播的窗口，向世界传播中国新的政策走向和发展方向，向世界展示中国焕发出的新的发展活力，创造有利于当时中国进行"四个现代化"建设的国际条件。1983年5月，中共中央下发的《关于对外宣传工作的情况和今后工作的意见》的通知，强调指出对外宣传是争取民心的工作，"对于宣传我国社会主义制度的优越性，扩大我国的国际影响，争取世界人民的同情和支持，加强我国同世界各国的友好合作关系，都会发生深刻的影响和作用"[1]。1984年，全国第一次外宣工作会议，其主题就是如何宣传社会主义制度的优越性。这一时期的对外传播工作，一方面宣传社会主义的中国始终坚持独立自主的和平外交政策，要增进中国与其他国家人民的友谊；另一方面，要通过对中国开放形象的传播，宣传我国正在逐渐完善的投资环境和资源优势，从而为促进我国的经济发展和现代化建设招商引资。1987年10月，党的十三大召开，确立了社会主

---

① 胡耀亭：《中国国际广播大事记》，中国国际广播出版社，1996年，第293页。

义初级阶段"一个中心,两个基本点"的基本路线。随后,中共中央的有关会议和文件中,我国对外宣传工作的指示就是要为党的总路线服务。

此阶段,加强对外宣传,强调要发挥优势,扬长避短。中国改革开放之前的很长一段时间,在艰难探索中走了曲折的道路,中国的经济发展还比较落后。但是在对外宣传中,要学会用发展的眼光来看待中国的发展前景,要多向外国介绍中国具有吸引力的地方。尽管当时的中国在许多方面还很落后,但在很多根本问题上,中国始终是优越于别的国家的。尽管中国在过去的发展中遭受到了巨大的挫折和困难,但是仍然紧紧围绕在党的周围,社会主义道路依然是最适合中国国情的道路,依然是中国人民最坚定的选择。中国在与时俱进的自我革新中,必将焕发出强大的生机与活力,改革开放无疑将给中国的发展带来巨大改变,这是外国人最感兴趣的。对外宣传要利用好这一关键的吸引力和聚焦点,对中国改革开放政策进行详细、深度地解读,增进外国对中国的了解,更好地为改革开放和现代化建设服务。

(二)深化改革开放至20世纪末:突破国际舆论围困

20世纪80年代末90年代初,国际局势发生了翻天覆地的变化,苏联解体,东欧剧变,国际社会主义事业遭受了巨大的重创。作为社会主义国家的中国,此刻成为了继苏联之后西方又一个和平演变的对象。国际社会主义事业陷入的低谷,以及西方敌对势力大肆宣扬的社会主义溃败的言论,使得国内一些人对党和国家的改革开放政策产生了一些模糊认识。在这样的关键时刻,邓小平同志发表了震惊中外的南方谈话,对什么是社会主义、社会制度与市场的关系以及深化改革开放等问题进行了深入阐释,进一步地解放了思想,推动着中国改革开放事业顺利前进。尽管国际局势复杂,但是国家要发展,不开放是不行的,并且要扩大开放,要在开放中让世界更好地了解中国。这一阶段的对外传播,中国面临着十分严峻的国际舆论局势,面临着诸多的外宣挑战,做好对外宣传工作,要加强世界对中国以及中国的社会主义建设事业的了解,要有效地开展舆论斗争,塑造中国良好的国际形象。

第一,宣传对社会主义事业的坚定信心。面对国际社会对中国社会主义事业的唱衰,中国对外宣传的一个核心问题即"就是苏联垮了,东欧是早垮了,中国会不会垮?中国的社会主义是不是也要失败?这是许多人都在观察的问题"①。要回答这样尖锐的问题,中国自己要有坚定社会主义事业成功的信心,要用发展的具体事实来解答这个问题,说明中国不仅不会垮,中国的社会主义事业不仅不会失败,而且在不断地前进,不断地取得成功,欣欣向荣。邓小平同志说:"中国的社会主义是变不了的。中国肯定要沿着自己选择的社会主义道路走到底。谁也压不垮我们。"②并且提出了回应对策,就是"第一句话,冷静观察;第二句话,稳住阵脚;第三句话,沉着应付","埋头实干,做好一件事,我们自己的事"。③只有中国的社会主义事业发展得有前景,处于观望中的国家才能放心大胆地与中国发展关系,加强国家间的交流合作。同时,也能使对中国抱有觊觎之心的敌对势力收敛一下他们企图颠覆演变中国的野心和妄想。

第二,对人权问题的回应。人权问题是 20 世纪 90 年代国际关系领域南北对抗的重大问题之一,自冷战结束以后,西方国家将其视为资本主义的政治制度对抗社会主义的胜利,并从自认为具有制度优越性的上帝视角来审视其他国家的人权发展,对中国发起了强烈的人权攻势,进行各方面的施压和围堵,不断掀起反华浪潮。例如,从 1990 年至 2000 年,除了在 1991 年和 1998 年,美国每年均向联合国人权委员会提交关于中国人权问题的反华提案,没有交提案的两年,一年是因为海湾战争的爆发需要争取中国在联合国

---

① 《朱穆之论对外宣传》,五洲传播出版社,1994 年,第 388 页。
② 《邓小平文选》(第三卷),人民出版社,1993 年,第 320~321 页。
③ 《邓小平文选》(第三卷),人民出版社,1993 年,第 321 页。

的合作，一年是因为克林顿总统将要访华而营造良好气氛的需要。总的来说，整个 20 世纪 90 年代，美国对中国的人权问题简直就是紧盯不放、无中生有、刻意抹黑。美国在它每年发布的《国别人权报告》中总是用"恶化""明显恶化""违反国际公认的人权标准"等词句对中国的人权状况进行无端指责。同时，还利用人权外衣的幌子来干涉中国内政，反华势力沆瀣勾结达赖集团来干涉中国西藏问题。美国借人权幌子对中国进行攻击，其险恶用心不过是"西化""分化"中国，破坏中国稳定，颠覆中国政权，是其推行霸权主义和强权政治的一种手段。然而这一问题给中国带来不可小觑的影响，如何做好中国关于人权问题的国际回应，将人权问题的解释权紧握在自己手里，成为当时中国面对的主要挑战之一。

第三，对"中国威胁论"的反击。苏联解体以后，中国成为了体量最大的社会主义国家，从假想敌预设的角度，中国也势必会成为资本主义国家的威胁。加之，随着中国的不断发展，所谓的"中国威胁"将不可避免地应运而生。日本防卫大学副教授村井友秀于 1990 年 8 月在《诸君》月刊上发表题为"论中国这个潜在的威胁"的文章，该文章认为中国是一个具有巨大潜力的大国，并推断中国是一个将"取代苏联的潜在威胁"。中国学界基本一致将这一文章视为"中国威胁论"兴起的标志之一。[①] 20 世纪 90 年代以来，日本的"泡沫经济"崩溃，经济开始陷入低迷，直到 90 年代中后期，依然没有走出困境，陷入了二战以后最为严重的一次经济危机。与之相反，中国在深入推进改革开放，经济得到了快速发展，与日本形成了鲜明的对比和反差。于是，"中国威胁论"便"横空出世"。在美国，"中国威胁论"也是一浪高过一浪，1992 年，时任美国外交政策研究所亚洲项目主任的罗斯·芒罗（Ross Munro）发表《正在觉醒的巨龙：亚洲真正的威胁来自中国》一文，论述了中国在完成经济发

---

① 参见孙吉胜等：《"中国崛起"话语对比研究》，世界知识出版社，2015 年，第 336 页。

展以后,必定会沿着"经济强大—政治崛起—军事扩张"的发展逻辑对美国形成挑战。① 1996 年,亨廷顿在其著作《文明的冲突与世界秩序的重建》中将"中国威胁论"的观点延伸至了文化思想领域。1997 年 2 月,《华盛顿邮报》刊登了 1996 年总统大选中所谓中国卷入了对民主党"政治献金"的文章,同年,出版的《即将到来的美中冲突》被视为"中国威胁论"的集大成之作。②"中国威胁论"的出现,其本质不过是为了遏制中国的发展,它不仅影响了其他国家对中国的外交政策,同时也影响了国外公众对中国形象的正确认知,因此如何反击关于中国威胁的国际舆论,成为了彼时中国外宣战略中的重点和难点。

(三)21世纪以来:传播中国新理念

进入 21 世纪,中国融入世界的脚步越来越快,以加入世界贸易组织为标志性事件,中国与世界的关系在广度和深度上都得到了极大拓展。但是随着中国的发展崛起,延续着 20 世纪末的"中国威胁论"在 21 世纪依然高潮迭起,中国需要在被发达国家裹挟的国际舆论中为自身的发展正名,传播中国和平发展、构建和谐世界的理念。党的十八大以后,中国发展面临着新机遇,同时也面临着新的国际舆论环境,以习近平总书记为核心的新一届领导集体以全球布局的大视野、大手笔提出了关于中国发展及外交的一系列新理念,擘画了中国对外传播的壮阔蓝图,指引着中国在实现中华民族伟大复兴的征程中,诠释好中国价值理念,增进世界对中国的认知与理解,构建友好的国际关系,推动中国和世界沿着更加和谐美好的方向发展。

①　Munro H. Ross, Awakening Dragon: The Real Danger in Asia Is from China, *Polity Reviezt*, 1992, No.62.p.10.

②　参见陶文钊:《中美关系史(修订本)第 3 卷 1972—2000》,上海人民出版社,2016 年,第 283 页。

1.阐发"和谐世界"理念

经济快速发展的中国在国际社会引起了越来越多的关注,同时,也引起了国际社会对中国发展崛起的担忧。自 20 世纪末以来,"中国威胁论"就成为了一些发达国家攻击中国的流行言论,回应和反击这一论调,成为了进入 21 世纪的中国需要面临的重要任务。对"中国威胁论"的回应,是一个不断深入推进的过程。最开始,中国提出了"和平崛起"的概念,后来又将这一表述发展成为了"和平发展"的表达。无论是"崛起",还是"发展",对中国来说,表达的都是中国坚持走和平发展道路的本质。只不过在西方语境中,"崛起"一词带有一定的威慑力,加之西方国家对中国的固有偏见和意识形态方面的敌意,导致它们将中国的崛起视为"威胁"。为了堵住它们捧杀中国的借口,中国在语言表述中用"和平发展"代替了"和平崛起","和平发展理念"成为了中国向世界承诺的始终不渝的道路选择。

同时,在世界范围内,在和平与发展的时代主题下,世界各国面临着新的发展机遇,也面临着共同的挑战。从现实机遇来看,伴随全球化的深入发展,世界各国相互依赖的程度不断加深,利益关联更加密切,国家之间应该在发展更加友好和谐的关系中实现双赢、共赢,使共同发展成为可能。从现实挑战来说,进入 21 世纪的世界,和平与安全成为全球共同面对的问题。2001 年,"9·11 恐怖袭击事件"的发生,打破了世界的平静,作为对恐袭事件的回应,美国对阿富汗发动了军事攻击。在之后的 2003 年,美国打着"民主"和"人权"的旗号作为其发动战争的幌子,对伊拉克发动了军事打击。美国的单边主义公然挑战着联合国的权威,也给世界的和平与稳定增加了更多的不安全因素。

在这样的国际环境之下,中国从本国发展的现实需要与世界建设的宏观视角,提出了建设"和谐世界"的价值理念。2005 年 4 月,时任国家主席的胡锦涛在参加亚非峰会的时候,第一次提出了"和谐世界"的理念。同年 9

月，胡锦涛主席在出席联合国六十周年首脑会议时，在其发表的重要讲话中详细阐释了这一理念，从政治、经济、文化、安全等方面阐述了中国对建设和谐世界的呼吁与主张。在政治上，主张国家之间要相互尊重，互不侵犯，互不干涉内政，共建一个公正、民主的世界；在经济上，倡导建设开放、公平合理的经贸环境，顺应经济全球化的发展大势，实现共同发展；在文化上，倡导不同文明间的开放包容、互学互鉴，通过对话交流消除不同文明之间的猜疑与隔阂；在安全上，反对霸权主义，反对武力干涉别国内政，倡导摒弃冷战思维，建立一个和平稳定的世界。

中国所倡导的"和谐世界"的理念，是对中国和平发展道路的丰富与延伸，一方面表明了中国在发展过程中始终坚持的道路选择，另一方面体现了中国对世界建设的主张。它既立足中国自身实际，又着眼于对全球的关照，是进入 21 世纪的中国奉行的全新的外交理念。加强对这一理念的阐释和说明，对于化解国际社会对中国的误会，提升中国影响力具有重要意义。

2.阐释好"中国梦"

"中国梦"是自党的十八大以来，新一代中央领导集体提出的重要指导思想和执政理念，习近平总书记把"中国梦"定义为"实现中华民族的伟大复兴"，是中华民族近代以来最伟大的梦想。实现中华民族伟大复兴的中国梦，是当代中国最宏大、最精彩的故事，是中国人民砥砺奋进的精神导引，讲好中国故事，必须以中国梦为引领深化对外宣传。2014 年 11 月，习近平主席在中央外事工作会议上的讲话中指出："当前和今后一个时期，我国对外工作的一个重要内容，是要争取世界各国对'中国梦'的理解和支持，'中国梦'是和平、发展、合作、共赢的梦，我们追求的是中国人民的福祉，也是各国人民共同的福祉。"①中国梦作为执政理念，无疑集中体现了当今和未来中国的基

---

① 文建:《把握国际话语权　有效传播中国声音——习近平外宣工作思路理念探析》,《中国记者》,2016 年第 4 期。

本价值观,是构筑中国国家形象话语体系的核心所在。①深化对中国梦的解读和对外传播,是当前和今后很长时期的重要任务。要通过对中国梦的阐释,讲好中国发展的故事,让世界其他国家了解中国梦,认同中国梦,共享中国梦。

阐释好中国梦的本质。习近平总书记强调:"中国梦的宣传和阐释,要与当代中国价值观念紧密结合起来。"②中国梦所表达的本质内涵就是实现国家富强、民族振兴、人民幸福,它有效地统筹了国家、民族、个人的发展,衔接了历史、现实和未来。中国梦是国家的梦、民族的梦,也是个人的梦,一方面体现了中国发展的价值追求不仅仅是国家强大,其最终落脚点在于人民幸福,始终要践行以人民为中心的发展方式;另一方面,它表明了实现中国梦的方式是依靠中国人民的团结奋斗、砥砺奋进,中国发展的成果也要由人民共享。中国梦意味着中国人民和中华民族的价值追求。而对于世界而言,中国梦是和平的梦、发展的梦,而不是称霸的梦、排外的梦。中国梦的提出是有着深刻的历史渊源和现实图景的。中华民族自 19 世纪中期以来,走过了一百多年的艰难历程才迎来了民族独立和人民解放,在中国共产党的领导下走上了适合自身国情的发展道路,建立起了相应的社会主义制度,又经过了七十多年的艰难探索和艰苦奋斗,才使社会主义道路越走越开阔,社会主义事业越建越宏伟。在这样的历史机遇下,中华民族迈向伟大复兴的步伐才更加坚定、稳健。中国梦是对国家发展美好前景的期待,中国渴望在和平的时代更加努力地发展自己,同时也希望与世界其他国家共同发展。中国的发展是向内求的发展驱动,而没有对外扩张的发展野心。这就是中国梦所体现的价值取向和追求。

阐释好中国梦的实现路径。中国梦是中国发展战略核心,加强中国梦的

---

① 参见张昆主编:《中国国家形象传播报告(2016)》,社会科学文献出版社,2017 年,第 4 页。

② 《习近平谈治国理政》,外文出版社,2014 年,第 161 页。

传播,就是对当代中国发展理路的解析。剑桥大学政治与国际关系高级研究员马丁·雅克提到,"中华民族的伟大复兴",关系着世界上五分之一人口的共同命运。而在这全球化的时代,这一梦想关乎国际社会,它的实现将对整个世界产生深远影响。而这种影响力,是之前的美国都不曾拥有的。①中国如此"高调"地宣布要实现中华民族伟大复兴的中国梦,与邓小平时期提出的韬光养晦策略有什么区别呢?尤其是对于一个向来以谨慎和冷静著称的民族和国家来说,提出实现中国梦表达出了自近代以来前所未有的自信。外部世界对中国梦的提出所产生的疑惑,就需要中国的对外传播以中国梦为核心打造对外话语体系,加强与世界沟通交流,表达中国发展特质,要向世界传达今天的中国在做什么,明天的中国想做什么,实现中国梦的中国将会做什么。客观而言,虽然中国已经成为世界第二大经济体,但是中国仍然是一个发展中国家,依然处于社会主义初级阶段的基本国情没有改变,依然面临着艰巨的发展任务。中国当前及今后最主要的问题都是要集中精力做好自己的事情,大力推进经济建设,解决发展不平衡不均衡问题,带领全体中国人民为实现"两个一百年"的奋斗目标不断前进。而对于国际关系而言,发展后的中国只会更加坚定不移地走和平发展道路,以自身的力量维护世界和平,更加积极地参与国际事务,履行大国责任。

阐释好中国梦的世界意义。中国梦是与世界相通的梦,阐释好中国梦,不仅是让世界更加了解中国的一个重要切入点,更重要的是要使中国梦与其他国家的梦发生连接。发展之梦是世界各国寻求共同关注、共同话题和共同语言的重要纽带。中国梦包含了宽广的人类情怀,阐释好中国梦的世界意义,将有助于拉近中国与其他国家的距离。中国梦是开放包容的梦,与其他国家的发展之梦是相连相通的。每个国家、每个民族都有属于自己的梦想,

---

① 参见《中国梦的世界对话》,《光明日报》,2013 年 12 月 9 日。

在实现中国梦的历程中,会始终不渝地坚持和谐包容的原则,尊重世界文明的多样性,尊重不同国家发展道路的多样性,主张国家之间不分大小贫富,都在实现平等交往,追求互利共赢,致力于实现共同繁荣的梦想。中国梦将会给世界的发展带来共同的机遇。中国梦不是独角戏,而是大联欢。中国的发展将给世界带来很多机遇,中国欢迎世界上其他国家搭乘中国发展的快车、便车,尤其是广大发展中国家,中国愿意通过自身的发展为他们提供尽可能多的支持和帮助。在今天这个人类依存度不断加深的地球上,世界各国是一个息息相关的命运共同体,中国将以自身的发展为世界带来更多的希望和机遇。

3.助力"一带一路"建设

"一带一路"是习近平总书记在 2013 年 9 月和 10 月出访中亚和东南亚国家时分别提出的"丝绸之路经济带"和"21 世纪海上丝绸之路"的简称,它是在新的历史条件下,新一届中央领导集体高瞻远瞩、审时度势提出的伟大倡议。当今世界正在发生深刻的变化,世界多极化、经济全球化、文化多样化、社会信息化等呈现出更加复杂的发展态势,世界经济在分化发展中缓慢复苏,中国秉承开放、合作、分享的精神,致力于推动开放型世界经济的更好发展。"一带一路"作为中国向世界提供的最大的公共产品,吸引了世界的目光,成为国际社会普遍关注的焦点议题。"一带一路"是一项伟大的工程,如何在推进"一带一路"的建设进程中,传播好中国价值,塑造好中国形象,成为新时代中国"走出去"的重要课题。

首先,"一带一路"的对外传播重在释疑解惑。"一带一路"倡议自提出以来,就受到国际社会的广泛关注,是国际社会的话题焦点,各种讨论、争议、质疑从未间断。有的西方国家将"一带一路"倡议贴上"中国版马歇尔计划"的标签,从而加深了国际社会对"一带一路"倡议的误解;"一带一路"倡议与共建国家自身发展战略可能会产生对接困惑,从而导致疑虑与排斥心理;有些处于大国博弈角力场中的共建国家与中国存在利益纠纷,对"一带一路"倡议表现出复杂心理和犹豫态度。所有这些困惑,归根结底,是对中国提出这一伟大倡议的目的性的质疑。为促进"一带一路"倡议的顺利推进,加强对外传播必须要讲清目的、传达善意与宣介合作机遇。①托克维尔曾精辟地分析过大国和小国的不同,他极具洞见地指出,小国的目标是国民自由、富足、幸福地生活,而大国则命定要创造伟大和永恒,同时承担责任与痛苦。②作为世界大国的中国,在担负起贡献世界发展的责任的同时,也要为追求国民富足的小国提供机遇,解疑释惑。在全球化深入发展、世界格局深刻变动的今天,"和平赤字""发展赤字""治理赤字"的严峻挑战正摆在全人类面前,世界将何去何从? 中国提出了"构建人类命运共同体,实现共赢共享"的中国方案,这正是"一带一路"倡议的初衷所在,也是旨在实现的最高目标。中国将在"一带一路"建设中分享自己的开放经验、发展经验、改革经验、脱贫经验,鼓励其他国家走适合自身国情的发展道路,并且为它们提供资金、技术、人才等方面的支持。秉承共商、共建、共享的原则,发扬"和平合作、开放包容、互学互鉴、互利共赢"的丝路精神,支持各个国家的共同发展。不会谋求势力范围,不是营造中国自己的"后花园",而是与其他国家一起致力于建设共同享有的"百花园"。这是中华民族千百年来所追求的大道,更是当代中国所倡导的大道。

其次,筑牢民心相通之桥,夯实"一带一路"基础。"一带一路"的理念是发展共赢,实现五通,要使"一带一路"不仅成为一条经济发展之路,更要成为一条各国人民友好交往之路,中华文化交流之路,中国价值传播之路。"一带一路"自提出以来,就倡导要实现中国与其他国家政策沟通、道路联通、贸

---

① 参见寇立研、周冠宇:《"一带一路"对外传播需要把握的十对关系》,《对外传播》,2015年第3期。

② 参见王义桅:《"一带一路"机遇与挑战》,人民出版社,2015年,第86页。

易畅通、货币流通和民心相通。其中,民心相通是"一带一路"建设的民意根基,是其他"四通"的基础和保证,国际交往历史已经反复证明,"国之交在于民相亲,民相亲在于心相通",没有民心相通,没有共建国家人民的理解、认可与支持,"一带一路"的推进将举步维艰,合作往来将是无源之流。只有民心相通,才能促进"一带一路"行稳致远。

长期以来,中国外交主要是一种"民生外交"。中国一直致力于巩固与其他国家的共同利益,一直强调对其他发展中国家的互利共赢和共同发展,中国一直推动对外贸易、投资并努力践行力所能及的对外援助。很多中国人认为,中国对发展中国家的"民生外交"要比欧美国家的"民主外交"或"价值观外交"更为优越,也更适合发展中国家的现实需要。中国提出"一带一路"的伟大倡议,不仅仅是要将其建设成一个"民生工程",更是要升华为"民心工程",民心才是最大的政治。

促进民心相通意义重大,但是要真正做到却并非易事。"一带一路"共建国家众多,文化差异很大,尤其还涉及多种宗教文化差异,中国与这些国家的彼此了解也还很单薄,如何加强民心相通还有很长的路要走。2015 年 3 月28 日,《推进共建丝绸之路经济带和 21 世纪海上丝绸之路的愿景与行动》发布,提出了传承和弘扬丝绸之路友好合作精神,广泛开展文化交流、学术往来、人才交流合作、媒体合作、青年和妇女交往、志愿者服务等,为深化双多边合作奠定了坚实的民意基础。①在推进"一带一路"经济往来、项目建设的过程中,也要注重精神与文化的交流和融通,有形的工程与合作有起始点,而精神与友谊的交流将恒久。

再次,以"一带一路"为支点,辐射更多的国家,传播中国友好的价值观念。世界上有两百多个国家,联合国现有成员 193 个,"一带一路"共建国家有 65 个,虽然这一宽广的影响力和辐射力是一种了不起的成就,但是共建

---

① 参见秦玉才、周谷平、罗卫东主编:《"一带一路"读本》,浙江大学出版社,2015 年,第 127 页。

与非共建的分野是客观现实,无论怎样努力推动,总会有"加入"和"没加入"的区别。但在传播中必须力避对这种分野的强化。"一带一路"对外传播不是为了形成以是否共建为门槛的"我们"与"他们"之别。舆论上强化差别必然导致国际政治领域阵营意识的出现,这是违背"一带一路"倡议初衷的,也根本不符合当今的国际发展大势。①从现实来看,欧美等发达国家以及"唯美是瞻"的一些国家,对"一带一路"依然还是持观望态度,要吸纳他们的加入,还需要在宣介中注重更大范围、更深厚度的传播。中国一再强调,"一带一路"是开放的体系,不局限于共建国家,欢迎所有的国家加入。随着时间和实践的不断推进,"一带一路"的世界意义一定会更加彰显,将会得到国际社会更加积极的认可,势必会成为一条和平之路、繁荣之路、开放之路、创新之路和文明之路,将在各国的共同努力下行稳致远,走向更加美好的未来。

二、当代中国价值观念国际传播政策的沿革

国际传播政策主要是指在一定时期一国对外宣传的政策,是党和国家统领宣传工作的大政方略,它是基于国家的外交政策和理念而制定的,旨在向世界展示良好的国家形象,增进其他国家和人民对本国的了解,促进本国的对外交往。中国的国际传播政策是中国对外传播工作的指导方针,是宣传思想战线的重要遵循,它随着国家开放程度的不断加深和社会主义事业的不断发展而不断推进完善。

(一)介绍开放稳定的中国

以 1978 年底党的十一届三中全会的召开为重要节点,中国完成了政治

---

① 参见寇立研、周冠宇:《"一带一路"对外传播需要把握的十对关系》,《对外传播》,2015 年第
3 期。

上的拨乱反正,在邓小平的伟大领导下,确定了"解放思想、实事求是"的思想路线,中国开始实行改革开放政策,党的工作重心转移到了经济建设这一重大要务上来。随着改革开放的逐步推进,我国的对外传播事业也面临着崭新而艰巨的任务——让中国走向世界,让世界了解中国,更好地为社会主义现代化建设服务。

在传播内容方面,更加注重对外传播实务。改革开放政策的提出,世界对中国的发展走向充满了好奇,对中国是否依然会坚持社会主义道路充满了猜测,同样,这个问题也是中国想向世界说明的问题。朱穆之提出,发展、改革开放、稳定这三个方面是世界和中国感兴趣的汇合点,既是中国希望外国人了解的,也是外国人希望了解的,那么从这三个方面来介绍中国,就是最有吸引力、最有效果的。①1986年11月,在全国对外宣传工作会议上,根据重要的指示和要求,把如何宣传好中国的国际形象确立为那一时期对外宣传工作的主要任务,时任中央对外宣传小组组长的朱穆之对中国的形象特点进行了详细阐释:①中国爱好和平,坚决反对战争,反对霸权主义;②中国坚持实行开放政策;③中国重信义,说话算数,讲原则,不拿原则作交易;④中国坚持实事求是,勇于改革,建设符合中国国情的有中国特色的社会主义;⑤中国实行民主,加强法制;⑥中国坚持为人民服务的宗旨,关心爱护人民,实行社会主义的人道主义;⑦中国人民有理想,讲道德,团结一心,勤劳勇敢,为振兴中华而奋斗。②这一重要的指导方针为一段时期内中国的对外宣传工作指明了方向,所有的外宣工作都要围绕树立良好国家形象的目的而努力展开。此阶段,中国的统一问题是关涉中国国家利益的重大问题,因此对台的宣传工作是一项极其重要的任务,中国提出的"一国两制"政策不仅关系到中国的统一问题,还关系到中国"四个坚持"的问题。因此,此阶段

① 参见朱穆之:《让世界了解中国什么》,《对外传播》,1995年第4期。
② 参见《朱穆之论对外宣传》,五洲传播出版社,1994年,第129~132页。

的宣传工作一方面要加强我国对台政策的解释与宣传,回应一些人关于中国创造性政策的荒谬认知;另一方面要向海外和中国台湾介绍中国大陆的真实情况,使其了解中国大陆的发展前景,为祖国的统一营造良好的舆论氛围。

这一时期,外宣机构逐步增设。1980年,中共中央成立中央对外宣传小组,负责组织领导和管理协调整个对外宣传工作。包括中宣部、外交部、文化部、新华社、《人民日报》、外文局、中央广播事业局、中联部、国务院侨办、港澳办等14个单位的负责人①,形成了中国外宣工作的有生力量。同年,开办了中文对外广播,这主要是针对当时世界范围内约五千万的华人华侨的广播,其长远目的就是通过凝聚华人华侨的力量来让世界更了解中国。1980年以来,除了已有的《北京周报》《中国建设》《中国画报》等刊物外,又创办了近二十种对外报刊。1981年,创办了中国第一份也是唯一的全国性英文日报——《中国日报》,它通过客观的视角全面生动地介绍中国在政治、经济、文化、社会等方面的信息,旨在增进外国人士对中国的了解,从而树立中国在国际上友好真实的形象。1983年2月,中共中央宣传部、中央对外宣传小组印发《关于实施建立新闻工作发言人制度和加强对外国记者工作的通知》,初步建立起了新闻发言人制度,外交部每周会举行一次新闻发布会。《人民日报·海外版》经过两年时间的酝酿,在1985年7月正式出版,它是海外人士了解中国的又一重要渠道,不仅向他们有针对性地报道中国日新月异的发展变化,介绍中国的方针、政策,同时也为他们提供咨询与服务。1984年,《瞭望·海外版》创刊出版,其宗旨是向海外华人华侨及港澳台同胞传播大陆信息,为增进海内外人民的友谊服务。

---

① 参见陈日浓:《中国对外传播史略》,外文出版社,2010年,第161页。

（二）宣介日益发展的中国

1989 年"政治风波"发生的时候,中国的对外传播力量还比较薄弱,一度
使中国在对外宣传工作中陷入了极其被动的局面, 使得国际反华势力有机
可乘,对中国污蔑毁谤,给中国在国际舆论中造成了极大的负面影响。中国
要进行改革开放,要进行社会主义建设,不加强对外宣传工作,就没有办法
给自己营造一个良好的国际舆论环境,发展就会面临重重困难。1990 年,中
共中央恢复了 1988 年裁撤的对外宣传小组。同年 10 月,召开了全国对外宣
传工作会议,时任国务院总理李鹏在主旨报告中,明确指出了对外宣传工作
是我国总体外交的组成部分,对扩大我国的国际影响、推动我国社会主义现
代化建设具有不可替代的作用。[1] 1994 年,在全国宣传思想工作会议上,江
泽民强调指出,推进改革开放和现代化建设,需要中国更多地了解世界和让
世界更多地了解中国。[2]为应对一系列唱衰中国社会主义事业发展的国际舆
论,中国采取了积极措施予以回应。

发布中国政府白皮书。白皮书是政府或议会正式发表的以白色封面做
装帧的重要文件或报告书的别称。作为一种官方文件, 白皮书代表政府立
场,讲究事实清楚、立场明确,是国际上公认的正式官方文书。面对以美国为
首等西方势力对中国人权的刻意抹黑等现象,中国于 1991 年发布了首部
《中国的人权状况》白皮书,以最官方、最系统、最全面、最准确的视角向世界
介绍了中国人民享有人权的事实,根据中国的历史发展和现实国情,将生存
权作为中国人权特别强调的内容,在国际社会产生了广泛而强烈的影响,可
以说是对当时关于中国人权的不实言论的有力反击。1995 年以后,几乎每隔

---

① 参见甘险峰:《中国对外新闻传播史》,福建人民出版社,2004 年,第 218 页。
② 参见《江泽民论加强和改进执政党建设(专题摘编)》,中央文献出版社、研究出版社,2004
年,第 109 页。

两年中国就会发布一份关于中国人权事业发展状况的白皮书，有效地回应和反击了西方国家对中国人权的抨击。整个 20 世纪 90 年代，中国还发布了《西藏的主权归属与人权状况》(1992)、《中国的军备控制与裁军》(1995)、《关于中美贸易平衡的问题》(1997)、《中国的国防》(1998)等白皮书，都针对特定的问题对国际社会中的负面舆论进行了积极回应，是中国对外宣传的重要手段之一。

整合传播资源，打造传播合力。随着对外宣传事业建设的逐步发展，对外宣传工作体系初步形成，宣传队伍也在不断壮大。在中央加强外宣工作的宏观管理的背景下，强调对各种传播资源要发挥整体优势，形成传播合力。1994 年 4 月，国务院新闻办印发的《进一步做好新形势下的对外宣传工作的意见》，对整合外宣资源的观点进行了强化，强调了中央电视台、中国国际广播电台、《中国日报》和《北京周报》等作为外宣重要部门、渠道的地位，将电视广播视为外宣工作的投资重点。随着信息技术的不断发展，互联网等电子传媒的兴起，中国的外宣工作又逐渐形成了广播、电视、书刊、网络的大外宣格局。在外交领域，中国为了应对美国的挑战和敌意，力保国家发展的大局，选择了推动"伙伴关系"的对外战略。整个 20 世纪 90 年代，中国共与 23 个国家建立了外交关系。①在很大程度上为中国的外宣工作营造了良好的外交氛围。同时，这一时期，中国十分重视地方的外宣工作。随着中国不断扩大对外开放，地方与世界上其他国家和地区的交往机会也越来越多，做好地方宣传就是对整个外宣工作的贡献。1990 年的全国外宣工作会议就对加强和改进地方外宣工作进行了专门强调，指出地方外宣要利用地方实际，生动有力地宣传中央的路线、方针、政策，为地方开放、发展地方经济建设服务。

进一步扩充完善外宣机构。1991 年 1 月，国务院新闻办公室成立，负责

---

① 参见姚遥：《新中国对外宣传史：建构现代中国的国际话语权》，清华大学出版社，2014 年，第 325 页。

指导和协调对外宣传工作，标志着我国对外宣传的管理机构和管理体制进一步健全。①1991年，中央电视台成立了对外电视宣传中心，并于1993年组建了海外节目中心，奠定了电视节目向世界传播中国的基础。1993年12月，五洲传播中心成立，它作为一个以对外宣传品制为主要特色的多媒体、综合性媒体，是中国对外传播和让世界了解中国的重要平台。1994年7月，中国国际广播电台成立了电视中心。这一阶段，中国国际广播也从单一语种节目转变为多语种节目，从面向海外华人华侨扩大为包括外国民众在内的所有海外受众。②新华社继续在国外扩大规模，建立分社，到1997年，新华社驻外总分社、分社和支社的数量已经达到101个，分布在世界五大洲的92个国家和地区，形成了一个覆盖率宽广的传播网络。这一时期，网络传媒的对外传播也逐渐兴起。20世纪90年代中后期，随着互联网的横空出世，国际互联网成为中国开展外宣工作的新手段。1995年12月，《中国日报》创办了网络版，成为中国首个运用网络进行外宣工作的媒体。1996年，中央电视台"国际因特网站"开通；1997年，中国互联网新闻中心正式开通；同年新华社网站创建；1998年，中国国际广播电台网站开通。网络传播媒体的兴起与发展，拓宽了传播渠道，改进了传播途径，不断促进着中国对外传播事业的发展。

（三）更好地向世界说明中国

中国带着改革开放的巨大成就迈入21世纪，综合国力空前加强，在国际社会上的地位和影响力也显著增强。这意味着一些西方国家一直企图对中国的"和平演变"政策在中国发展的良好走势下而宣告破产。2001年，中国加入世界贸易组织，标志着中国融入世界的广度和深度都在扩展；2010年，

---

① 参见刘笑盈、何兰主编：《国际传播史》，中国传媒大学出版社，2011年，第260页。
② 参见赵化勇主编：《中央电视台发展史（1958—1997）》，中国广播电视出版社，2008年，第435页。

中国的经济总量超过日本，成为了世界第二大经济体。随着中国的发展崛起，中国不仅仅是一个经济快速发展的大国，也是一个在国际秩序建设中负责任的、有影响力的大国。这种变化影响着中国对外传播的走向和传播的心态，传播目的不再仅仅是向世界介绍中国，服务于中国的改革开放和现代化建设，同时也需要世界在更深层次上接纳中国，为世界的和平与发展贡献中国理念。

1.实行文化"走出去"的传播战略

文化表征了一个国家的精神家园，在与其他国家的交往中，不仅需要在经济往来中加强合作，也需要在文化的交流活动中增强对彼此的理解。中华文化包含着丰富的思想内容，对世界上其他国家的人来说，长期都具有一种强大的吸引力。20世纪90年代，美国学者约瑟夫·奈提出了"软实力"的概念，在世界范围内产生了广泛影响。对中国来说，软实力的力量很大一部分蕴含在中国深厚的文化里，实行文化"走出去"战略，加强文化交流，提升文化的吸引力，有助于增进世界人民对中国的认知和了解，从而建立互信，增进友谊，促进其他方面的友好往来，扩大中国在世界范围的朋友圈。

2002年11月，在党的十六大报告中江泽民强调指出，在当代中国发展先进文化，其中一个要求就是要"面向世界"，要"立足于改革开放和现代化建设的实践，着眼于世界文化发展的前沿，发扬民族文化的优秀传统，汲取世界各民族的长处，在内容和形式上积极创新，不断增强中国特色社会主义文化的吸引力和感召力"[1]。2004年，在党的十六届四中全会上，胡锦涛明确提出"推动中华文化更好地走向世界，提高国际影响力"[2]。文化发展作为国家发展的重要组成部分，也被纳入了"走出去"的战略发展之中。为了发展文化产业，鼓励和支持文化产品与服务"走出去"，政府在政策方面给予了极大

---

[1]《江泽民文选》(第三卷)，人民出版社，2006年，第559页。

[2]《十六大以来重要文献选编》(中)，中央文献出版社，2006年，第284页。

支持,分别于 2005 年和 2006 年出台了《关于进一步加强和改进文化产品和服务出口工作的意见》和《关于鼓励和支持文化产品和服务出口的若干政策》,标志着中国文化"走出去"的政策初步形成。① 2007 年,党的十七大从提升文化软实力的角度强调:"加强对外文化交流,吸收人类优秀文化成果,提高中华文化影响力。"② 2011 年,党的十七届六中全会提出了"文化强国"战略,加大了推进文化"走出去"战略的力度。2012 年 11 月,党的十八大报告中再次强调指出:"扩大文化领域对外开放,积极吸收借鉴国外优秀文化成果。"③同时,在更加开放的环境中发展中华文化,增强对民族文化的认同与自信。

党和国家大力推进中华文化"走出去"战略,对中国的国际传播事业具有极大的促进作用。在"走出去"战略的引导下,中国文化更加积极主动地走向世界,并且在对外交流中用中华文化传递中国理念,对增进世界对中国的了解有着重要的作用。在实行文化"走出去"战略的过程中,孔子学院应运而生,从 2004 年第一所孔子学院在韩国首尔挂牌成立,截至 2019 年 12 月 31 日,全球 162 个国家(地区)建立了 550 所孔子学院和 1172 个孔子课堂。它们在加强中国与世界的文化交流,发展中外友好关系,传播中华文化和精神方面发挥着重要作用。

2.推行公共外交战略

"公共外交是一个国家的政府和民间团体、社会组织对其他国家公众(包括其政府成员)所开展的,旨在提升本国形象或声誉,增加国家间友好关系的活动。"④进入 21 世纪以来,随着世界多极化、经济全球化、文化多样化、社会信息化的深入发展,国家之间的相互依赖程度日渐加深,各国之间的交

---

① 参见欧阳雪梅:《当代中国文化》,五洲传播出版社,2014 年,第 190 页。

② 《十七大以来重要文献选编》(上),中央文献出版社,2009 年,第 28 页。

③ 《十八大以来重要文献选编》(上),中央文献出版社,2014 年,第 26 页。

④ 赵启正主编:《公共外交战略》,学习出版社、海南出版社,2014 年,第 1 页。

互往来更加频繁,公众作为活动交往的使者是 21 世纪国家形象的重要建构者。为了更好地支持和促进公众与其他国家人民的交流,公共外交逐渐成为了国家提倡的对外交往的重要形式。2009 年 7 月,胡锦涛在第十一次驻外使节会议上提出:"要进一步加强公共外交,努力引导国际舆论客观看待我国发展,增进外部世界对我国基本国情、价值观念、发展道路、内外政策的了解和认识,树立我国负责任大国形象。"① 2012 年 11 月,党的十八大报告明确提出,要扎实推进公共外交,"开展同各国政党和政治组织的友好往来,加强人大、政协、地方、民间团体的对外交流,夯实国家关系发展社会基础"②。这意味着公共外交作为一种重要的交往形式被上升到了国家战略的高度。公共外交作为一种更生动、更灵活、更多样的对外交往形式,对外国人民来说,更容易产生一种亲近感,在中国的对外传播活动中,公共外交有助于在不同的场合发出中国声音,讲述中国故事。

21 世纪中国公共外交的基本任务是向世界说明中国,促进外国公众认识真实的中国——包括中国的文化传统、社会发展、经济状况、政治体制和对内对外政策等。③在复杂的国际环境和国际舆论中,公共外交作为一种良好的沟通方式,在政府的大力提倡和鼓励之下,取得了长足的发展。公共外交的主体和形式多种多样,民间团体、个人、智库、企业、社会组织、媒体、非政府组织等通过文化艺术、教育、学术、科技、医疗、卫生、体育、旅游等形式交流,是公共外交的内容。进入新时代,公共外交从边缘走向了舞台中央——更重要的是,自觉的公共外交行动开始深入中国外交、贸易、文化等广阔领域。④在向国外公众传播中国理念,阐释中国文化,增进国际理解,传

① 《胡锦涛文选》(第三卷),人民出版社,2016 年,第 243 页。
② 《十八大以来重要文献选编》(上),中央文献出版社,2014 年,第 38 页。
③ 参见赵启正主编:《公共外交战略》,学习出版社、海南出版社,2014 年,第 10 页。
④ 参见赵启正、雷蔚真主编:《中国公共外交发展报告 2015》,社会科学文献出版社,2015 年,第 2 页。

播国际友谊,赢得国际舆论等方面发挥着重大作用。

3.传播当代中国价值理念

自党的十八大以来,中国就高度重视价值观念的国际传播,作出了一系列的理论阐述和重要部署,既是如何加强当代中国价值观念的国际传播的新要求,又是实践指引。

第一,强调"四个讲清楚",阐释好中国特色。习近平总书记强调:"在全面对外开放的条件下做宣传思想工作,一项重要任务是引导人们更加全面客观地认识当代中国、看待外部世界。"[①]新时代的国际传播工作就是要有开放的视野,增进相互认知。认识当代中国,就是要用中国的话语阐释好中国的实然状况和中国特色,"要讲清楚每个国家和民族的历史传统、文化积淀、基本国情不同,其发展道路必然有着自己的特色;讲清楚中华文化积淀着中华民族最深沉的精神追求,是中华民族生生不息、发展壮大的丰厚滋养;讲清楚中华优秀传统文化是中华民族的突出优势,是我们最深厚的文化软实力;讲清楚中国特色社会主义根植于中华文化沃土、反映中国人民意愿、适应中国和时代发展进步要求,有着深厚历史渊源和广泛现实基础"[②]。要向世界阐明好这些特色,才能有助于世界更清晰地认知中国的过去、现在和未来,用中国的理论解释好中国的实践。看待外部世界就是要有国际视野和世界眼光,对世界形势发展变化,对世界上出现的新事物新情况,对各国出现的新思想新观点新知识要加强报道,借鉴有益成果。

第二,塑造好中国的"四个大国形象"。习近平总书记强调,要从历史文化的角度塑造好中国文明大国的形象,要从国情特色的角度塑造好中国东方大国的形象,要从外交政策的角度塑造好中国负责任大国的形象,要从制度属性的角度塑造好中国社会主义大国的形象。由于历史和国际舆论环境

---

① 《习近平谈治国理政》,外文出版社,2014年,第155页。

② 《习近平谈治国理政》,外文出版社,2014年,第155~156页。

等原因,国际社会对中国的形象认知还停留在西方国家塑造的阶段,这不利于中国参与国际事务,不利于国际社会对中国的正确认知。新时代在国际格局中正确定位自身形象,并通过科学的方式积极塑造自身形象,是当代中国国际传播的一个重要任务。

第三,坚定"四个自信"。"四个自信"即指理论自信、道路自信、制度自信和文化自信。习近平总书记在庆祝中国共产党成立 95 周年的大会讲话中指出,中国共产党、中华人民共和国、中华民族是最有理由自信的。经过革命、建设、改革等不同历史阶段,中国实现了从站起来到富起来再到强起来,创造了伟大的成就。今天的中国,在国际社会上发挥的作用日益突出,中国要自信地向世界贡献中国的智慧和力量。

第四,提升国际传播能力。2016 年 2 月,在党的新闻舆论工作座谈会上,习近平总书记强调了要加强国际传播能力建设,增强国际话语权;2017 年 10 月,党的十九大报告中又强调指出,推进国际传播能力建设,讲好中国故事。加强国际传播能力建设,优化战略布局,打造外宣旗舰传媒,成为提升传播能力的重要举措。

第五,建构中国话语体系。对外话语是一个国家对外传播的自我表达,没有话语,就会出现"有理说不出""说了传不开"的尴尬境遇。在现有的国际舆论环境中,不管是自我表达的需要,还是开展国际舆论斗争的需要,或者是重大国际报道,都需要中国在国际社会敢于发声、善于发声,用中国声音传递中国理念,阐明中国主张和立场。习近平总书记强调:"要精心做好对外宣传工作,创新对外宣传方式,着力打造融通中外的新概念新范畴新表述,讲好中国故事,传播好中国声音。"[①]

---

① 《习近平谈治国理政》,外文出版社,2014 年,第 156 页。

三、当代中国价值观念国际传播理念的转变

随着改革开放的深入推进和国际传播实践的发展，中国的国际传播理念也在逐渐发生着转变。尤其是在进入 21 世纪以来，国际传播愈益成为国家高度重视的战略工作，党和国家不断开拓国际传播格局，创新传播理念，引导国际传播事业不断发展。

（一）传播观念：从宣传到传播的转变

"宣传"作为一种信息传播行为，古已有之，在《三国志》中就多次出现"宣传军事""宣传诏旨"等词语，其意义为宣布、传达。在西方，"宣传"（pro-paganda）一词源于拉丁语，最开始的意思是传教士使用文字、语言等传播教义。宣传一词的普遍使用，开始于欧美 18 世纪资产阶级革命时期，[①]在一战之后，宣传一词就被赋予了一种反面的、否定性的含义，是一种借助一定的符号左右他人信仰、态度或行动的活动。传播学的奠基人拉斯韦尔在其著作《世界大战中的宣传技巧》中对宣传的定义是："通过故事、谣言、报道、图片以及社会传播的其他形式，来控制意见。"[②]表明宣传的本质是使受众的思想和信仰发生向传者立场的转向。"传播"（communication），源于拉丁语 communis，有相互交流、共同分享的意思。宣传的目的性和功利性更强一些，而传播体现的说服方式更柔和一些。宣传和传播的实践活动本身没有多大的区别，其目的性的差异被人们主观放大了很多。随着实践的发展，中国适时总结在国际传播中遇到的一些障碍和问题，在国际传播的指导思想上发生了适应时代

[①] 参见《中国大百科全书·新闻出版》，中国大百科全书出版社，1990 年，第 427 页。
[②] ［美］哈罗德·D.拉斯韦尔：《世界大战中的宣传技巧》，张洁、田青译，中国人民大学出版社，2003 年，第 22 页。

变化的转变,中共中央有关部门曾发出通知,关于"宣传"一词的对外翻译,不再使用"propaganda",改用"publicity"。①中国资深的外语专家、翻译家沈苏儒先生在 20 世纪八九十年代就一直倡导用"对外传播"代替"对外宣传",用"传播"取代"宣传",这不仅是用词上的替换,更是思想的与时俱进。随着中国传播实践的推进,传播理念逐渐完成了从"宣传"到"传播"的转变。

1.从政治宣传走向国家传播

过去,我们的对外传播常常以内宣代替外宣,在宣传目的上以政治宣传为主。改革开放以后,这种对外传播观念逐渐转变,对外传播的目的不再是提倡激进的革命运动,而是增进世界各国及人民对中国的了解和友谊,树立中国良好的国际形象,为中国的社会主义现代化建设事业服务,为实现中华民族伟大复兴的中国梦服务。进入新时代,习近平总书记强调,要从战略高度明晰我国国家形象的独特内涵,阐释好中国特色,塑造良好的国家形象,要"重点展示中国历史底蕴深厚、各民族多元一体、文化多样和谐的文明大国形象,政治清明、经济发展、文化繁荣、社会稳定、人民团结、山河秀美的东方大国形象,坚持和平发展、促进共同发展、维护国际公平正义、为人类作出贡献的负责任大国形象,对外更加开放、更加具有亲和力、充满希望、充满活力的社会主义大国形象"②。这四个"大国形象"是国家形象战略的终点和目标,只有目标清晰,才能更好地指引前行的道路。早在 2007 年,美国学者乔舒亚·库珀·雷默就提出了一个观点,即"国家形象是中国最棘手的战略问题",一方面,外部世界对于中国的认知有很多是不正确的,有的甚至是消极的;另一方面,中国的自我认知与其他国家对中国的形象认知存在极大差异。随着中国的快速发展,国际社会对于中国的形象认知更加复杂,有的是基于对中国不了解而产生的误读和误判,有的是基于根深蒂固的偏见。化解

---

① 参见何国平:《中国对外报道思想研究》,中国传媒大学出版社,2009 年,第 29 页。

② 《习近平谈治国理政》,外文出版社,2014 年,第 162 页。

这些矛盾都不能一味地从政治角度出发去传播中国理念,而是要从经济、人文等各方面加强交流与合作,增进了解与互信,让其他国家及人民明晰中国的发展现状,清楚中国的发展走向,让他们明白中国的发展不是对世界的威胁,而是一种新兴的发展力量,对于世界和人民都是有利无害的。

2.从正面报道到均衡报道

坚持正面报道是我国新闻宣传工作的一项基本方针,从国内环境来说,这是基于新闻报道真实性的基础上有效引导社会舆论,促进社会稳定的新闻职责所在。长期以来,我们习惯将夸赞型、成就型的事迹对外报道,将正面报道原则绝对化,只谈成就不谈问题。这在很大程度上导致了对外传播的效果并不明显,并且在一定程度上影响了中国媒体的公信力和中国政府的形象。今天,中国在对外的媒体报道中,不再只是一味地强调成就,也敢直言自身的问题。我国是世界上最大的发展中国家,依然处于社会主义初级阶段,人口基数大,地区发展不平衡,贫富差距有扩大趋势,发展的任务依然十分艰巨,生态环境保护面临着较大挑战,党内反腐工作对于政党建设提出了巨大考验。这些我国在发展过程中显现出来的问题,是我国推进发展的障碍,是客观现实,不应回避,也没有必要对外界避而不谈。正是要努力解决这些问题,才是中国发展的意义所在。透明度决定了公信度,在对外传播中,不仅要讲清楚成就,也要讲清楚问题,还要讲清楚努力的方向,这才能赢得国际社会的信任与尊重。如果对问题避而不谈,就会让国际社会对中国的发展产生主观臆测的误判和质疑,反而会产生不利于中国的国际舆论。如今,注重新闻报道的平衡性已经成为中国在对外报道中的一个重要遵循。

3.从说服到交流对话

过去,不管是政治上的高密度宣传,还是始终坚持的从正面报道中国的原则,都是为了向外界宣传中国的好,其目的就是为了"说服"。这种"说服"的动机性太强,投入的成本太大,而收到的效果并不明显。今天,传播中国的形象、理念、价值观,不再停留于自我感觉良好的自说自话。"我说你听"的方法已经不合时宜,在多元、多样、多变的环境下,外宣工作更加注重中国与世界进行更好的沟通。习近平总书记在党的新闻舆论工作座谈会上提出,在新时代做好新闻舆论工作,需要"联接中外、沟通世界"。这种立场的转变也带来了视域和眼界的拓展,实现了由"中国中心"向"全球视域"的转变,在实现"中国立场、全球视野、国际表达"的道路上迈出了更加笃定的步伐。中国的对外传播不仅围绕中国特色社会主义道路、制度和理论体系而展开,同时就发展问题加强与其他国家的对话交流,对于全球性问题和人类命运共同体等重大命题,站在全人类利益的角度提出中国方案,贡献中国智慧。沟通与对话是促进人类社会沿着更好方向发展的重要途径,也是解决国际争端问题的最好方式。比如南海问题,在触犯中国国家利益的时候,中国坚持有理有据的反击,通过高端对话,有态度而不失力度地反击,在对话中讲事实摆道理,让真相和道义自然呈现,这对于表达中国立场、阐明中国态度具有"大音希声"的积极意义。

(二)传播视角:由主体到受众的转变

1.在内容方面,从"政经利益"向"个体生活"转变

日常生活是人类共同感兴趣和共同关心的话题。通过对一个国家人民生活的了解,就能感知到这个国家的发展状况。在过去的对外报道中,我们更注重对政府之间的政治活动、经济往来等重要外事活动的报道,而对于普通百姓的生活鲜有报道。而对于外国人来说,他们对中国人具体的生活更加感兴趣,对富有人情味的故事更加感兴趣,他们更多希望通过具体的人和事来了解中国。比如,漫画家李昆武的自传体漫画《从小李到老李:一个中国人的一生》,通过描述一个普通中国人从出生到五十多岁的人生经历,展现了中国社会半个多世纪的曲折发展,这本书被法国漫画爱好者欧厉行翻译介

绍到国外出版后,吸引了大批外国读者,并且还入围了法国昂古莱姆漫画节大奖(2013 年),同时荣膺法国圣马洛图书展"最受读者欢迎奖"和"历史会晤"文化节最佳历史类漫画大奖,版权最终输出到全世界二十多个国家。①现代都市剧《媳妇的美好时代》在被译为斯瓦西里语后,在坦桑尼亚热播并受到了热烈追捧。2014 年,习近平主席出访阿根廷时,又把《北京青年》《老有所依》《失恋 33 天》三部影视作品作为国礼带了过去。2017 年 6 月,习近平主席在出访哈萨克斯坦前夕发表的署名文章中写道:"哈萨克斯坦歌手迪马希在中国家喻户晓,《舌尖上的中国》《温州一家人》等中国优秀影视剧走进万千哈萨克斯坦民众家庭。"影视作品成为了反映当代中国发展的重要窗口,反映了当代中国社会发展状态和当下中国年轻人的生活面貌,推动这些影视文化"走出去",有助于外国人民对中国现代社会及现代生活的深入了解。这种贴近百姓生活的文化产品,跨越时空、跨越国度,像春风化雨一样,更有利于中国价值观念的国际传播。

2.在语言方面,从"中国语言"向"受众语言"转变

语言是沟通的载体,是传播信息、增进理解、加深友谊的重要工具。在国际传播中,往往会因为语言的差异和翻译的影响导致沟通的障碍,为了跨越语言的障碍,中国将话语体系建设放在了十分重要的位置。比如,做好对外翻译工作。中央编译局作为中央文献对外翻译的重要职能部门,拥有英文、俄文、法文、西文、日文、德文、阿文等多个语种的翻译队伍,为了进一步加强和改进中央文献对外翻译工作,促进已有翻译成果的应用和传播,提高国际知晓率和认同度,在《光明日报》的大力支持下,对于中央文献中的重要术语发布了英文、俄文、法文、西文、日文、德文、阿文等语种的译文,供国内相关机构和人士以及国外关注我国改革发展的人士参考使用。所翻译的重要术

---

① 参见魏玉山主编:《2013—2014 中国动漫游戏产业年度报告》,中国书籍出版社,2015 年,第 75 页。

语,是中央文献中出现的、具有重要意义并富有中国特色的概念和表述,是我们党理论创新的重要成果,广受国际社会关注,亟须通过规范的翻译提升其对外传播的质量和效力,以更好地为国际社会所了解和接受。在选择术语时,遵循了四个基本标准:一是新提法、新表述,比如"四个全面"战略布局;二是富有传播效力的表述,比如"有权不可任性";三是专业性概念,比如"普惠金融";四是中国特色的表述,比如"硬骨头"。①

中央文献重要术语的翻译,是我国对外传播的基础性工作,良好的翻译和表达是增进国际理解、提高国际传播效果的重要因素。另外,在构建对外话语中,注重寻找能引起人们共情的语言。比如,"中国梦"的国际表达。"梦"是一个共通的概念,每个人、每个民族、每个国家都有自己的梦想,用"中国梦"一词集中表达了中国人民的发展诉求和奋斗目标,这个亲切的词语将中国与世界上其他国家联系起来,实现梦梦相通。此外,对于同种意思的表达,也注重内外有别,在这方面,习近平为我们树立了很好的榜样。比如,谈到合作共赢,他说:"东南亚朋友讲'水涨荷花高',非洲朋友讲'独行快,众行远',欧洲朋友讲'一棵树挡不住寒风',中国人讲'大河有水小河满,小河有水大河满'。这些说的都是一个道理,只有合作共赢才能办大事、办好事、办长久之事。"②引用的这些比喻,以不同地域文化的相同感受拉近了人们的距离,极易产生共鸣。

3.在方式方面,从"讲明道理"向"讲好故事"转变

习近平总书记强调,要讲好中国故事,传播好中国声音。讲故事是国际传播的最佳方式,中国从来就不缺好故事,关键问题是如何讲好。用讲故事的方法传播中国价值观念,是对东西方传受方式差异的认知。相比于中国人喜欢从归纳推理中总结出宏观理论,西方人更偏爱具体可感的形象和故事。

---

① 参见《中央文献重要术语译文发布(第一期)》,光明网,2015 年 5 月 4 日。
② 杨振武:《把握对外传播的时代新要求》,《人民日报》,2015 年 7 月 1 日。

讲好中国故事,一方面,要讲好中国和中国人民自己的故事。本立而道生,讲好中国故事,要立足中国文化,立足中国国情。[①]近年来,中国的国际传播注重"用镜头讲故事"的方式呈现中国事实。《中国面临的挑战》通过很多普通人的故事,将中国形象地呈现在外国观众面前;《舌尖上的中国》通过食物和饮食文化来描绘中国人民的生活和中国传统文化,展现了中国人民勤劳、朴实的生活和对美好生活的不懈追求。《媳妇的美好时代》展现了中国人民今天的社会生活,与其他国家年轻人的都市生活拥有很多可以引起共鸣的地方。

另一方面,注重讲好中国人民与外国人民之间的故事。习近平总书记就是讲故事的高手,《人民日报·海外版》上就刊发过习近平席在出访国外发表的演说和讲话中春风化雨般讲的诸多小故事,通过中国一个村庄的变迁和中国脱贫攻坚的故事讲中国的发展;通过柳林海的远航和八百多封慰问信讲中外交流;通过莎士比亚和汤显祖讲文化共鸣;通过也门撤侨讲世界友谊;通过郑和下西洋讲与新加坡的历史渊源。五千年悠久的历史文化滋养了中国宽厚仁爱、爱好和平的精神和文化传统,张骞出使西域、玄奘西行取经、鉴真东渡传教、郑和七下西洋,都是历史友好的见证。今天,世界日益开放,中国人民与世界人民的联系日益紧密,华人的足迹遍布世界,中国人民与世界人民的友谊也与日俱增。尤其是随着"一带一路"建设的不断推进,中国与共建国家的交往合作更加密切,也发生了很多值得言说的故事,这些都是对外传播的好素材。

(三)传播心态:由保守到开放的转变

相比于过去关起门来搞建设,自从改革开放以后,中国就更加注重对外传播的开放性建设。实践经验证明,保守的态度在国际传播中往往会置自身

---

① 参见文松辉:《人民网评:习近平"讲述好中国故事"给我们的启示》,人民网,2015 年 5 月 22 日。

于被动之中,尤其是在危机或突发事件中,没有及时的新闻报道就会致使国家形象遭受重创。早在2003年"非典"疫情以后,媒体仍然遵循以前的信息报道机制,一方面在事件报道上滞后,另一方面因为不想扩大社会恐慌,对疫情的严重性没有作完全报道。然而随着疫情的不断蔓延,引起了国内更大的恐慌,遭到了国际社会对中国的质疑和批评,中国政府的声誉也因此受到影响。在后续的疫情报道中,中国花费了巨大的心力才在国际国内挽回了政府和媒体的公信力。2008年,中国在"7·5"事件中,允许外国记者在乌鲁木齐自由采访,这一开放的政策事后证明是正确的、成功的。随后北京奥运会胜利举办,在这期间对境外媒体采访"零拒绝",中国也得以借此机会向全世界发出自己的声音,空前规模的、全方位集中展示自己的国家形象,并取得了前所未有的传播效果。2020年新冠肺炎疫情发生以后,中国第一时间向国际社会通报疫情信息,与世界其他国家分享抗疫经验,赢得了国际社会的广泛赞誉。尽管抗疫期间还有一些西方政客及媒体刻意抹黑中国,但是在公开、透明、及时的信息澄清面前,谣言、谎言不攻自破。

在日益开放发展的当代,国际传播更应该实现从防御型传播到主动型传播的转变。前中共中央宣传部副部长、国务院新闻办主任王晨说过:"从国际上看,国际社会对我国关注度越来越高,中国共产党的建设发展处于一种全开放的环境,党的方针政策、一举一动都受到国际社会的广泛关注。"[1]随着中国的崛起,世界对中国的战略走向愈发关注,中国越是走向世界的中心,越是需要更加主动、更加明确地向世界阐发自己的发展战略,阐释中国对于未来世界的建设思考和智慧,使国际社会更加全面、客观地认知真实的中国。

党的十八届五中全会通过的"十三五"规划建议指出:"加强国际传播能

---

① 王晨:《积极推进党委新闻发言人制度建设》,《求是》,2010年第20期。

力建设,创新对外传播、文化交流、文化贸易方式,推动中华文化走出去。"这种更加开放的态度来自于中国的自信,中国的自信来自于中国发展的实力,这种实力既体现在物质产品中,也体现在精神文化中。

　　更加开放,更加自信,也更加主动。2017 年 10 月 18 日至 24 日,中国共产党召开第十九次全国代表大会,3068 名记者与会采访报道党的十九大,其中境外记者多达 1818 人,创历史新高,这种开放程度前所未有,体现了中国发展更加自信从容、透明开放。由于中国党代会如此开放的媒体环境,外媒记者和国际社会对中国都有了更加深刻的认识。党的十九大之后,为了让世界倾听到中国声音,中国向世界派出了 30 多批次的高级别宣讲团,向世界主要的政党、政治组织、媒体、智库等宣介十九大精神,足迹遍布五大洲。更有分量的举措是,2017 年 11 月 30 日至 12 月 3 日,北京举行了中国共产党与世界政党高层对话会, 这是中国共产党首次与全球各类政党举行高层对话,也是党的十九大后我国举办的首场主场多边外交活动。①这次盛会的召开,是基于党的十九大之后,国际社会高度关注中国发展和未来走向的重要时刻,中国主动地、自信地与世界分享发展的经验,共同探讨世界的未来发展之路和全球治理之道。

---

　　① 参见宋鲁郑:《中共展现自信开放与担当(望海楼)》,《人民日报·海外版》,2017 年 11 月 30 日。

第二章　当代中国价值观念有效传播的时代境遇

　　世界潮流,浩浩荡荡,顺之者昌,逆之者亡。当今的世界,风云激荡,和平与发展依然是世界的主题,但国际体系和国际秩序正在经历着深度调整。从总体来说,世界转型的加速冲击着既有的国际秩序架构,催生了基于共同利益的国际秩序重塑。①伴随着中国经济的高速发展和综合国力的显著提升,中国在国际角色的扮演中逐渐由"适应性的融入者"转变为"建设性的塑造者",中国如何实现与世界的良性互动? 如何在国际社会中树立起良好的国家形象? 又如何推动世界的建设? 是一个走向伟大复兴的国家需要思考和面对的问题。党的十八大报告明确指出:"综观国际国内大势,我国发展仍处于可以大有作为的重要战略机遇期。我们要准确判断重要战略机遇期内涵和条件的变化,全面把握机遇,沉着应对挑战,赢得主动,赢得优势,赢得未来。"②习近平总书记在中共中央政治局第七次集体学习时的讲话中又再一

---

① 参见门洪华:《关键时刻:美国精英眼中的中国、美国与世界》,《中国社会科学》,2012年第7期。
② 《十八大以来重要文献选编》(上),中央文献出版社,2014年,第13页。

次强调:"在当今世界深刻复杂变化、中国同世界的联系和互动空前紧密的情况下,我们更要密切关注国际形势发展变化,把握世界大势,统筹好国内国际两个大局,在时代前进潮流中把握主动、赢得发展。"①当西方衰落遇到中国崛起的国际大环境,中国向何处去,在对内不断推进社会主义制度的完善和发展的同时,中国如何让世界客观地看待中国崛起? 对外该如何发出中国声音? 该如何用中国智慧走向未来? 这是历史之问,也是时代之问。中国不仅需要在经济上贡献世界的发展, 更要在价值理念上为世界发展注入新的能量。

一、当代中国价值观念有效传播的国内背景

把握国内发展大势, 就是要正确认知和判断当前我国发展处于的重要战略机遇期。在改革开放四十多年取得的伟大成就的基础上,我国的社会主义事业进入了新的发展阶段,迈向了中国特色社会主义新时代。在新的历史起点上,进行伟大斗争、建设伟大工程、推进伟大事业、实现伟大梦想,是中国当前面临的最要紧的任务。

(一)新方位:进入新时代

习近平总书记在党的十九大报告中指出, 中国特色社会主义进入了新时代,这是对我国发展进行的新的历史定位。这一科学的判断既是对中国社会主义事业发展阶段的自我定位,也是对中国融入世界体系的国际定位。

从自我定位来看,新时代是中华民族和社会主义事业发展新坐标。习近平总书记在党的十九大报告中提出了三个"意味着",其中两个是:意味着近

---

① 《习近平主持中共中央政治局第七次集体学习》,新华网,2013 年 6 月 26 日。

代以来久经磨难的中华民族迎来了从站起来、富起来到强起来的伟大飞跃，迎来了实现中华民族伟大复兴的光明前景；意味着科学社会主义在21世纪的中国焕发出强大生机活力，在世界上高高举起了中国特色社会主义伟大旗帜。发展的成就是中国进入新时代的重要依据，改革开放四十多年来，中国最显著的变化就是实现了快速发展，无论是纵向与新中国成立初期的发展比较，还是横向与其他国家的比较，中国的发展速度都是飞跃性的。经济方面，人均国民收入达到中等收入国家行列，亿万中国人民脱离贫困走向了小康，经济体量世界第二，对外贸易和投资、外汇储备稳居世界前列；政治方面，全面从严治党，加强党风廉政建设，推动国际治理体系和治理能力现代化；文化方面，坚持社会主义先进文化的前进方向，大力弘扬中华民族优秀文化，不断增强文化自觉与文化自信；生态文明建设方面，绿色发展理念深入人心，生态环境得到明显改善；科技方面，在航天航空、人工智能、深海探测、生物医药等多个方面取得了卓越成就。这些成就的取得是全方位的、深层次的、跨越性的，给中国带来的变化是历史性的。中国的巨大进步和社会发展取得的瞩目成就，推进了中国迈进新时代的历史新阶段。

进入新时代，中国的发展站在了一个新的历史方位上，仍处于社会主义初级阶段的中国其基本矛盾发生了变化，由"人民日益增长的物质文化需要同落后的社会生产之间的矛盾"转化为"人民日益增长的美好生活需要和不平衡不充分的发展之间的矛盾"，中国面临着新的发展任务，那就是在生产力总体提高的基础上，要实现如何更好地发展。习近平总书记说，人民对美好生活的向往就是党奋斗的目标。新时代，人们对美好生活的需要在内容和层次上都有了很大的丰富与扩展，需求内容从物质文化领域向政治、精神、生态等方面全方位拓展，需求层级从基本的温饱需求到实现更舒适的生活转变。为了实现这些期待，中国的发展还需要攻坚克难，继续深化改革，实现从"数量"到"质量"的转变与飞跃，促进中国的社会主义事业保持更加充沛的活力向前发展。

从国际定位来看,新时代是世界发展的新坐标,也就是习近平总书记在党的十九大报告中指出的第三个"意味着":意味着中国特色社会主义道路、理论、制度、文化不断发展,拓展了发展中国家走向现代化的途径,给世界上那些既希望加快发展又希望保持自身独立性的国家和民族提供了全新选择,为解决人类问题贡献了中国智慧和中国方案。中国进入新时代是以中国日益走近国际舞台的中央为表征的。新中国成立初期,中国的社会主义事业处于起步阶段,中国还属于积极融入国际体系中的追随者,在相当长的一段时间内,中国都还只是国际社会的重要参与者,在国际社会中的影响力还十分有限,中国的国际话语权也十分薄弱。经过新中国成立七十多年的发展,尤其是改革开放四十多年的发展,中国取得了举世瞩目的成就,实现了中华民族从站起来到富起来再到强起来的转变,中国的综合国力显著提高,国际地位也得到了极大提升。

尤其是党的十八大以来,中国作为世界引领者的身份和作用越发凸显,积极参与全球治理,成为了国际社会的领航者。美国相继退出《巴黎气候协定》和联合国教科文组织,英国脱欧,都进一步说明了以美国为首的西方发达国家在全球治理中意愿和能力大幅度减退,而在这个大变局中,中国作为新兴崛起的力量,在全球治理体系中的作用越来越重要。中国不仅是金砖国家的主要创建者之一,而且在 APEC 和 G20 等原有全球治理体系中日益发挥出重要的作用,并且还提出了"一带一路"伟大倡议,发起创办了亚洲基础设施投资银行,设立了丝路基金,并得到了相关国家的大力支持。中国还举办了一系列重要的国际活动,如"一带一路"高峰论坛、二十国集团领导人杭州峰会、金砖国家领导人厦门会晤、亚信峰会等重要会议,在促进全球治理和变革中发挥着愈发强大的影响力和感召力。

（二）新征程：实现中国梦

2012 年 11 月 29 日，习近平总书记在参观《复兴之路》展览时，第一次明确地阐释了"中国梦"的概念。他指出，实现中华民族伟大复兴，就是中华民族近代以来最伟大的梦想。这个伟大的梦想，有着深刻的历史渊源，有着砥砺奋进的现实基础，也有着鲜明的未来指向。

中国梦是中华民族始终不渝追求的夙愿。中华民族作为一个有着五千年悠久历史的古老国家，在近代以前一直享受着被世界其他国家景仰的东方大国的殊荣。自秦汉至明清前后两千多年的历史中，无论在文化、政治、经济，还是在科学、艺术等方面，中国所取得的成就都远远超越西方国家。从公元元年算起直到 1820 年，中国的经济总量还占全球的 30%，连续 18 个世纪是世界上最大的经济体，没有任何国家可以超越。美国历史学家保罗·肯尼迪在《大国兴衰》一书中这样写道："在中古时期的所有文明中，没有一个国家的文明比中国的更先进和更优越。"①但是因为长期的闭关锁国，导致中国落后于西方的发展，当晚清王朝依然守着天朝上国的美梦之时，西方国家在经历过工业革命之后已经赶超了中国。西方国家用坚船利炮打开中国国门，从此中国经历了一百多年蒙受欺压与苦难的日子，山河破碎，任人宰割，民族独立丧失，陷于半殖民地之地位。灿烂辉煌的中华民族成为了一个落后挨打的民族。在中国共产党的坚强领导下，中华儿女同心同德，浴血奋战，终于实现了民族的解放和独立。新中国成立初期，百废待兴，在极其贫弱的国民经济基础上进行社会主义建设，贫穷的中国走向了发展的新道路。改革开放以前，中国在近三十年的时间内艰难探索，曲折前进。改革开放以后，中国从"摸着石头过河"到现在进行全面深化改革，四十多年的发展，取得了举世瞩

---

① 徐牧：《大变局：中国模式的崛起与西方模式的衰落》，九州出版社，2010 年，第 43 页。

目的成就,落后的新中国成为了新兴的世界大国,这是中华儿女几代人不懈奋斗的结果。中国在追求国家富强、人民幸福的道路上始终不渝,站在新的历史阶段,中国人民将继续前进,为实现中华民族伟大复兴的中国梦而不懈努力。

中国梦的核心内容是实现"两个一百年"的发展目标。"两个一百年"是指在中国共产党成立一百年时全面建成小康社会,在新中国成立一百年时把我国建成富强民主文明和谐美丽的社会主义现代化强国。它与中国梦是近景与远景的关系,"两个一百年"是近景,是实现中国梦的道路上的重要节点,是中国社会主义事业建设中指日可待的短期目标,是实现中国梦奋斗历程中的现实衔接,为中国梦的实现描绘出现实的图景。从发展历程来说,"两个一百年"的发展目标是对中国"三步走"战略的继承和发展,党的十三大提出,在 20 世纪 90 年代,解决人民的温饱问题;在 20 世纪末,人民生活达到小康水平;在 21 世纪中叶,基本实现现代化。在解决了人民的温饱问题和人民生活总体上达到小康水平的基础上,与时俱进地提出了"两个一百年"奋斗目标,党的十九大报告指出,在决胜全面建成小康社会后,党和国家事业发展的新目标是,分两步走全面建设社会主义现代化国家。第一个阶段,从 2020 年到 2035 年,在全面建成小康社会的基础上再奋斗 15 年,基本实现社会主义现代化。第二个阶段,从 2035 年到本世纪中叶,在基本实现现代化的基础上继续奋斗 15 年,把我国建成富强民主文明和谐美丽的社会主义现代化强国。中国梦是远景,它不仅是一种理想目标,也是一种精神追求,对国家和民族来说是如此,对个人来说也是如此。中国梦是一种对国家富强、民族振兴、人民幸福不懈追求的精神力量,它既是宏大的,也是实际的。新时代,党和人民的奋斗目标业已明确,而摆在现实面前的目标就是要汇聚 13 亿中国人民的力量,在全面深化改革中、在攻坚克难中,砥砺前行,为实现"两个一百年"目标而奋斗,为实现中国梦而努力。

中国梦的实现需要在全面深化改革和扩大开放中得以实现。正如习近平总书记所说,中国改革的蓝图已经有了,关键问题就是把蓝图变为现实。中国梦不是坐而论道就能实现的,而是需要在实实在在的行动中才能实现。对内而言,中国需要全面深化改革。我国的改革已经进入了深水区和攻坚期,容易的改革任务已经完成,剩下的就是难啃的硬骨头。全面深化改革要以推进国家治理体系和治理能力现代化为总目标,坚持党的领导,全面从严治党。党自身要根据新时代的历史使命进行自我革新,要经受住执政考验、改革开放考验、市场经济考验、外部环境考验,克服精神懈怠的危险、能力不足的危险、脱离群众的危险、消极腐败的危险,在自我改革中成为社会主义事业的坚强领导核心。政治体制改革中要固基础、破难题、谋长远,推进社会主义政治制度的不断发展完善;经济体制改革要适应新常态,实现创新驱动,处理好政府与市场的关系,优化资源配置,激发市场经济活力,推动经济社会持续健康发展;文化体制改革要围绕社会主义核心价值体系建设,实施文化强国战略,提升文化自信,推动国家软实力建设;生态文明体制改革要以建设美丽中国为总目标,加强顶层设计和系统推进,宏观与微观双轨并行践行生态文明理念;社会体制改革要以人民群众最关心的现实问题为切入点,着力解决住房、教育、医疗、就业等民生问题,增强人民获得感,让整个社会共享发展福利。

对外而言,就是要扩大开放。习近平总书记说,我们的建设事业是向世界开放学习的事业。不会关起门来搞建设,也不能关起门来搞建设,虽然中国已经取得了举世瞩目的发展成就,但仍然是一个发展中国家,依然面临着艰巨的发展任务,不能妄自尊大,需要更加注重吸收其他国家优秀的文明成果和建设经验,在相互借鉴中取长补短,促进中国的现代化建设进一步发展。中国经济发展要坚持"走出去",扩大开放格局,加大对外产能合作,培育经济发展新动力;同时要坚持"引进来",引资和引智并举,发展更高层次的开放型经济。在"引进来"和"走出去"的战略布局中,不断完善对外开放布局,加快对外贸易优化升级,完善投资布局,扩大开放领域,形成对外开放新机制,推进"一带一路"建设,积极参与全球治理,推动国际经济治理体系沿着更加公正合理的方向发展。中国的发展事业与世界各国的发展事业是一致的,在全球化和信息化时代,世界各国日益成为一个休戚相关的利益整体,面对世界经济的复杂形势,中国的发展需要与其他国家和衷共济,要与其他国家分享发展的机遇和红利,在谋求本国发展的同时带动其他国家共同发展,打造国际合作新平台,增添共同发展新动力。

(三)新引领:提升文化自信

文化自信是一个民族、一个国家以及一个政党对自身文化价值的充分肯定和积极践行,并对其文化生命力持有的坚定信心。[1]自党的十八大以来,文化自信这一命题就得到了高度的关注和重视,习近平总书记多次强调文化自信的重要地位和价值意义。2014年2月24日,在中央政治局第十三次集体学习中,习近平总书记提出要"增强文化自觉和文化自信";2014年两会期间,习近平总书记将文化自信作为"第四个自信"提了出来,他说我们要坚持道路自信、理论自信、制度自信,最根本的还有一个文化自信;2016年7月1日在庆祝中国共产党95周年大会上的讲话中习近平总书记指出,"文化自信,是更基础、更广泛、更深厚的自信";2017年在党的十九大报告中再次强调,"文化是一个国家、一个民族的灵魂。文化兴国运兴,文化强民族强。没有高度的文化自信,没有文化的繁荣兴盛,就没有中华民族伟大复兴"[2]。文化自信成为了一个战略命题,它是中华民族在精神上重新崛起的内在定力,是中国社会主义事业建设的精神动力,是社会主义文化强国建设的精神支撑。

---

① 参见赵银平:《文化自信——习近平提出的时代课题》,《理论导报》,2016年第8期。

② 习近平:《决胜全面建成小康社会 夺取新时代中国特色社会主义伟大胜利——在中国共产党第十九次全国代表大会上的报告》,人民出版社,2017年,第40~41页。

　　文化自信是前进中的自信。习近平总书记说,当今世界,要说哪个政党、哪个国家、哪个民族能够自信的话,那中国共产党、中华人民共和国、中华民族是最有理由自信的。这是因为自近代以来,中华民族经历浩劫而生生不息,中国共产党在探索国家发展道路中久经挫折而茁壮成长,中国人民饱经苦难而自强不息,实现了中华民族的解放和独立,走上了中国特色社会主义的建设道路,取得了国家发展强大、人民脱贫致富的伟大成就,这是中华民族、党和人民树立文化自信的根本。党和人民在一百年的奋斗历程中,找到了国家发展的正确道路,形成了与时俱进不断丰富的指导理论,不断完善着中国特色社会主义制度,坚定了中国发展的道路自信、理论自信和制度自信,将推动社会主义事业不断前进,创造更加美好的幸福生活,实现中华民族的伟大复兴。中国的社会主义事业正处在蓬勃发展的时期,中国要坚持文化自信的深厚底色,坚持中国道路,坚定社会主义信念,在肯定成就的同时,敢于正视存在的现有问题并加以解决,弘扬中国精神,凝聚中国力量,推动社会主义事业更加持续健康发展。同时,今天的中国进入到了一个最好的发展时期,中国已经成为了世界上的第二大经济体、第一出口大国和贸易国,提出了"一带一路"倡议,为全球经济发展提供了更好的公共产品,成立了亚洲基础设施投资银行和丝路基金等。中国的发展不是"一枝独秀"的状态,而是以自身发展促进世界发展,中国越发展,对世界越有利。中国要拥有文化自信的十足底气,走向中华民族伟大复兴,走向共同发展的世界舞台。

　　文化自信是价值观念的自信。习近平总书记指出,文化的影响力首先是价值观念的影响力,世界上各种文化之争,本质上是价值观念之争。当代中国价值观念即中国特色社会主义价值观念,代表了中国先进文化的前进方向,是中国在社会主义事业建设中的精神指引,也是中国特色社会主义道路的价值表达。中国价值观念体现了中国治国理政的基本方略,是在中国独特的文化传统、历史命运、发展道路和基本国情的共同影响下而形成的。经过改革开放四十多年的发展，中国的发展成就成为了中国价值观念最直观的表达，中国实至名归拥有价值观念自信的理由。价值观念的自信将会成为中国道路自信、理论自信、制度自信和文化自信的有力支撑。世界上的其他国家和人民越来越多地关注中国的发展，探索中国发展的奥秘，中国只有保持高度的价值观念自信，才能更加坚定地坚持社会主义发展道路、丰富中国特色社会主义理论、完善社会主义制度、促进中国特色社会主义文化的发展与繁荣。在过去的很长一段时期，在中西文化的碰撞中，西方国家以领先的经济发展水平和稳固的国际地位宣示了西方文化的优越性，用所谓的"普世价值"来评判其他国家的价值观念和社会发展，其虚伪性的面纱长久以来蒙蔽了人们对西方价值观念的客观认知。在经济全球化、文化多元化发展的时代背景下，人类社会作为一个命运共同体需要在追求最大公约数的共同价值中实现更好的发展。当代中国价值理念是具有时代意义的价值观，它不仅代表着中国社会发展的价值取向和社会主义先进文化的前进方向，也昭示着世界在共同价值方面的追求。因此，中国倡导文化自信，更需要坚定价值观念自信，着力塑造当代中国价值观念的对外话语体系，更好地阐释中国发展道路和发展理念，提升中国价值观念的国际吸引力。

文化自信的使命是建设社会主义文化强国。任何一个国家要在国际社会上立足，就不仅需要强大的物质基础作为硬实力，还需要精神文化方面的软实力作为支撑。当今时代，国家发展依赖的经济力量固然十分重要，文化的力量也同样不可或缺。"任何国家及其不同目标下的国家战略，其中都必然包含着自身文明发展和对外文化传播的内容和策略。"①经过改革开放以后的高速发展，中国在物质文明建设方面已经取得了较为卓越的成就，为了实现物质文明与精神文明的并重建设，大力建设社会主义文明强国，是实现

---

① 张文东：《文化传播：基于文化自信的国家战略》，《光明日报》，2017 年 8 月 23 日。

中华民族伟大复兴的应有之义。经济的发展和社会的进步,如果没有文化的繁荣作为精神养料,那么社会的发展进步是难以持久的,推进文化强国建设正当其时。再者说,从国际发展局势来看,中国正日益走近世界舞台中央,"现在已经不再像旧中国那样在世界政治舞台缺位,或扮演敬陪末座没有发言权的小媳妇角色,而是带着中国特色社会主义建设的伟大成就,带着构建人类命运共同体的主张,带着解决世界面临的问题的中国方案、建议和话语,自信地走向世界政治舞台的中心"①。中国理念和中国方案也正在向世界更广阔的范围扩大影响,世界对中国投以更多的关注,中国要以文化为桥梁,扩大中华文化的世界影响力。我们必须清醒地认识到,中国是一个文化大国,但目前还不能称其为文化强国。要成为一个文化强国,一个很重要的方面就是要提升文化的影响力与吸引力,要以高度的文化自信,在国际大格局中审视中华文化的价值意义,在世界多元文化的交流交锋中,保持中华文化定力,推动当代中国文化的繁荣发展。

二、当代中国价值观念有效传播的国际环境

国际环境和国际关系格局,是一个国家制定战略规划的重要考量和依据。什么是今天的国际大势? 随着世界多极化、经济全球化深入发展和文化多样化、社会信息化持续推进,国际局势正在发生着深刻的变化,世界正处于大发展大变革大调整时期。在和平与发展的整体态势下,国际局势加速演进,国际政治、经济、文化以及全球安全等方面都呈现出更加复杂多变的特征,各国的利益出现新的变动,国家之间在矛盾交织中也不断深化着合作。

---

① 陈先达:《文化自信的本质与当代意义》,《光明日报》,2018 年 1 月 8 日。

（一）宏观背景：国际秩序大发展大变革大调整

自冷战结束以后，世界各国在意识形态领域的直接对抗已不再那么明显，和平与合作是各个国家之间处理国际关系的基本原则和既定方针。从积极方面来看，中国与俄罗斯建立了全面战略协作伙伴关系，中欧关系进一步深化，中国与巴基斯坦形成了全天候的战略合作伙伴关系，中国的大外交格局进一步铺展。但同时，挑战也同样是巨大的。中美关系就是当前中国在处理国际关系中面临的重大问题，美国由于近年来深陷伊拉克战争、阿富汗战争和金融危机的泥潭，其掌控国际事务的能力有所削弱，而与此同时，中国致力于国内的经济建设，取得了比较显著的成就，成为了美国眼中的战略对手。中国参与国际事务的能力大大增强，美国再也无法忽视来自中国的声音。而中美关系本身，因为意识形态的差异，存在较大的利益分歧，加之在台湾问题、南海问题以及经贸问题上，美国的霸权主义思想和干涉主义致使两国关系总是在修复中面临着不确定的分化。如今，随着中国的发展壮大，美国作为守成大国的心态日渐凸显，针对中国的崛起是否会挑战到美国既有利益的担忧，使得美国在全球战略的布控中对中国始终存在戒备。除此之外，中国对面临的周边地缘环境依然不可以掉以轻心，中国是世界上陆上邻国最多的国家，而且因为历史上中国与周边国家的复杂关系，地缘政治一直是一个敏感的话题，关于中国的领土主权和边界争端，近几年来又呈现出新的热点。如何处理好复杂的国际关系问题，关系到中国的现实利益，展现了中国的国家战略，也体现着中国的国家智慧。

世界经济环境在复苏中存在不确定性。2008年，世界金融危机爆发，改变了世界经济格局，主要发达国家受经济危机的重创，在很长时间内还没有完全恢复过来，从长远来看，由于这些国家也普遍存在人口老龄化和债务激增的双重压力,经济增长前景并不乐观。[1]与此同时,世界新兴经济体在逐步崛起,中国、印度、巴西、南非等国家,在世界经济中发挥着越来越重要的作用,成为拉动全球经济强劲复苏的主要力量。"金砖国家"和二十国集团,在全球经济发展和治理中越来越具有举足轻重的作用。作为新兴经济体中的一员和世界第二大经济体,中国在世界经济增长中变得日益重要。面对全球金融危机,中国在国内强健有力的措施之下实现了平稳过渡,成为了世界抗击金融危机的稳定器。在危机以后,中国在扩大开放和深化改革中依然保持着经济的高速增长,在世界经济的发展中起着"稳定器"和"新引擎"的作用,成为了世界经济增长、贸易增长、投资增长的重要动力,并且在和其他新兴经济体的共同努力下,不断探索新的举措,促进世界经济在更加公平、和平、合作、共赢的环境下发展。但同时,世界经济的发展也充满着一些不确定因素,逆全球化思潮始终存在,并在一定程度上影响着世界经济发展走向。美国从实施到退出量化宽松货币政策,带来了世界经济波动与风险,同时它还实施贸易保护主义,有意挑起并不断升级中美之间的贸易大战。面对如此的世界经济环境,中国不仅应该在现有国际经济秩序内争取更多的话语权,还应该为构建更加公平合理的新秩序而有所作为,尤其是要利用好二十国集团这个重要的国际平台,积极参与国际规则的制定与完善,积极发挥我国在其中的影响力和建设性作用。[2]

世界文化的多样性发展与冲突并存。人类社会本身就是一个由多种文明组成的共同体,世界文明发展的历史说明,文化的多样性是世界文明的一个基本特征,各种文明在交流与碰撞中共存与发展,造就了繁荣多样的世界文化。今天,随着全球化的深入发展,不同的民族和国家的文化交流以空前

---

[1]　参见张蕴岭主编:《中国与世界:新变化、新认识与新定位》,中国社会科学出版社,2011年,第95页。

[2]　参见刘昌明、李慧明:《世界金融危机与国际秩序转型》,山东大学出版社,2015年,第237页。

的广度和深度展开,交流与对话的日益频繁,由此也必然产生不同文化碰撞与冲突的出现。文化冲突既是一个现象,也是一个过程,包含着多层次、多方面的内容。[①]同一文化不同派别之间有横向冲突,宗教派别之间产生的冲突和对抗尤甚。而东西文化、强势文化与弱势文化的冲突,可以说是全球范围内最普遍的文化现象。亨廷顿在 20 世纪便提出了"文明冲突论",认为在冷战结束后的世界,导致国际冲突的主要原因将不再是意识形态或者经济因素,转而将会是文化方面的差异,并且将伊斯兰文明与中华文明列为西方文明最大的两个威胁。文明之间有冲突是客观事实,这是由文化多样性之间的差异性所自然生发的摩擦。但是"文明冲突论"其实质则反映了"优越"的欧美文化对其他文化的"征服",[②]是文化霸权主义的体现,也是冷战思维的延续。一方面,以物质文化水平的高低作为标尺来判定文化的先进与落后,酿制"颜色革命",把发达资本主义国家的文化价值观和政治经济制度宣称为人类的"普世文明"。[③]另一方面,借文化差异来作实际利益冲突的幌子。所谓的文明冲突,根源就是利益的冲突,表面上是儒家文明与西方文明之间的文化差异,实质就是对代表中华文明的中国对其西方国家制度和发展模式带来的冲击的担忧和不自信。世界关于"中国威胁"的论点已经从经济、军事等领域蔓延至思想文化领域,将中国的对外交流活动污蔑为文化渗透,就是最好的注解。面对这样复杂激荡的文化局势,如何保持自身文化自信,是多元文化环境中民族文化发展的重要考量。

国际安全问题更加复杂。在传统安全与非传统安全的交织状态下,国际局势的不稳定因素增加。恐怖主义肆意猖獗,它不仅是 20 世纪的"政治瘟疫",也依然是 21 世纪的"毒瘤",铲除恐怖主义的任务依然漫长而遥远;核

---

① 参见孙居涛、戴德铮主编:《当代世界经济、政治与文化》,武汉大学出版社,2010 年,第 253 页。
② 参见孙居涛、戴德铮主编:《当代世界经济、政治与文化》,武汉大学出版社,2010 年,第 253 页。
③ 参见郑科扬:《文化霸权主义:强权政治战略的新形态》,《中国社会科学报》,2016 年 1 月 15 日。

武器扩展趋势难以遏制,一些国家在控核问题上可能引发安全稳定的问题;全球气候问题越发突出,在环境保护中的责任分配总是引发利益冲突;能源安全问题也逐渐凸显,成为影响世界和平与安全的重大问题;移民难民人数伴随着局部战争和冲突的频发等原因急剧增加,引发了一系列人道主义问题;网络信息安全成为世界各国面临的新的安全挑战等问题,都是挑战现有国际秩序的重大安全议题,是威胁人类生存和发展利益攸关的问题,需要世界各国携手合作,共同应对。

（二）中观审视:世界对中国崛起的不同认知

自 20 世纪 90 年代开始,随着中国经济的强势增长,其他国家对中国又产生了"威胁"的恐怖预判,尤其是西方国家勾勒出来的"中国威胁"从政治意识形态、国际经济贸易到资源环境和国防军事等方面扑面而来。进入 21 世纪,尤其是经过 2008 年的世界经济危机以后,中国的经济依然保持着高于世界平均水平的增长率,并于 2010 年,经济总量超过日本,一跃成为了世界第二大经济体。中国经济的快速发展令人惊叹,从一定程度上昭示着中国的崛起,而国际社会对此的认知,则是"中国威胁论"的再一次沉渣泛起。

中国崛起必定是中国威胁吗？为什么中国崛起就会被视为一种威胁呢？中国自身所论述的"崛起",与"发展""复兴""振兴""快速发展"等概念表述没有本质上的区别,实质上都是指摆脱贫困、走向富强,使国家综合国力和国际影响力迅速提高,并成为国际社会中的重要成员。[1]而外国对中国的"崛起"定位,不仅只是基于意识形态的偏见而对中国的故意诋毁,还是基于世界历史上对大国崛起普遍经验的认知。自 15 世纪以来,葡萄牙、西班牙、荷兰、英国、法国、德国、日本、俄罗斯、美国这些先后崛起的国家,其崛起的历

---

[1]　参见陶坚、林宏宇主编:《中国崛起与国际体系》,世界知识出版社,2012 年,第 5 页。

史几乎无不是通过殖民掠夺、扩张、战争来攫取资本和财富,从两千多年前的伯罗奔尼撒战争到20世纪德国的崛起,几乎每出现一个新兴大国,都会引发全球动荡和战争。①世界大国崛起更替的历史就是一部人类的战争史。因此,对于中国的崛起,尽管中国一直对世界提出的都是"和平崛起""和平发展",但是并没有消除对中国将来会变成超级大国的担忧。

美中关系是中国崛起的过程中需要首要处理的大国关系,中国的发展强大,在美国看来就具有直接的挑战。在20世纪末,美国学者伯恩斯坦和芒罗在其著作《即将到来的美中冲突》中就提出:"中国的目标是取得某种霸权……中国将势必不是美国的战略友邦,而成为它的长期敌人。"②而金融危机以后,关于"北京共识"将取代"华盛顿共识"的探讨,"中美国"(Chimerica)、两国集团(G2)等概念的出现,一方面反映出中国崛起的世界震撼,另一方面也体现出美国将中国的崛起视为了不容忽视的挑战。2011年,美国前国务卿希拉里在一次演讲中也指出,"今天,与中国的关系是美国有史以来必须管理的最具挑战性和影响最大的双边关系之一"③。21世纪的第二个十年,中国的迅速崛起正在深刻地改变着国际关系格局,中美两国在不断深化利益关切的同时,双方的战略疑虑也在加深,"信任赤字"达到了新的最高点。④因为担心中国的崛起打破美国在现有国际体系中"一极独大"的地位,从奥巴马政府时期,美国便开始了战略重点的调整,高调重返亚太,而美国的这一战略转变,也影响着中国与周边国家尤其是南海地区国家之间的地缘政治关系。

周边国家对于中国崛起的认知,态度是复杂而矛盾的。日本既作为中国

---

① See Fareed Zakaria, *From Wealth to Power:The Unusual Origins of America's World Role*, Princeton University Press, 1998.p.1.

② [美]理查德·伯恩斯坦、[美]罗斯·芒罗:《即将到来的美中冲突》,隋丽君等译,新华出版社,1997年,第9页。

③ 孙来斌主编:《中国梦之中国复兴》,武汉大学出版社,2015年,第313页。

④ 参见陈健:《中美关系发展的思考》,《世界经济与政治》,2012年第6期。

一衣带水的邻国,又因作为有着极大历史渊源的国家,与中国的关系尤其是政治关系是敏感而复杂的。对于中国的崛起,日本以一种"领先者"的姿态来审视中国的发展,既有被赶超的心理落差,也有被超越的错愕和惶恐,从两国特殊的地理位置来说,日本不欢迎作为邻国的中国的强大和崛起。印度作为中国最大的邻国,它本身内部对于中国的认识就一直比较复杂,"友好派"认为中国是一个友好的国家,主张与中国的合作,而另一顽固的"对抗派"认为中国的崛起就是对印度的严重挑战,倾向与中国对抗。对于东盟国家而言,总体来说,对于中国的崛起是持欢迎态度的,中国经济的崛起对于东盟国家和地区的经济发展无疑具有建设性作用,但同时,东盟国家同样认为中国的崛起依然存在一定的挑战,尤其是与中国还存在领海争端问题的一些国家。

总的来说,中国周边国家对于中国的崛起,一方面在经济上依赖中国,而另一方面在军事和安全上又有着极大的不信任,想要寻找盟友来制衡中国。约瑟夫·奈曾撰文指出了这一现象,他从反面举例说,加拿大和墨西哥就不会寻求与中国结盟以制衡美国的影响力,而亚洲国家却希望美国在该地区的存在可以制衡中国的影响力。不管是基于意识形态立场,还是基于经济利益和地缘政治等各方面的原因,中国的崛起对于世界和其他国家来说,都不应是一种威胁。而之所以出现中国自身定位与国际认知的偏差,是国际社会对中国崛起本质的认知不足。

一方面,对中国崛起方式的认知存在偏差。中国一直强调的是通过和平的方式实现发展,而不会通过军事武力和殖民扩张的方式来实现发展,这绝对不是政治说辞,也不是权宜之计,而是中国一直以来坚守和秉承的发展理念。基于中华民族优秀的传统文化,中华民族自古以来就是一个爱好和平的国家,没有侵略扩张的基因;基于历史的苦难体验,一百多年被侵略的惨痛经历使得中国人民对战争和侵略有着更切肤的体验,不愿意将自己曾经受过的苦难施加于别国人民;基于对当下时代潮流的把握,和平与发展始终是时代的主题,任何破坏世界和平的行为都是短视和自取灭亡的做法。在全球化日益深入发展,全球性问题日益增多的今天,人类社会就是一个命运共同体,只有携手并进、合作共赢,才能赢得未来。

另一方面,对中国崛起的影响的误判。中国的崛起不仅是给世界经济带来增长的新动力,成为新的发展引擎,而且对整个世界的稳定与和平发展都将具有极大的促进作用。中国不是作为新兴大国就要对守成大国发出挑战,陷入大国争霸的"修昔底德陷阱";也不是一些国家所揣测的崛起后的中国将会在军事上对世界局势或周边安全造成威胁。此外,还有一些观点认为,崛起的中国对世界来说,将会对资源和能源造成极大负担,但是经历了粗放型发展方式的阶段,中国已经走上了一条集约型、资源节约型的可持续发展的道路,对于世界资源、能源、环境的保护正发挥着越来越积极的作用。

(三)微观认知:中国在国际社会中的角色定位

自新中国成立以来,尤其是改革开放以后,随着中国经济实力的快速增长和综合国力的显著提高,中国的国际地位和国际角色发生了也正在继续发生着巨大的变化。所谓国际地位,主要是指一个国家在国际社会和国际关系中所处的位置,它受国际的经济发展状况、意识形态、外交政策、领土与人口,以及民族文化等多种因素的综合影响,其中经济因素是最根本的影响因素。

新中国成立初期,新生政权在国际社会上还得不到完全的承认,尤其以美国为首的资本主义国家对中国进行各种打压和遏制,企图将新生政权扼杀在幼苗状态。20世纪50年代后期,随着中国与苏联关系的不断恶化,中国在国际社会上与世界的两个大国处于交恶的状态,此时的中国用毛泽东对世界的类别划分来说,就属于"第三世界国家"。以中国恢复在联合国的合法席位为分界,恢复合法席位之前都在为争取国际承认而努力,恢复之后中国才开始与国际组织建立或恢复合作,逐步融入国际体系。随着中国经济实力的逐步增强,尤其是改革开放以后,中国的综合国力显著增强,中国在国际社会上的地位逐步提高,其中以中国在 2001 年加入世界贸易组织为标志性事件,从经过长达 15 年的谈判到最终顺利入世,是中国融入国际体系、大国地位提升的重要表现。

进入 21 世纪,伴随着中国经济实力的显著提高与西方资本主义国家经济发展的日渐疲软,中国在国际经济体系中的作用更加凸显。2008 年经济危机以后,西方国家普遍还在全球经济低迷发展中前行,而中国在 2010 年经济总量超过日本,成为世界第二大经济体,成为了一个在世界上有重大影响力的国家,甚至被贴上了"超级大国"的标签。皮尤研究中心(Pew Research Center)在 2013 年发布的一项民调显示,在展开调查的 39 个国家中,有 23 个国家的多数受访者认为,中国已经或很快将成为"世界头号超级大国"[①]。金融危机爆发和哥本哈根气候谈判在一定程度上强化了人们对 G2 的认知,虽然人们普遍质疑 G2 的有效性,但这一提法本身反映了人们对中国"超级大国"或"潜在超级大国"的身份认同。至少人们很难相信,一个能与美国相提并论的国家是发展中国家。对此,有观点指出,中国和美国开始以平等的超级大国身份,商讨一切世界问题——从生态问题到金融危机,从捍卫人权到核能开发。

国际地位的变化随之就会决定国际角色的变化,从新中国成立到改革开放之前,中国是一个追随者的角色。改革开放以后至 20 世纪末,中国积极加入国际组织和国际条约,1982 年成为联合国人权委员会理事国,1988 年成为联合国维和委员会成员,1989 年成为亚太经合组织成员,1992 年中国政府签署了《联合国气候变化框架公约》《不扩散核武器条约》,1996 年签署了《全面禁止核试验条约》,1998 年又签署了最为重要的环境公约《京都议定

---

① 金灿荣:《和平发展:大国的责任》,中国人民大学出版社,2014 年,第 3 页。

书》。无论是在政治、经济方面,还是在环境与安全方面,中国都逐步变成了国际体系的重要参与者。进入 21 世纪以后,中国全面加入国际组织,参与国际议程和规则的制定。2001 年,中国成为世界贸易组织成员国;2008 年,中国举办了举世瞩目的北京奥运会;2010 年,举办了上海世博会;2011 年,为解决朝核问题,发起了"六方会谈",为和平解决朝核问题提供了最佳平台;2013 年 9 月和 10 月,习近平主席在出访中亚和东南亚国家期间,提出了"一带一路"的伟大倡议,八年多来,该倡议从抽象走向具体,由理念变成行动,在国际社会引起了广泛影响。2014 年,中国时隔 13 年再次举办了 APEC 会议,这也是中国成为世界第二大经济体之后首次举行 APEC 峰会。2014 年,中国倡导并举办了第一届世界互联网大会,该组织的成立旨在搭建中国与世界互联互通、共享共治的国际平台,此后每年都将在中国乌镇举行,成为世界网络治理的重要平台。英国一外交大臣曾指出,在世界经济、气候变化以及世界贸易等问题上,中国有决定性话语权。中国,在国际体系中已经变成了一个积极的倡议者、建设者。未来,将变为一个更加积极主动有为的塑造者和引领者。

国际责任是与国家发展的综合国力和国际角色相适应的一种责任担当。对于中国的大国责任的认知,国际社会与中国的自我界定不太一样,中国的"责任论"是基于自身能力的贡献,国际社会对"中国责任"的界定更多是看到了中国崛起的事实,夸大中国的实际能力,要求中国承担更多的国际责任,从而一方面分担西方大国维持现有国际体系稳定的成本,另一方面通过责任施压减缓中国崛起的势头。①基于"国际责任"是一个复杂而充满争议的概念,有学者建议使用"国际贡献"和"国际共同责任"等表述更为恰当。②

---

① 参见胡键:《角色·责任·成长路径——中国在 21 世纪的基础性战略问题》,上海世纪出版集团、上海人民出版社,2010 年,第 137 页。

② 参见李东燕:《从国际责任的认定与特征看中国的国际责任》,《现代国际关系》,2011 年第 8 期。

随着中国实力的增长以及在国际事务中扮演的角色、发挥的作用越来越重要,中国在国际体系中的责任如何界定,要在中国对自身实力与国际地位的准确判断基础上进行分析。有学者将国际责任进行了分类:基础责任、有限责任和领袖责任。①随着中国的发展,在基础责任和有限责任之上,中国还应该更充分地发挥好大国作用。党的十八大报告中指出:"中国将坚持把中国人民利益同各国人民共同利益结合起来,以更加积极的姿态参与国际事务,发挥负责任大国作用,共同应对全球性挑战。"②这是中国在自身发展崛起的同时对世界的庄严承诺,也表明了中国担当的信心。目前来说,中国最大的责任就是致力于自身的发展并且维护和促进世界的和平与发展。中国作为"重要的、崛起的新兴力量,在国际社会发挥着不可或缺的作用",其影响力、身份和作用是其他发展中国家所不可企及的。从物质层面来说,中国的发展为世界的减贫事业作出了巨大的贡献;从精神层面,毛泽东曾经就说,"中国应当对于人类有较大的贡献"③,中国还应该为世界的发展和更加合理的国际体系的建立贡献更多价值理念。现在的中国,正当其时。

三、促进当代中国价值观念有效传播的时代意义

无论是从中国崛起的国内环境,还是正在大发展大变革大调整的国际环境,对中国而言,都是全新的时代大背景,中国的发展不能关起门来搞建设,不能闷头做事不向世界言语,中国的发展变化需要与世界保持良好的沟通,中国的发展也必须融入国际体系中去才能走向更宽阔的视域。面对中国当前的飞速发展,国际社会既有赞许和肯定,也有观望和怀疑,加强当代中

① 参见周鑫宇:《中国国际责任的层次分析》,《国际论坛》,2011年第6期。
② 《十八大以来重要文献选编》(上),中央文献出版社,2014年,第37页。
③ 《毛泽东文集》(第七卷),人民出版社,1999年,第157页。

国价值观念的国际传播,提升传播的有效性,从短期目标来说,就是消除已经出现的或者可能出现的误会和误解;从长远来说,就是要为未来中国的发展打下坚实的国际舆论基础,尽可能地消弭国际社会对中国发展壮大后的误判。因此,要向世界介绍中国发展概况,说明中国发展道路,阐释中国发展理念,并且为纷繁复杂的国际关系建设贡献中国智慧。

(一)增进国际理解

让世界了解中国的发展现状,消弭误解。中国在国际上的形象几乎一直都属于"他塑"的状态,通过"他塑"的方式向世界传递的中国都是间接的,是经过加工和掺杂了主观认知的再造形象,不能完全客观、真实地展现中国的本来面貌。在中国愈加开放地走向世界的当下,中国需要主动地向世界宣介自己,实现国际形象的自我传播、自我塑造。自改革开放以来,中国的发展是有目共睹的,早在 2008 年的北京奥运会,以及随后 2010 年的世博会上,中国发展、文明、自信、绚烂的国家形象就很好地向世界人们进行了鲜活展示。今天,中国经济依然保持着良好的发展势头,让世界了解中国,就不只是让他们知道中国取得的成就,而是更应该让他们了解中国经济飞速发展的原因,让他们对中国的社会、经济发展状况有更加全面、更加细致的解读。中国的发展,不仅源于制度的优越性,也来自于制度的自我革新能力。中国的社会发展也面临着诸多矛盾:在经济发展过程中,也出现过以资源和环境的消耗为代价的粗放型经济发展模式;在政治建设中,也没能避免出现贪污腐败的情况;在社会建设中,也出现了贫富差距不断扩大的现实矛盾。问题都是不可避免的,对于国家建设中出现的种种问题,中国在党的领导下都进行了"自我救治",这才是中国能够在曲折发展中不断前进,实现综合国力稳步提升的重要原因。中国的发展有成就也有困难,要向世界宣介成就,同时也不讳言矛盾和问题,要在多元的信息中,给国际社会呈现一个真实的中国。

让世界了解中国的发展走向,消除误判。发展强大起来的中国将向何处去,这是全世界都十分关切的问题,这种关切更多的是出于担忧和恐惧:中国的发展是否会走上一条传统大国崛起的道路? 是否会成为一个新霸权国家? 对于这些问题的回答,自新中国成立以来,中国就一直以实际行动践行着和平发展、绝不争霸的承诺。邓小平说:"中国永远站在第三世界一边,中国永远不称霸,中国也永远不当头。"①"如果中国有朝一日变了颜色,变成一个超级大国,也在世界上称王称霸,到处欺负人家,侵略人家,剥削人家,那么,世界人民就应当给中国戴上一顶社会帝国主义的帽子,就应当揭露它,反对它,并且同中国人民一道,打倒它。"②习近平总书记说:"为了和平,中国将始终坚持走和平发展道路。中华民族历来爱好和平。无论发展到哪一步,中国都永远不称霸、永远不搞扩张。"③中国的发展要消除其他国家对于中国的误判,要深入地阐释中国的和平发展道路。虽然历史上每一个崛起的大国都曾有过不满足于既有的国际体系下的利益分配格局,从而通过扩张的道路打破原有体系而追求更大的自身利益,但是"国强必霸"的西方理论不适用于中国的发展逻辑。

中国拥有怎样的实力,只是观察中国的一个方面,更重要的是,中国会怎样去运用自己的实力。习近平总书记在中国国际友好大会暨中国人民对外友好协会成立 60 周年纪念活动上的讲话中强调, 中国是爱好和平的民族,自古以来就知道"国虽大,好战必亡"的道理,"中国坚定不移走和平发展道路,既通过维护世界和平发展自己,又通过自身发展维护世界和平"④。世界上还有一部分国家,身体进入了 21 世纪,思维还停留在殖民体系的时代,不能让他们用固有观念来衡量和预判中国的发展方向, 要推动中国价值观

---

① 《邓小平文选》(第三卷),人民出版社,1993 年,第 363 页。

② 《邓小平文集(一九四九——九七四年)》(下卷),人民出版社,2014 年,第 355 页。

③ 《习近平谈治国理政》(第二卷),外文出版社,2017 年,第 446~447 页。

④ 《习近平谈治国理政》,外文出版社,2014 年,第 265 页。

念的国际传播,让世界更了解中国,要用中国自己的话语去引领世界对中国的认知和解读。

让世界更加了解中国,营造良好的国际舆论环境。国际舆论环境反映了国际社会对中国的认知态度,从本质上说,营造良好的国际舆论环境是我国长远发展的国家利益之所在。国际舆论环境是一个国家面临的最大的、动态的外部环境之一, 良好的国际舆论环境反映了一个国家在国际社会上的良好国家形象,对于国家的对外交流与合作,以及国家外交工作的开展都具有重要的促进作用。在当前的国际局势下,虽然"西强我弱"的国际舆论格局的总体态势还没有改变,但是传播环境发生了一些重要的变化:从国际传播硬件环境来说,信息通信技术的全球化、网络化,使得国家之间的信息流通在更宽广的场域变得更加高速快捷, 发达国家在信息领域的绝对主导优势并不像传统媒介时代那么明显;从中国本身所具有的话题特质来说,中国发展创造的奇迹引起了国际社会对中国更多的关注, 不论是发达国家还是发展中国家,不论是政府还是个人,对中国的发展都充满了好奇,希望对中国有更多的了解。中国需要抓住和利用好因经济发展引发的关注力,主动做好国际传播工作,增加"中国元素""中国特色"的国际认知度和透明度。即使这种传播并不寄希望于国际社会普遍认同和理解当代中国价值观念的具体(主观)内容,但是能够通过中国发展的历史逻辑和现实逻辑理解中国发展的合理性,理解中国价值观念的合理性。①这就是中国加强对外传播需要达到的一个基本目标。

(二)增强国家软实力

习近平总书记强调,提高国家文化软实力,要努力传播当代中国价值观

---

① 参见项久雨:《中国价值观念国际传播的三大目标》,《人民论坛》,2017 年第 19 期。

念。软实力是 20 世纪 90 年代初美国学者约瑟夫·奈提出来的,他认为:"软实力是一种通过让他人做自己想做的事情而获得预期结果的能力,是一种通过吸引而非强迫获得预期目标的能力。"①这种软实力从本质上来说就是基于一国文化和价值观念而产生的吸引力与影响力。这种软实力相比于经济与军事等硬实力,在价值意义的凸显方面更加潜隐、更加深厚,其历时性、间接性、渗透性的作用特点,使得其影响力更加持久、更加广泛,地位更加突出。尤其是在和平发展的年代,一国的软实力在综合国力的比重中更加倾斜,软实力所包含的文化、价值观、对外政策等核心要素对于他国的吸引力,是营造良好国家形象的重要影响因素。英国前首相撒切尔夫人曾断言,中国不可能成为一个世界超级大国,因为中国没有足以影响世界的思想体系,中国只会输出电视机,而不会输出思想。这种不无轻蔑的观点折射出了一种西方价值观念的优越感。今天,在中国硬实力发展起来的同时,价值观念的影响力也日益凸显,软实力的建设已经成为一项战略性的任务。加强当代中国价值观念的国际传播,就是提升国家软实力的必然之举。

如果说约瑟夫·奈提出软实力建构的初衷,体现的是如何维护美国现有的霸权地位,那么中国软实力的建构,则是基于灿烂的中华文明和指引中国特色社会主义事业建设的价值理念的分享。

传播当代中国价值观念,增强中国发展理念的吸引力。中国的发展理念首先就是坚持独立自主的发展模式。自新中国成立以来,中国就走上了一条符合自身国情的发展道路,在艰难的探索和发展过程中,中国实行了改革开放的伟大决策,解放了生产力,发展了生产力,同时也解放了中国人民的思想,在与时俱进中不断改革创新。经过几十年的发展,中国从一个积贫积弱的国家成为了世界第二大经济体,综合国力显著提升,在经济建设、社会发

---

① [美]罗伯特·基欧汉、[美]约瑟夫·奈:《权力与相互依赖》,门洪华译,北京大学出版社,2001年,第 263 页。

展、科技创新等各个方面都取得了辉煌的成就。在过去的几十年,中国实现了让8.5亿人脱离贫困, 为实现联合国的千年发展目标作出了巨大贡献。2020年,中国在现行标准下的贫困人口全部脱贫,消除了绝对贫困的历史现象,这样伟大的成就,在很多国家看来是绝对不可能完成的任务,世界上绝无先例。而这些成就的取得,都是源于中国坚持了中国特色社会主义道路和制度,任何时候都没有放弃坚持这一基本原则,中国的发展理念因为符合中国的特殊国情,所以才造就了如今的发展成就。邓小平曾经在谈到中国改革和发展的意义时说:"我们的改革不仅在中国, 而且在国际范围内也是一种试验,我们相信会成功。如果成功了,可以对世界上的社会主义事业和不发达国家的发展提供某些经验。"[①]进入新时代,中国在发展进步中依然面临着众多并发的问题和继续发展的障碍,在全新的现实基础上,中国始终从自身国情出发,不断探索发展对策,全面深化改革,创新发展理念,不断推进中国社会主义事业的进步。很多发展中国家曾经和中国的国情一样,但是它们依然还困顿在经济发展的落后阶段,没有走上适合自身国情的发展道路,中国的发展理念将为其提供可以参考借鉴的经验。

传播当代中国价值观念,增强中国价值观念的感召力。中国价值观念不仅体现了中国发展的价值取向,也展现了对世界发展的价值追求。一方面,中国价值观念具有人类共同价值的属性。习近平主席在第七十届联合国大会一般性辩论的讲话中,提出了"和平、发展、公平、正义、民主、自由"这些价值理念是全人类的共同价值,共同价值是区别于西方国家倡导的"普世价值"的价值追求,它代表了世界上绝大多数人民的利益诉求。当代中国价值观念与共同价值在本质上是相通的,反映的是不同个体、民族、国家之间的共性,不是某个地域特殊价值的人为提升。[②]在国际局势大发展大变革中,世界的

---

① 《邓小平文选》(第三卷),人民出版社,1993年,第135页。

② 参见项久雨:《莫把共同价值与"普世价值"混为一谈》,《人民日报》,2016年3月30日。

和平问题、安全问题、发展问题都面临着很大挑战，当世界没有共同的价值遵循的时候，就会发生无序争斗的乱象，世界各国将会在复杂的利益角逐中不断撕裂。而这些都无益于人类共同体的发展，反而会加速世界的分化。越是在世界乱象中，中国越应该为世界的发展方向引领一条光明的道路，在向世界传播中国价值理念的过程中，增进致力于维护世界和平与发展的国家和人民的拥护及支持，实现"中国发展得越强大，世界和平越靠得住"①的承诺。另一方面，中国价值观念具有道义性。中国的崛起在理念上就已实现了对传统大国崛起模式的超越，传统的大国崛起理论都指向"对现存大国的挑战"，而中国从一开始就提出了"和谐世界"的发展理念，从根本上改变了大国崛起影响世界的历史范式。中国价值观念倡导在对外交往中坚持独立自主、公正平等、互信互利的原则；在与各国的交往合作中，尊重其他国家的国家利益和重大关切，秉承和平、发展、共赢、合作的理念；尤其是在与广大发展中国家的合作交往中始终秉承正确的义利观，与它们分享中国发展的红利，讲道义，重情义，以促进共同发展为重要目的。

（三）贡献中国智慧

当今国际局势正在发生着深刻的变化和调整，"世界经济持续低迷，发达国家和新兴经济体走势分化"②，大国博弈加深，世界风云变幻，地缘政治问题时有升温，新的安全问题不断涌现，发展的不确定性增加。与此同时，随着经济全球化的深入发展、政治利益关系的复杂缠绕、信息技术的全球扩展，整个世界的联系又日益加强，愈发成为一个一荣俱荣、一损俱损的命运共同体。面对复杂多变又乱象纷呈的国际秩序，如何妥善处理复杂的国际关系和国家利益问题，建设一个稳定安全的美好世界，成为了当前人类社会面

---

① 《邓小平文选》（第三卷），人民出版社，1993年，第104页。
② 宋涛：《为建设美好世界贡献中国智慧》，《当代世界》，2017年第1期。

对的共同问题。习近平主席在 2017 年 1 月的联合国日内瓦总部演讲中提出"世界怎么了,我们怎么办"之问,需要中国用行动去回答。作为 21 世纪新兴崛起的国家,中国参与国际事务和塑造国际关系的能力在不断增强,并且正发挥着越来越重要的角色,中国的发展和中国所倡导的价值取向,要给不确定的世界增加一种"确定性",为建设更加安全和谐的世界提供中国方案,贡献中国智慧。要从全球视野出发,"从利我诉求到利他关切,从民族视角到全球关怀,从历史经验到未来诉求,实现中国与世界的利益共赢、权力共生、责任共担、价值共享"①。加强当代中国价值观念的有效传播,就是要对世界出现的发展赤字、和平赤字、治理赤字问题给出中国方案,倡导国际社会共建人类命运共同体。

倡导共赢思维,应对发展赤字。习近平总书记说,"发展是解决一切问题的总钥匙",这句话不仅适用于国家的内部发展问题,也同样适用于国际社会的发展问题,求发展是世界各国及其人民的共同愿望,如何发展是各个国家都面临的问题。当今世界在全球化深入发展的过程中,也出现了很多问题,一些弱小国家在全球化一开始的时候就处于被动地位,处于全球化体系的边缘。在全球化深入发展的过程中,它们不仅没有享受到发展带来的福利,反而变得愈加贫困,全球化的财富愈益集中在发达的资本主义国家,在世界范围内,富国与穷国、富者与穷者的矛盾对立更加明显,"逆全球化"思潮日益激烈。然而全球化是不可逆转的趋势,为了实现全球经济的普惠发展,需要为全球经济注入新的发展动力。中国倡导建立更加合理的世界经济秩序,反对经济发展中"以邻为壑"的做法,要让全球化随着金融、贸易和科技的发展而不断升级,倡导二十国集团要担负起更多的历史责任,推动全球化向更加开放包容、均衡普惠的方向发展。并且提出了"一带一路"的伟大倡

---

① 王义桅:《超越和平崛起——中国实施包容性崛起战略的必要性与可能性》,《世界经济与政治》,2011 年第 8 期。

议,秉承共商共建共享的原则,开创了与其他国家合作共赢的发展新模式,推动经济全球化进程中发展赤字的化解。

倡导和合思维,应对和平赤字。自二战结束以后,国际整体局势以和平为时代主流,但是世界局势并不太平,人类社会依然面临着巨大的和平赤字。以美国为首的霸权主义和强权政治横行于世,它们打着"人权"与"民主"的幌子,对有利益分歧的国家干涉内政,美国出兵伊拉克、利比亚、叙利亚,就是其借助自己强大的军事实力干涉别国内政以实现自己政治图谋的不轨行径。以"伊斯兰国"为代表的恐怖势力近年来又日益猖獗,世界各地频繁爆发恐怖袭击事件,恐怖主义的阴霾笼罩全球;此外,由于领土争端、宗教派别、种族差异、利益争端等各种问题导致世界局势冲突不断,区域性战争此起彼伏,人类的安全问题面临着极大威胁,和平赤字极其严重。然而世界和平是全球性的问题,需要世界各国人民携手共同努力。中国是一个爱好和平并且始终致力于维护世界和平的国家,不论是20世纪50年代提出的"和平共处五项原则",还是进入21世纪后提出的发展"新型大国关系",都体现着中国倡导和维护世界和平的价值理念。习近平总书记在多种场合都强调,建立持久和平的世界,需要各个国家之间相互尊重、平等协商,用对话而不是对抗的方式解决争端与分歧;反对倚强凌弱,干涉别国内政,要抛弃过时的"冷战思维""零和博弈"思维,倡导国际社会要统筹应对一切安全威胁,携手反对和打击一切形式的恐怖主义,树立"共同、综合、合作、可持续"的新安全观。

倡导公平思维,应对治理赤字。治理赤字既是全球共同面临的一大问题,也是引起发展赤字与和平赤字的一大原因。因为只有在不够公平的国际治理体系下,才会凸显更多的矛盾问题。现有的国际治理体系是二战后在西方发达国家的主导下形成的,适应了当时的历史条件,但客观上存在着一些不完善、不合理、不公平的局限。随着国际局势的发展变化,世界各国的力量消长,全球性问题的日益增多,矛盾的日益凸显,现有的国际治理体系已无法有效解决很多全球性问题。于是,"国际公认的结论是,全球治理赤字是现实,我们这个全球化的世界需要全球治理却严重缺少全球治理,目前的全球性机构没有发挥出全球治理的应有作用"[①]。中国智慧如何贡献全球治理呢?在世界深入转型之际,中国经济的快速发展和综合国力的跨越式提升,一方面在加速自身嵌入式融入现有国际体系中去,另一方面以实际行动在推动世界形成更加公正合理的治理体系:提出"一带一路"伟大倡议,倡导创办亚洲基础设施投资银行,为世界经济注入新的活力,与世界其他国家分享发展的红利;积极推动二十国集团、金砖国家合作机制、上海合作组织、东盟等国际性组织探索全球化升级版的发展路径,为世界经济增长创造更广阔的空间;同时,切实履行作为一个负责任大国的职责,为应对全球气候变化、消除贫困、防止核武器等重大问题上作出了重大贡献。党的十九大报告提出"倡导构建人类命运共同体""促进全球治理体系变革"等主张,这些都体现了当代中国价值观念的意向所指,为世界治理贡献了中国智慧。

[①] 庞中英:《全球治理赤字及其解决——中国在解决全球治理赤字中的作用》,《社会科学》,2016 年第 12 期。

第三章　当代中国价值观念国际传播
有效性的影响因素

　　国际传播是一项复杂的活动,从不同的视角进行分析,就会探索出对传播效果不一样的影响因素。从传播结构和过程的角度来说,国际传播是一个系统的过程,是一个完整的传播结构,包括了传播主体、传播内容、传播媒介、传播受众、传播效果五个传播要素,从主体到效果中间串联的几个环节都会对传播效果产生相应的影响。从国际政治关系的角度来说,国际传播是一种特殊的国际活动,国际环境将会对传播效果产生直接或间接的影响,其中的环境因素包括国际舆论环境、世界文化环境、政治环境以及网络环境等。另外,从传播活动的角度来说,传播效果直接受到传播艺术和技巧的影响,传播过程就是一种艺术化的表现形式,艺术化程度越高,取得的传播效果就越好。

一、传播要素对传播有效性的影响

著名的传播学者哈罗德·D.拉斯韦尔(Harold D.Lasswell)在《社会传播的结构和功能》中提出了传播过程的 5W 模式,即谁传播(Who)?传播什么(Say What)? 通过什么渠道(In Which Channel)? 对谁传播(To Whom)? 效果怎样(With What Effect)? 五个因素构成了传播过程的五个阶段,对于传播效果的影响,是基于前面四个阶段的步步推进和综合因素的系统影响,共同构成最后的传播效果。在国际传播的实践活动中,从传播主体的信息发出到传播受众的信息接收与反馈,其中主体、内容、媒体、受众都会成为传播致效的重要影响因素。

(一)传播主体的影响

国际传播的主体即国际传播行为主体,是国际传播活动的起点,是国际传播的最基本要素。[①]关于国际传播的主体问题,学界一直存在几种不同的思想观点:一是"国家主体说"。持这种观点的人认为,国际传播是"国家与国家间的信息交流活动,尤指以其他国家为对象的传播活动"[②]。过去,国际传播的活动主要是由国家或者国家机构完成, 一方面是因为国家在资金保障方面的优势,另一方面也体现了国际传播的政治性质。二是"多元主体说"。持这种观点的学者认为,所有跨越国界的传播都可以列入国际传播范畴。如莫拉纳(Mowlana,H.)认为,"国际传播是包括通过个人、群体、政府和技术在两国、两种文化或多国、多种文化间传递价值观、态度、观点和信息的研究探

[①] 参见李智:《国际传播》,中国人民大学出版社,2013 年,第 83 页。

[②] 刘建明:《宣传舆论学大辞典》,经济日报出版社,1992 年,第 2 页。

索领域,同时是对促进或抑制这类信息相关体系结构的研究"①。按此观点,国家、企业组织、个人都是国际传播的主体。三是"无主体说"。国际传播主体不应该是固定不变的,而是随着时代的发展和国家间交往的加深呈现出动态发展的过程。随着经济全球化的深入发展和互联网技术的突飞猛进,国际传播主体向多元主体发展也是形势所趋。本文持有的观点是赞同国际传播主体多元说,在国际交往变得空前频繁和便利的信息化时代,个人和企业组织等都可以成为国际传播的主体,与国家、政府主体一并构成国际传播多种主体共同存在、相互影响的关系格局。不同的传播主体性质不同,具有不同的传播形式、传播职责、传播特点以及作用机制,它们从不同的角度影响着国际传播效果。

1.政府传播主体与传播效果

以政府为传播主体的国际传播主要指政府作为国家的"法定代言人"而进行的一系列传播活动。政府作为传播主体,其目的是为了维护、发展和巩固国家利益,树立良好的国家形象,提升国家在国际社会中的话语权。因此,政府作为国际传播的主体主要表现为"行为主体"和"话语主体"。

作为行为主体,政府的国际传播主要表现为以一国政府为代表所进行的外事活动,这是一国政府履行自身的职能所在。每个国家自诞生之日起,就开始从事对外传的国际活动。政府的外交活动是最好的传播名片。在外交政策方面,政府的决策就是国家价值取向的体现。中国的对外交往与合作,秉承着中华民族优秀的精神文化传统,致力于世界范围的经济与和平事业的发展,在维护世界和平中发展自己,又以自身的发展来促进世界和平。自改革开放以来,中国在走向现代化的道路上取得了突飞猛进的发展成就,在国际交往中如何处理好与世界的各种关系是中国需要审慎思考和践行的

---

① 唐润华:《中国媒体国际传播能力建设策略》,新华出版社,2015年,第31页。

问题。中国的快速发展将会奉行什么样的崛起方式？发展后的中国将采取怎样的外交战略？如何处理好与其他国家，尤其是与美国的国际关系？这些问题都要在中国对外交往的政策方针中得到很好的解答。中国的发展始终坚持维护世界的和平与发展，致力于和谐世界的构建。中国高度重视与美国的相互关系，致力于构建中美之间的新型大国关系，实现双方不冲突不对抗、相互尊重、合作共赢，在国际事务中相互支持、密切合作。习近平主席说："世界上本无'修昔底德陷阱'，但大国之间一再发生战略误判，就可能给自己造成'修昔底德陷阱'。"[1]在处理与其他国家关系的时候，也始终坚持在相互尊重的基础之上，在"和平共处五项原则"的指导下，实现交往与合作。中国高度重视与周边国家的关系，2013 年 10 月，我国召开了新中国成立后的第一个周边外交工作座谈会，提出了"亲、诚、惠、容"的周边外交理念，强调坚持与邻为善、以邻为伴，坚持睦邻、安邻、富邻的外交方针。同时，中国的发展也致力于推动世界经济的发展，在面对全球经济贸易低迷和发展鸿沟日益扩大的现实挑战下，中国提出了"一带一路"的伟大倡议，庄严地承诺这一全球公共产品，由共建国家共商共建，发展成果共赢共享。对于世界来说，中国政府的官方外交承诺具有很高的可信性。

作为话语主体，政府的国际传播主要表现在对外进行议题设置或者解释国家政策方针与行为的活动。首先，国际话语的首要代言人是国家元首，在国际传播中，国家元首代表了一个国家最权威的发声渠道，元首外交成为了影响一个国家对外政策和国际声誉的重要因素。党的十八大以后，习近平主席出访的国家涵盖了五大洲的不同社会制度、不同发展程度的数十个国家，他亲民、和蔼、充满智慧的个人魅力，引起了广泛的国际好感。他在国际舞台的每一次发文和演讲，都传达并详细阐释了中国的对外方针与政策，是对外传播中国价值观念"行走的教科书"。其次，外宣机构是政府作为传播主

---

① 习近平：《习近平在对美国进行国事访问时的讲话》，人民出版社，2015 年，第 20 页。

体的重要职能部门。其中,包括了外交部、国务院新闻办、大使馆等部门以及下设的专门对外传播机构。外宣机构在国际传播中,具有极高的权威性,传达的是国家大政方针讯息,具有极高的可信度。最后,官方媒体是政府作为传播主体的重要渠道。

我国现有的官方媒体有新华社、《人民日报》、中央电视台、中国国际广播电台、中国新闻社等。它们在国际传播中具有不可替代的作用,但同时也面临官方身份所带来的现实阻碍。一方面,官方媒体相比于其他媒体更能引导国际主流媒体议程,增强国际传播信源的权威性。新华社在世界五大通讯社互引网络中,居被引率首位。《人民日报》则在全球16个国家32家主流报纸中,被引率仅次于《卫报》《纽约时报》和《华盛顿邮报》,远高于其他西方媒体。[①]另一方面,国际传播中,囿于外国受众对官方媒体在政治方面的固有偏见,某些信息通过官方媒体传达出来就会降低其被接纳的程度。国外民众对于媒体报道的认知,更倾向于非官方的报道立场,认为只有这样才是客观公正、民主自由的报道。即使是像"美国之音"这种官办媒体、BBC这种与政府也有着千丝万缕联系的媒体,都不会公开表明自己是政府的代言人,反而呈现出独立于政府、监督政府的报道立场,赢得了民众的普遍好感与信任。美国著名的传播学者霍夫兰以及耶鲁学派曾进行了关于"谁能成为最好的传播者"的研究,其结论是,"当传播者被认为具有'可靠'和'可信赖'这两种品德时,就会产生最大的传播效果"[②]。我国官方媒体的境外报道方式在一定程度上还是沿用了国内传播的范式,"高位主体"以及偏向从正面报道去营造正面形象的方式,在很多时候并不一定能收到预想的效果。如何利用好政府主体的传播优势,增加当代中国价值观念的国际传播效果,还需要深入研究传播自身的规律和特点,做好向世界"介绍"中国的工作。

---

① 参见吴瑛:《中国声音的国际传播力研究》,上海交通大学出版社,2016年,第2页。

② 张桂珍:《中国对外传播》,中国传媒大学出版社,2006年,第144页。

2.企业传播主体与传播效果

企业是营利性的组织，越是发展强大的企业就越是会向国际市场拓宽发展领域，中国企业在走向国外市场的过程中，自然而然地扮演着国际传播者的角色。随着经济全球化的深入发展，跨国经营的企业越来越多，跨国企业在生产经营中，从产品制造到企业文化，不可避免地会受到本国思想文化、价值理念以及利益取向的影响。企业形象与国家形象叠映相存，企业倡导的价值理念在一定程度上也体现着国家的精神与价值追求。乔舒亚·库珀·雷默（Joshua Cooper Ramo）认为，中国如果想从国际社会中获益最多，就必须能在国际往来中同时吸引资金和知识。要达到这一目的，最有效的方法就是让中国企业作为国家的形象大使"走出去"，正如美国和欧洲企业在某种意义上也代表他们各自的国家一样。①

中国企业如何更好地"走出去"是中国产品"走出去"面临的重大挑战。最先走出国门的中国产品是服装鞋帽等产品，它们以劳动密集、成本低廉在国际市场中取得了一定的优势，"中国制造"成为了外国人民生活中几乎不可缺少的一部分，但是此阶段的"中国制造"所代表的更多含义是"价格低廉"，或者说是"山寨"的另一种表述，这不能促进中国形象和中国产品国际声誉的提高。随着企业国际化程度的日益提高，国际竞争的日益激烈，中国企业需要从产品中探寻新的出路，需要将中国产品从"中国制造"的标签中抽离出来，用"中国质造"和"中国智造"去塑造新的中国产品形象，提升中国的国家形象。创新是企业生存的不竭动力，中国要改变在"模仿"基础上的集成创新方式，增强原生创新能力。华为作为中国通信行业的翘楚，它的荣辱映证的正是"创新是企业的生命力"的道理。以高铁为代表的全新的"中国制造""走出去"所带来的并不仅仅是经济利益，它作为一个现代中国元素，在

---

① 参见赵启正、雷蔚真主编：《中国公共外交发展报告2015》，社会科学文献出版社，2015年，第228页。

某种程度上与神秘且博大的中国传统文化一样，也已经成为中国国家形象的一个代言品牌。①

中国企业走出国门还有其他特殊的方式，一种是海外并购，一种是海外建设。一些实力雄厚的中国企业在海外并购一些经营困难的外国企业，再在借助中国的资本与市场优势的基础上实现互利共赢。然而中国的并购热潮却受到了海外一些国家的抵制，德国已和法国、意大利联合起草了一份法律草案提交欧盟，以加强对外资并购行为的审查和控制，它被普遍理解为是针对中国的。德国经济部国务秘书马赫尼希直言不讳地表示，要"有效遏制中国的收购热潮"②。这一现象反映出的是中国企业"走出去"在国外一些人看来却是"霸权主义"的表征。相比来说，另一种中国企业"走出去"的形式——海外建设，虽然也并不是一帆风顺的，但是在克服困难落地实施之后，得到的国际认可还是有目共睹的。尤其是中国在"一带一路"建设过程中，中国的海外建设企业克服种种世界的技术难题，为海外国家的发展建设作出的巨大贡献，成为了世界人民对中国表达谢意的重要标志。放眼海外，巴基斯坦白沙瓦-拉合尔高速公路、文莱淡布隆大桥、刚果（布）国家一号公路、阿尔及利亚大清真寺、美国亚历山大·汉密尔顿大桥、巴哈马海岛度假村等，一个个醒目的地标性建筑，都由中国建设打造。在世界各地，人们已对建筑上蓝色的"中国建筑 CSCEC"标识感到亲切熟悉，这是对中国建筑品牌的最大褒奖。③中国企业的做大做强，也成为了吸引国际目光的重要发光点，这不仅有利于中国企业"走出去"，也有利于中国形象和中国价值理念"走出去"。

3.个人传播主体与传播效果

从某种意义上来说，国际传播就是人的传播，在信息技术和大众传媒日

---

① 参见赵启正、雷蔚真主编：《中国公共外交发展报告 2015》，社会科学文献出版社，2015 年，第 228 页。

② 张红：《炒作"中国威胁"实为"威胁中国"？》，《人民日报·海外版》，2018 年 2 月 1 日。

③ 参见《中国企业共筑"中国品牌"走向世界》，中国新闻网，2017 年 5 月 11 日。

渐发达的今天,人际传播更成为国际交往的普遍形式,国际传播也进入了大众传播的时代。个人作为当代中国价值观念国际传播的主体,是一张张代表中国的活名片,从不同方面影响着传播效果。个人参与的国家传播古已有之。唐玄奘西行天竺、张骞出使西域、徐福东渡、马可波罗游历中国,在历史上对于加强中国与其他国家的交流都起到了不可磨灭的作用。

个体交往可以增进民心相通。随着时代的进步,中国人与外国人的交往交流变得十分普遍,人与人之间的交往容易增进相互了解。国别的差异在长期的往来中因为逐步深入的认知而变得更易理解。良好的个体交往有助于在日常生活中传播中国的价值理念,从而树立外国民众对中国和中国人民的良好印象。当然,个体的不良表现也会对国家价值观念的传播造成负面影响,对外国人而言,个体的中国人形象在一定程度上就代表了整个中国的形象。

有影响力的个体会有更大的影响力。名人的国际传播效应表现得十分明显,莫言在获得诺贝尔文学奖以后,引起了外国人对中国社会和文化的关注。功夫巨星李小龙、体育明星姚明、影视明星成龙等都成为外国人认知中国的重要名片,他们的个人魅力在一定程度上成为了中国元素的某种表征。此外,外事媒体记者、政府的外交官员、专家学者都是重要的传播个体。外事媒体记者因为对时事新闻的掌握具有即时性、敏锐性、时效性、连续性等特点,在特定的事件上或者相应的时间范围内,对公众的吸引力、影响力、引导力效果明显。政府官员通过出访、接待、参加外事会议、接受记者采访等多种形式在不同的场合,作为官方立场传达中国的声音,具有相当大的权威性和可信度。专家学者作为对某一领域具有深度研究的资深人士,尤其是国际问题方面的专家学者利用他们的专业研究,能对所发生的国际问题从历史到现状,从问题本质到现实根源进行深层次的解剖和分析,他们的专业角度是客观的、独立的、公正的,会让人信服。在国际舆论看来,专家独立学者身份发出的声音比官方消息源更具权威性和可信性,也更容易被世界接受。①

借助网络的力量,个人的传播力量得到有效放大。在网络信息技术还不发达的时期,个人在国际传播中的作用往往被认为是微不足道的。而且在传统的认知中,只有精英阶层才有可能在国际交往活动中产生一定的作用。但是随着互联网技术的兴起和广泛运用,传播的交互性增强了个人作为国际传播主体的高度参与性。得益于信息技术的发展,每个人都变成了一个麦克风和电视台,并且成为国际传播的有效发声筒。自媒体人李子柒通过其短视频展示了中国乡村生活的田园之美,用镜头描绘了中华文化,讲好了中国故事,收获了上千万的海外粉丝。在信息技术愈加发达的今天,借助网络技术的便利条件,个人在网络空间扮演的角色越来越重要,合理有效地利用网络,对传播中国价值理念将大有裨益。

（二）传播内容的影响

传播内容是传播效果取得的核心要素。哈贝马斯的沟通理论提出,任何一项成功的沟通或说服行为,其传播内容必须满足四个必要条件:"①言辞意义是否是可理解的;②言辞的内容是真实的;③言辞的行动是正当得体的;④言辞者的意向是真诚的。"②任何传播都是一种信息沟通,当代中国价值观念国际传播的有效性获得,在很大程度上也取决于向国际社会传播了什么样的内容。用哈贝马斯的理论来探析的话,传播内容需要具有以下特征才能发生传播效用:传播内容本身是真实客观的并且在情感上能引起传播受众的共鸣,同时,内容的表达方式是恰当的、有说服力的。

1.传播内容的真实性影响着传播效果

真实性是传播内容的核心要义,只有真实的信息报道,才能从长远上取

① 参见吴瑛:《中国声音的国际传播力研究》,上海交通大学出版社,2016年,第3页。
② 张昆:《国家形象传播》,复旦大学出版社,2005年,第391页。

信于传播受众,从而取得相应的传播效果。列宁说过:"我们的报纸是我们党的一面镜子。它应当经常保持干净,摆放端正,它所反映的东西,都不应失真……任何人在任何时候都不能非难我们的报纸不真实,我们的话应该是永远诚恳的、正确的。"①在 20 世纪,中国曾经一度犯下了"胡夸风"的错误,片面夸大社会主义建设成就,邓小平就告诫说:"切不可过分夸张自己的成就,切不可把我们的事情说得太美满了。说得太美满,看得太简单,这一点反映到了我们的宣传工作上,就是把我们的国家描绘得如何漂亮,好像现在什么困难也没有了,剩下的就是享福了。"②在当下的国际传播中,讲求真实客观是报道的基本原则,外国受众普遍重视事实报道,而不是结论告知,他们习惯于从事实中自我推断出结论。同时,还应该坚持整体真实,而不是以偏概全,在讲成就的同时也要正视缺点和问题,只讲成就不讲缺点,回避问题,不符合事物发展的客观规律,是很难取信于人的。唯有讲求真实,才能取得理想的国际传播效果。

2.传播内容的说服力影响着传播效果

当今国际社会中的中国,由于自身的不断发展,受到国际社会的广泛关注。在国际传播中,要积极回应国际社会对中国问题的偏颇认知。国际社会,尤其是西方国家,总喜欢用它们的标准来规约我国的社会建设和制度建设,总是用它们所谓的"普世价值"来诓囿我国的社会问题。最常见的就是拿中国的民主制度和人权问题来不怀好意地大做文章。我们需要积极地回应问题。以人权问题为例,以美国为首的西方国家总是找各种理由攻击我国的人权状况,美国发布《人权国别报告》已经数年,旨在抹黑中国。中国对这一问题的回应从来也都是有理有据有节的,每当美国以"人权卫士"对中国以及其他国家的人权状况进行指手画脚之时,中国就推出《美国人权纪录》,以对

---

① 参见杨春华、星华译:《列宁论报刊与新闻写作》,新华出版社,1983 年,第 18 页。

② 《邓小平文选》(第一卷),人民出版社,1994 年,第 262 页。

等的方式"直击美国痛处"。此外,国家主席习近平也在大小不同的国际场合多次深刻阐释和回答了推动我国人权事业发展的一系列重大问题。充分保障人权是人类社会共同的奋斗目标,每个国家因为国情不一样,需要走适合本国国情的人权发展道路。对于广大发展中国家而言,现阶段民众的生存权和发展权就是最大的人权。中国作为世界上最大的发展中国家,人口多、底子薄,消除贫困就是解决保障基本的人权问题,就是对人权的最基本的尊重。

3.传播内容的情感表达影响着传播效果

当今世界处于大发展大变革的时期,世界日益成为一个紧密联系的共同体,同时也面临着更加纷繁复杂的全球挑战,如何促进世界更持久永续的和平发展,是国际社会普遍关注和共同面对的紧迫问题。新的时代条件下,恐怖主义、生态破坏、能源危机、地缘冲突、网络安全、核扩散等一系列非传统安全问题层出不穷,世界面临着发展赤字、和平赤字、治理赤字等多重问题,全世界都在探索解决这些全球问题的有效途径。当世界头号强国在实施"美国优先"战略的时候,它的种种行为已经在逐渐减少对世界的大国责任担当了。此时的中国,作为一个正在迅速崛起的国家,在国际社会中展现负责任大国的一面,为解决全球问题提供中国方案,为全球发展困境开辟新的道路,围绕世界人民共同关心的问题进行传播,有利于在寻找共识的基础上达成理解。

4.传播内容的逻辑性影响着传播效果

内容的呈现方式在一定程度上会影响传播效果。在国际传播中,传播内容的表达方式要自信。要自信地讲好中国发展的故事,习近平总书记说:"当今世界,要说哪个政党、哪个国家、哪个民族能够自信的话,那中国共产党、中华人民共和国、中华民族是最有理由自信的。"[①]中国的发展进步是世界有

---

① 习近平:《在庆祝中国共产党成立95周年大会上的讲话》,人民出版社,2016年,第12页。

目共睹的,尤其是改革开放以来,中国在主动迎接全球化浪潮的过程中,经济发展保持稳健的发展动力,即使是在西方发达国家遭受经济危机重创的时候,依然能最大程度地保持经济的平稳发展。创新驱动发展理念深入实施,发展动能实现由量到质的转化,科技创新取得重大突破,在航空航天、交通运输等领域达到了世界领先水平。实施供给侧结构性改革,加快中国的产业转型升级,同时大力进行生态文明建设,提出了"五大发展理念"和"四个全面"战略发展布局,为中国的深化改革和社会转型注入了新的活力。中国的快速发展,从"三步走"的发展战略,变成了现在"两个一百年"的伟大奋斗目标,在一步步发展进步的过程中迎接着实现中华民族伟大复兴的"中国梦"。中国应该在世界语境中,自信地言说自身的发展与成就,同时也不回避任何存在的问题,自信的中国才会有自信的话语,才会赢得更多的国际认可。

另一种内容呈现就是要增加内容传播的密度与持续性。群体心理学家塞奇·莫斯科维奇在其著作《群氓的时代》中提出了一个观点,那就是"重复"是宣传的一个重要条件,不可更改的语言、形象和立场引起了受众的第二条件反射,这就好比为受众竖立起了一堵抵挡任何相反信仰或观念侵袭的坚实"壁垒"。①当某些西方国家在不停炮制"中国威胁论"的时候,这种舆论氛围从长远来说会影响国际社会对中国的正确认知,这就是信息重复造成的"谎言说一千遍就成真理"的消极影响。受众长期接触到官方和媒体对某一种信息的宣传与强调,日积月累,他们就会在习以为常中逐步接纳被传达的观念,长久下去,有可能形成一种根深蒂固的认知。在国际传播中,中国一方面要对西方国家的不实言论进行反击,同时,更应该对自身所倡导的价值理念进行持久地宣介,要让中国始终坚持走"和平发展之路""构建人类命运共

---

① 参见[法]塞奇·莫斯科维奇:《群氓的时代》,许列民等译,江苏人民出版社,2006年,第198页。

同体"等理念深入世界人民之心,成为世界共识。

(三)传播媒介的影响

传播媒介是传播内容的载体,是信息传播的必要手段,是影响传播效果的重要因素之一。一般来说,传播媒介包含两层含义,一是作为信息传播的手段,有广播、电视、报纸、计算机及网络等与传播技术有关的媒介形式;二是作为信息传播的组织或机构,有报社、电台、电视台、网站等。作为技术手段的传播媒介,通过音频、文字、视频、电子信息等形式传递信息,不同的方式在传播速度、范围和效率等方面各不相同,从而影响着传播效果。作为组织机构的传播媒介的制度、意识形态和文化背景等因素,决定着传播内容和态度,从而也影响着传播效果。

1.从传播媒介的功能角度来看,传播媒介的覆盖率在很大程度上会影响传播效果

传播媒介是传播过程中的居间载体,是传播得以发生的根本性力量,没有畅通的传播媒介,传播活动就不可能顺利进行,传播效果就无从谈起。随着信息内容的不断丰富和信息技术的飞速进步,传播渠道从平面媒介扩展到了有声媒介、电子媒介,再到如今的互动媒介,突破了传播只是依靠文字符号的传播旧范式。目前来说,中国已经已经形成由报纸、杂志、通讯社、广播电台、电视台、互联网等媒介形态为架构的传播格局。[1]包括中央级媒体一社(新华社)、两台(中央电视台、中国国际广播电台)、三报(《中国日报》《人民日报·海外版》《环球时报(英文版)》,以及多网(CNTV 等各种对外传播的网站)。

虽然我国已逐步建立起来了比较完善的国际传播媒介体系,但这在很

---

① 参见何国平:《中国对外报道思想研究》,中国传媒大学出版社,2009 年,第 85 页。

大程度上是从"量"上衡量的,而在"质"的方面,才是更需要下大功夫的地方。在国际传播的信息占有和控制方面,中国的对外传播体系还是不占优势的。在经济上由于国家实力的差距存在"穷国"与"富国"的差异,在信息领域,也同样存在这样的悬殊实力。"西方的四大主流通讯社:美联社、合众国际社、路透社、法新社每天发出的新闻量占据了整个世界新闻发稿量的80%。传播于世界各地的新闻,90%以上由美国等西方国家垄断。西方50家媒体, 跨国公司占据了世界95%的传媒市场……美国控制了全球75%的电视节目的生产和制作。"①在世界传媒产品的流通尤其是世界各地所使用的新闻节目中,有90%出自美国等西方国家,我国所占份额极少。②如何利用好我国目前的传播体系和格局,实现从量到质的提升,增强传播实效,是我国传媒发展的重要使命。

2.从传播媒介的类型来看,传播媒介的形式会影响传播效果

国际传播是一种跨国的、跨文化的、跨语言的传播,传播媒介作为传播的重要渠道,是传播过程中不可缺少的组成部分。根据传播学大师马歇尔·麦克卢汉的经典观点:媒介即信息,信息必须通过媒介才能传播出去,不同的媒介承载不一样的信息,不同的媒介传递信息的特点和影响也会不一样。在国际传播中,人们使用的传播媒介从最初的书刊、报纸、照片、电报、电话,到后来的广播、电视,一直发展到现在的电子通信、卫星通信、无线通信,传播技术越来越先进,传播效果是否也越来越好呢? 最初的传播媒介以人员交流、书刊等为主要方式,随着时代的进步和信息技术、网络技术的发达更新,现在的传播在传统媒介基础上又增加了广播、电视、电影、网络等媒介形式。有学者将上述不同的媒介形式进行了分类,威廉·本顿(William Benton)将最

① 胡正荣、关娟娟主编:《世界主要媒体的国际传播战略》,中国传媒大学出版社,2011年,第208页。
② 参见刘燕南、史利等:《国际传播受众研究》,中国传媒大学出版社,2011年,第3页。

初的传媒形式称为"慢媒介",将新兴的媒介形式称为"快媒介",这主要是从发生影响所需要的时间长短来进行定义的。麦克卢汉将这不同的形式分为"冷媒介"和"热媒介",所谓"冷媒介"是指象形文字或会意文字之类的媒介,要求接受者个人的参与度高,很多信息要自己去填充;"热媒介"是一种视觉上的高清晰度呈现方式,是充满数据的饱满状态。①不同的媒介形式,对于国际传播效果的影响是不一样的,在国际传播过程中,善于根据不同的传播内容和主题选择合适的传播媒介对于增强传播效果是有利无害的。比如,对于向国际社会传播中国的某项政策和方式的解释说明,或者是针对国际国内发生的重大事件和舆论热点,选择利用"快媒介""热媒介"的传播形式,向国际社会传达清晰而准确的信息,有利于国际社会和外国受众的简单清晰的认知。与之相对,如果目的在于让国外受众对我国的文化与价值观有更加深刻的了解和认知,那么就需要利用书籍、报刊、杂志等"慢媒介""冷媒介"来进行细水长流似的浇灌和熏陶,才能在水滴石穿、潜移默化中传播自己的价值观念,影响和改变国外受众的认知与思想。

3.从传播媒介的地位来看,传播媒介的信誉是影响传播效果的重要因素

在传播学中,媒介信誉跟传播效果有着密切的关系,媒介的可信度、公信力越高,传播效果就越好。我国的对外传播媒介中,官方媒体占据了绝大比重,基于这样的身份特殊性,在国际传播中依然保留了部分对内报道的风格与特征,而对于国际传播而言,这些特征在长久来看是会影响传播效果的。从媒体性质来看,外国受众对于官方媒体从新闻报道的角度来说没有好感,认为这从出发点来看就可能没有保持客观中立的立场,因此只要是对中国的"官方报道",他们就没有太大兴趣。从报道风格而言,我国对外报道一直坚持"正面为主",宣传氛围比较浓厚,传递给外国受众的总体印象就是中

---

① 参见[加拿大]马歇尔·麦克卢汉:《理解媒介:论人的延伸》,何道宽译,译林出版社,2011年,第36页。

国一直在"自吹自播",给自己唱赞歌,即使我们传播的内容是真实的、客观的,他们也会产生不信任感,甚至是抵触情绪。从报道内容来看,我国的官方传播媒体传播偏向于政治、经济等方面的内容,陈述方式中规中矩,几乎沿用了国内报道的方式。而对于外国受众而言,他们更加关注和易于接受的是中国人民生动的现实生活,或者是除了政治生活以外的生活方式。如何改进官方媒体在对外传播中的一些弱势表现,是增进国际传播有效性的重要方面。

(四)传播受众的影响

国际传播受众即国际传播对象,是"以民族国家、国际组织、社会机构、企业和个人等为主体,通过传统大众媒介、新媒介或其他可能的媒介所进行的跨国信息传播的对象和信息交流的参与者,包括读者、听众、观众、用户或网民"①。传播受众是传播信息的接收者和接受者,是传播效果的反馈者,他们对传播信息的接纳程度反映了传播所达到的效果程度。因为传播受众是具有主观能动性的个体,对传播信息具有偏好、选择和理解的能力,所以对传播效果具有极大的主观影响。加之在国际传播中,受众群体还具有广泛性、复杂性、多元性、差异性等特点,将从不同方面影响中国价值观念在国际社会中的传播效果。

1.受众自身的条件素质会影响传播效果

国际传播受众群本身广泛且复杂,不同国别、不同地区、不同民族的受众,他们接受价值观影响的程度会因为自身素质不一样而不同。一般而言,政要官员、世界知名人士、国际组织机构中的人员,他们一方面因为身份的特殊性,在国际事务中有更多机会与中国接触,因此对中国价值观念会有自

---

① 刘燕南、史利等:《国际传播受众研究》,中国传媒大学出版社,2011年,第30页。

身更多的理解；另一方面，由于他们的知识储备和立场与价值偏向不一样，对中国价值观念也会产生或好或坏的稳定认知。这样的认知群体要么成为"有效受众"，并且是可以通过自身去影响别人观点的"意见领袖"，要么就是中国价值观念国际传播的阻碍人群。相比于这种具有重大影响力的受众群体，还有一种就是具有一定社会地位、对国际局势和国家问题比较关心的个体或群体，他们对国际社会的变化发展属于"关注者"和"跟进者"的角色，是一个国家中的精英群体，对重大的国际事件和问题都有自己的一定认知与判断，他们是国际传播中的"可得受众"，对于国际传播效果具有较大影响。与前两种人群不一样的是，国际受众中有很大一部分是很普通的公民群体，他们与国际传播活动直接接触的活动或事务很少甚至是没有，由于自身的局限对国际传播的认知也十分有限，从而影响了他们对中国价值观念的认知和理解。如果要产生良好效果的话，只能是有融于他们现实生活中的具体事务，能让他们在自身的工作生活中获得利益。

2.受众的情感态度会影响传播效果

英国政治学者格雷厄姆·沃拉斯有一句名言："人的冲动、思想和行为都源于他的天性与他降生在其中的环境之间的关系。"①国际传播受众从本质上来说属于特定环境下所造就的个体，他们的思想、情感、价值观受特定的生活工作环境的影响。在国际传播中，受众作为一个跨越国界、跨越文化的陌生群体，他们本身的情感态度会对国际传播效果产生很直接、很深刻的影响。影响受众情感的因素包括很多方面，比如政治立场、宗教信仰、历史情感、现实利益等都会影响传播的有效性。当代中国价值观念的国际传播，其有效性在很大程度上取决于受众的态度。从政治立场而言，每个公民都归于他的国家，爱国情感是公民最基础、最深沉的情感。在国际社会中，外国公民

---

① ［英］格雷厄姆·沃拉斯：《政治中的人性》，朱曾汶译，商务印书馆，1996年，第37页。

对中国的情感态度在很大程度上是与他的国家同中国的国际关系密切相关的。比如,中日两国之间,因为侵略战争的历史伤痕、日本政府对历史歪曲和不负责任的态度,致使两国到目前为止都没有较好地修复双边关系,这样导致两国人民在很大程度上并没有实际的好感。加之在现实问题上,因为日本政府奉行的是"亲美抑中"的外交政策,这会导致日本民众对于中国的诸多政策和主张,总是怀有敌意的揣测和误判。

3.受众的刻板印象是影响中国价值观念国际传播有效性的重要因素

刻板印象是一个心理学概念,主要是指对某人某事物或者对某一类人或某种类型的事物形成的一种比较固定的、类化的认知,往往容易形成一种偏见。在国际传播的过程中,国际受众的刻板印象会影响一个国家的传播效果。虽然科技日益发达,交通日益便利,但是对于远隔重洋的外国受众而言,即使是很多外国政要或者专家学者,他们也有很多还没有来过中国,他们对中国的了解都是基于历史、基于他人、基于新闻报道等间接途径得来的。而间接的了解方式受很多主客观因素的限制,导致传达的信息并不一定是全面、真实、客观的。

对外传播的难度,往往不在于对象的一无所知,而是在于对象已有了先入为主的观念,我们的任务不仅在于塑造某种认知结果,更重要的是要改变某些既有的认知倾向。[1]在传播受众心中,中国的国家形象早已有一种固有的公众概念。段连城在他所著《对外传播学初探》一书中对中国国际形象演变的研究,说明中国的国际形象都是在一定时期内外国公众对中国的共同观念。公众的观念不是不可以改变的,但也不是容易改变的。正如列宁所说,群众的习惯势力是最可怕的。改变的途径不外两条,一条是短期内用强大的力量加以冲击,一条是在长期内用"细水长流""水滴石穿"的功夫加以消磨。[2]

---

① 参见张桂珍:《中国对外传播》,中国传媒大学出版社,2006年,第148页。

② 参见沈苏儒:《对外传播的理论与实践》,五洲传媒出版社,2004年,第35~36页。

中国自新中国成立以后就走上了独立自主的发展道路，经过改革开放四十多年的发展，中国已经取得了堪称"中国奇迹"的发展成就，但就是面对这样的事实，国外还有人认为"中国人还会吃不饱饭"。此外，关于中国的刻板印象还有因为政治制度的原因而产生的，在很多外国民众心中，他们总是把"中国"等同于"政党"，不了解中国的现实国情和政治制度的本质就固执己见地认为中国的一党执政是"专制"的，是没有民主的。这样的思维定式和认知定式对于中国形象的塑造和中国价值观念的国际传播无疑来说是一种很强大的阻碍，而且根基深厚。杨伟芬教授在谈及国家形象时认为："通过连续的有选择的信息传递和有意识的舆论引导，彼此远离的各国公众才对有关国家逐步形成了一些总体概念——一国的国际形象，而一旦这种印象形成，就会成为一种思维定势，后续的信息都会在这种思维定势的影响下被筛选，被删改……"①

4.受众的主体化会影响传播效果

以前的传播理论认为受众就是被动接受消息的"靶子"，而现在不是，信息技术的发展和国际互联网的互联互通，使得受众在获取信息的过程中由过去的被动接收变成了现在的主动探取，甚至也可以成为信息的传播者。国际传播受众的自主性和主动性，成为了国际传播的一大新特点，也是一个新挑战。受众的主体化倾向对于中国价值观念的国际传播有利有弊，需要一分为二地看待。受众的自主性和主动性主要表现在以下三个方面：

一是对信息主动获取。不同于传播模式下传播者可以对传播信息进行一定的筛选，然后通过特定的途径传播出去，受众在这样的传播模式下只能是"被动获取信息"处境。现在，得益于互联网技术的发展，人们可以通过一部手机了解在世界范围内发生的事情。对于国际传播而言，即使自己不主动

---

① 张毓强：《论国家形象传播的基本模式》，载刘康主编：《国家形象与政治传播》，上海交通大学出版社，2010 年，第 78 页。

"走出去",外国受众也会自己"找进来",而这其中就涉及做好国际传播工作如何把控好传播主动权的问题。以我国每次适逢要事的情况来看,我国的外宣部门都会主动做好对外信息发布的工作,党的十八大、十九大这样的盛会主动向世界报道,取得了很好的传播效果。相反,如果进行信息阻隔,那么只会引起世界的无端猜测。

二是对信息的选择性理解。"选择性理解意指不同的人对于同一讯息可以有极不同的反应。传播者不能设想他的讯息对于全部接收者都具有他本来意图表达的意义,或者说,信息对所有接收者能产生相同意义。"[1]在国际传播中,受众的选择性理解对于传播效果的产生具有十分明显的影响作用。

三是对信息的解读和再次传播。新媒介环境下的受众,其自主性还突出表现在对信息内容的解读(或解码)过程中。在传播世界中,"二次传播"和"意见领袖"的感染力与引导力是十分强大的。在国际传播中,受众中意见领袖的观点对于其他受众的思想影响是十分显著的,正面地接受信息会引导其他受众同样产生积极的认知和评价,反之就是负面和消极的。

二、传播环境对传播有效性的影响

国际传播作为一种特殊的对外活动,是在特定的时代背景和国际关系背景下进行的,传播活动在不同的文化系统中展开,必然受到多种因素——诸如"民族-国家"的国家观念、意识形态的不同格局、不同文化系统的价值观念的冲突等的影响。[2]在和平与发展的时代主题下,世界局势正处于大发

---

① [美]沃纳·赛弗林、[美]小詹姆斯·坦卡德:《传播学的起源、研究与应用》,陈韵昭译,福建人民出版社,1985 年,第 117 页。

② 参见邓名瑛:《传播与伦理:大众传播中的伦理问题研究》,湖南师范大学出版社,2007 年,第231 页。

展大变革的时期,面对中国的崛起,世界各国的态度多元不一,加之国际政治环境、经济经济、文化环境、舆论环境、网络环境等复杂因素,都不同程度地影响着国际传播的效果。

(一)国际舆论格局的影响

国际舆论格局以国际关系格局为基础,是指"在一定时期内国际舞台上的各种舆论力量相互联系、相互作用所形成的一种结构状态"①。在国际舆论格局中的有利地位将给国际传播营造良好的国际舆论环境。世界上的任何一个国家,都希望在国际舆论中拥有一个良好的形象与口碑,形象和口碑越好,在国际社会中的被信任度就越高,影响力就越大。

国际舆论格局与国际政治、经济格局紧密相关。就目前来说,依然是"西强我弱"的整体局势。"实力造就权力(might makes right)"②,自二战以后,在国际关系领域,以美国为首的西方发达国家凭借其强大的政治优势和经济实力,一直占据着国际舆论的主导地位,牢牢把握着国际舆论的话语权。在国际传播格局的现有图谱中,西方发达国家依然处于国际传播权利把控的核心圈层。一方面,西方发达国家拥有国际舆论的议题设置权。在政治上对其他国家进行贬损,将部分国家描述为"邪恶轴心""流氓国家""无赖国家";在经济上进行唱衰,比如鼓吹"中国崩溃论";在人权上进行抹黑,美国每年发布《国别人权报告》对别国人权状况评头论足,对中国人权状况横加指责也从未停息;在军事上渲染威胁,美国曾在没有确凿证据的情况下发表伊拉克拥有大规模杀伤性武器的言论,从而借口对其发动战争。西方发达国家牢牢把握了国际舆论的主导权利,长期以来,它们设置的议题多数都是政治性

---

① 吴瑛:《文化对外传播:理论与战略》,上海交通大学出版社,2009 年,第 128 页。

② [美]约翰·罗克尔:《世界舞台上的国际政治》(第 9 版),宋伟等译,北京大学出版社,2005 年,第 25 页。

议题,其实质就是实现其政治目的的一种舆论手段。另一方面,西方发达国家在国际舆论的传播力上拥有压倒性的优势,尤其体现在传统媒体领域。美国之音的传播地区已覆盖俄东地区、中亚地区和拉美地区;BBC 传播主要地区在中东、西亚北非;NHK 主要在亚洲太平洋地区传播。这三大国际传播媒体战略上分工合作、信息共享、理念相近、遥相呼应,共同掌握着国际传播格局,主导着国际舆论。①

根据联合国教科文组织统计,在电视广播发射台的数量上,发达国家占有世界总数的 71%,②在报纸的出版发行方面,发达国家的报纸发行量占世界的 3/4。"就提供信息的能力来看,目前世界上超过 2/3 的新闻是由占世界人口 1/7 的发达国家的新闻机构发布的。美联社、路透社、法新社基本上主宰了全球国际新闻的报道。"③信息输出的悬殊决定了广大发展中国家在国际舆论格局中的劣势地位,阻碍了发展中国家与发达国家之间的平等交流。发达国家在很大程度上把持了国际信息的流通,直接影响着国际舆论的走向,国家越弱小越难发出自己的声音。

互联网信息技术的发展为广大发展中国家在国际舆论中积蓄后发优势奠定了重要基础。在世界范围内,网络信息媒体成为了信息传播的重要渠道,全球的互联网网民总规模已增至 46.6 亿。而且随着智能手机的普及和手机网络环境的不断改善,手机作为第一大上网终端的地位将更加稳固,新兴国家利用互联网技术,探索出新颖适当的方法,将有可能在国际舆论中赢得一席之地。

随着中国综合实力的增强,在传播领域的话语权利逐渐得以提升,尤其是在重大的国际场合, 中国声音因为其本身所包含的价值理性而受到国际

---

① 参见王庚年主编:《国际舆论传播新格局研究》,中国国际广播出版社,2013 年,第 3 页。

② 参见王庚年主编:《国际舆论传播新格局研究》,中国国际广播出版社,2013 年,第 14 页。

③ 李国振:《在对外交往中提升中国国家软实力的几点思考》,《当代世界》,2010 年第 1 期。

社会更多的赞赏和认可。同时,中国的主流媒体实力不断增强,正在成为国际舆论中一支重要的舆论力量。新华社作为中国国家通讯社,与美联社、路透社、法新社并称为"世界四大通讯社",但是从国际舆论的整体形势来看,中国媒体在传播规模和传播能力方面与发达国家都还有一定的差距,中国要在短时期内摆脱西方霸权话语的影响,还是不太可能的。在当代中国价值观念的国际传播过程中,势必会与西方国家的利益和舆论产生冲突。如何迎难而上,突破国际舆论局势的限制,有效传播当代中国价值观念,是中国价值观念"走出去"需要思考的问题。

(二)世界文化环境的影响

德国前总理施密特曾说,西方人看中国,总是离不开"共产党国家""神秘国家"两副有色眼镜。前者是政治价值观,后者是文化价值观的差异。①当代中国价值观念的国际传播,从其传播属性来说属于跨文化传播。美国著名人类学家、语言学家萨丕尔(E.Sapir)很早就在其著作《语言论》中提出一个观点,即文化是传播的同义词,二者在很大程度上同构、同质,传播对文化的影响广泛而深远,文化也深刻地影响着传播。跨文化传播的奠基人,美国著名的文化人类学者霍尔(Edward T.Hall)在其著作《无声的语言》(*The Silent Language*)中也阐述了有关文化、传播及跨文化传播的种种观点,他提出传播即文化,文化即传播,没有文化,就没有传播,传播都是在一定的文化环境中发生的。价值观念是一种文化赋予,当代中国价值观念孕育于中国优秀传统文化,是对中国优秀传统文化的现代性转化,是中国特色社会主义文化的精神内核。传播当代中国价值观念,也就是中华文化与其他文化相互交流认知的过程,势必会遇到一定的文化阻碍。

---

① 参见[美]刘康:《大国形象:文化与价值观的思考》,上海人民出版社,2015年,第93页。

1.文化冲突

文化本身就是复杂的,在跨文化传播过程中,基于不同文化自身的差异很容易造成文化隔阂与冲突。塞缪尔·亨廷顿(Samuel P.Huntington)说:"在后冷战的世界中,人民之间最重要的区别不是意识形态的、政治的或经济的,而是文化的区别。……人们用祖先、宗教、语言、历史、价值、习俗和体制来界定自己。他们认同于部落、种族集团、宗教社团、民族,以及在最广泛的层面上认同文明。……在冷战后的世界,文化既是分裂的力量,也是统一的力量。"①文化是一定人群共有的意义系统,对于人们的身份归属和价值认同有着重要影响。在跨文化传播中,不同的意义系统呈现出不一样的价值取向。根据荷兰学者霍夫斯特德(Greet Hofstede)关于文化价值观调查研究之后形成的研究成果《文化后果》显示,不同文化的差异就好比"剥洋葱"一样由表及里都有差异,最表层的是象征物,比如语言、服装、建筑物等显而易见的区别,而最深层的就是价值观,这是不同文化中区别最大、也最难理解的部分。文化异质表现在语言沟通、风俗习惯、宗教信仰等各个方面,语言的沟通障碍尚可逾越,风俗习惯的差异也可以包容理解,价值观念作为文化里最隐蔽、最强大的方面,却很难弥合。在国际交往中,无论是经济上的联盟,还是政治上的亲疏,在一定程度上都得益于国家之间、区域之间共同的文化底蕴和历史,比如欧盟、北美自由贸易区、东盟等,在不同程度上是基于成员国在文化特质上的相似性和彼此认同。相比于异质文化,具有文化相似性的国家之间更容易产生信任感。

西方国家对于中国就有成见般的文化屏障,西方的知识精英,从西方中心主义的角度来研究中华文化,建构了所谓东方主义,东方主义是西方文化的"他者",认为中华帝国是自由的他者,即专制的帝国;进步秩序的他者,即

---

① [美]塞缪尔·亨廷顿:《文明的冲突与世界秩序的重建》,周琪等译,新华出版社,2010 年,第 5~6 页。

停滞的帝国；文化秩序的他者，即半野蛮的帝国，因而中华文化是落后的、保守的、愚昧的。"刻板印象"会使人带着"有色眼镜"去审视异文化属性，正如美国著名记者李普曼（Walter Lippmann）所写道的那样："多数情况下我们并不是先理解后定义，而是先定义后理解。置身于庞杂喧闹的外部世界，我们一眼就能认出早已为我们定义好的自己的文化，而我们也倾向于按照我们的文化所给定的、我们所熟悉的方式去理解。"[1]文明冲突论在西方一直有很大的影响力，它将文明异质解读为国家之间冲突的根源，并且认为以中华文化为代表的儒家文明将挑战基督教文明而形成世界冲突，这无疑加剧了中国价值观念在西方语境中传播的文化阻碍。

2.文化折扣

文化折扣（Cultural Discount）作为一个传播术语，是指因文化背景差异，国际市场中的文化产品不被其它地区受众认同或理解而导致其价值的减损。它最早是由霍斯金斯（Colin Hoskins）和米卢斯（R. Mirus）在1988年发表的论文《美国主导电视节目国际市场的原因》中提出的。因为文化产品孕育于特定的文化之中，传播在"他文化"之中时，会因为文化差异和认知程度的不同导致受众在兴趣、理解及认同方面大打折扣，使文化产品在跨文化传播中的信息价值减少，出现"文化折扣"现象，从而影响传播效果。当代中国价值观念的国际传播，同样会因为文化差异造成的语言、文化传统以及思维方式等方面的区别而形成文化折扣。

首先，语言差异与翻译会形成文化折扣。语言是沟通的桥梁和文化的载体，不同语言的人们之间的交流需要进行话语的转换，那就是翻译。在翻译过程中因为主客观方面的因素，很容易造成语境与背景知识的缺失，从而让受众不能全面准确地理解信息，导致理解程度的减损。英语作为一种世界语

---

① ［美］沃尔特·李普曼：《公众舆论》，阎克文、江红译，上海人民出版社，2006年，第62页。

言，是西方国家价值传播的极大优势，在以英语为母语或者第一语言的国家，传播中的折损度极低。然而对于中国来说，汉语在国外作为一种交流沟通的语言还只是小范围的，加之汉语集中华文化之博大精深于一身，外国人学习汉语也是极具难度的，因此当代中国价值观念的国际传播，因为语言翻译的原因，形成的文化折损是不可避免的。

其次，文化传统与价值观念的不同会造成文化折扣。在跨文化传播中，具有不同文化传统和文化背景的人在价值观念方面有可能有极大的差异，而价值观本身的差异会导致沟通双方在理解程度和认同程度上的隔阂。比如，中国的集体主义与美国的个人主义，它们形成的文化背景以及现实价值取向就有很大差异。"集体"的概念深深烙印在中华民族的民族性格中，集体主义是中华传统文化中极为推崇的价值取向，所谓家国观念，国是最大的家，家是最小的国，就是集体主义最鲜明的缩影。在价值选择中，如果把人的价值分为个人自我价值与社会价值，那么实现了社会价值是更值得推崇的，所以中国人的价值观念中，在尊重个人利益的前提下，如果当个人利益与集体利益发生冲突时，提倡牺牲个人利益保全集体利益，要有舍己为人的奉献精神。然而个人主义的倡导理念则与之相反，从美利坚合众国成立之后颁布的《独立宣言》中就已经昭示了对个人主义的高度重视，它极其强调个人的权利与幸福，个人主义成为美国社会的一种价值选择。在不同的文化环境中，很难用统一的标准去判定哪一种价值取向更具有合理性和科学性，但是价值取向的客观差异是跨文化传播的一种现实阻碍，这是无法回避的问题。

最后，文化势差会造成文化折扣。文化折扣缘于全球文化多样性，总体来看，每一次信息传播过程中，被"打折"掉的多与少又有一定的规律。胥琳佳在对文化折扣现象进行专门研究后得出这样一个结论："一般来看，强势文化的信息传递到弱势文化中时被折扣的部分较少，而弱势文化的信息传播到强势文化中时被折扣的内容较多。"①强势文化传播的内容对弱势文化地区来说,既有吸引力,也有说服力,所以传播折损会比较少;而弱势文化对强势文化的传播来说,其信息流通的难度本来就大,没有形成相应的话语体系,在传播中有一个转换与适应的过程。在这个过程中,原本要传递的信息价值就已经被打折了,加之弱势文化对强势文化的吸引力本来就不足,除非有特别出彩之处,不然很难在强势文化中引起明显的传播效果。"强势文化"与"弱势文化"是一个相对的概念,在国际范围内,是指在同一个时间维度里,文化输出占有优势的国家或地区,它们就属于"强势文化"地位,相反就处于"弱势文化"地位。从目前的国际局势来说,西方文化明显处于"强势文化"地位。西方国家通过它们的文化输出,在世界范围内已经产生了较大的影响,比如,一提影视作品,很容易让人想到好莱坞出品;一提科技创新之类的概念,很容易让人想到美国的硅谷。对中国而言,从文化产业和国际话语体系中的地位来说,与西方相比还处于弱势地位,与其他发展中国家相比处于优势位置,因此中国价值观念的国际传播,在西方国家的文化折扣会更大一些,在其他发展中国家吸引力更大一些,文化折扣会小一些。

(三)意识形态差异的影响

所谓意识形态,在国际传播的话语体系中,是指一个国家的政治理念、体制特征和发展模式等。②国家之间因为意识形态的差异,不仅使其他国家在价值理念的接纳上有很大难度,而且是西方国家抹黑中国的重要原因。

意识形态差异滋生敌对心理,不利于中国价值观念"走出去"。不同文化下的政治体制亦有不同, 而不同的政治体制会导致意识形态的差异甚至对

---

① 胥琳佳:《品牌形象的国际化传播——基于受众的态度和行为的视角》,人民日报出版社,2016年,第110页。

② 参见程曼丽、王维佳:《对外传播及其效果研究》,北京大学出版社,2011年,第139页。

立,这在跨文化传播中是尤其应该考虑的问题。世界上的国家没有一个不进行价值观念的国际传播的,正如拉斯韦尔所说:"地球上的每一个国家、不论是专制政体或民主政体、也不论是战时或者平时,都要依靠宣传——在不同程度上与战略、外交和经济有效地进行协调——来实现它的目标。"①从某种意义上来说,所有的国际传播都带有一定的政治色彩,意识形态的差异更易滋生敌对心理。20世纪,以苏联为首的社会主义阵营与以美国为首的资本主义阵营,形成了对峙、冷战局面长达四十多年,随着苏联的解体,这种局势得以缓解,但是并没有消失。中国在国际社会主义事业遭受重创处于低迷时期的时候逐步走向强大,成为了资本主义世界继苏联之后另一个要排斥的"异己"。尤其是经过改革开放以后的发展,中国的综合国力稳步提高,国际影响力显著提升,而且更加积极主动地参与国际事务、担负大国责任,在全球金融危机、朝核危机、联合国气候变化大会中发挥了重要作用,成立了亚投行、提出了"一带一路"倡议等,成为了世界发展的新引擎。

面对中国的崛起,资本主义国家一方面企图极力打压中国的影响力,美国著名学者约翰·米尔斯海默曾指出:"应该下定决心不惜一切代价来削弱中国日益显现的权力和影响力,而不仅仅只是对其进行简单的遏制。"②另一方面,对中国加强思想防御。比如,日本所有的国立大学都不接受孔子学院,目前只有9所排名不太靠前的私立学校开设了孔子学院。无独有偶,美国有的州也拒绝开设孔子学院,还有已经开设的孔子学院与总部的合同到期后便不再续签的情况。③政治性因素成为中国价值观念在国际传播中无法回避的阻碍。

---

① Harold Lasswell, *The Science of Mass Communication: Introduction, Propaganda, Communication and Public Opinion*, Princeton University Press, 1946, p.39.

② 张涛甫:《怎样破解中国文化与价值观念传播难题》,《人民论坛》,2017年第9期。

③ 参见叶朗:《中国文化国际传播与影响力报告(2016)》,北京大学出版社,2016年,第206页。

意识形态差异致使西方国家刻意炒作抹黑中国。随着中国的崛起和在世界上的影响力不断增强，西方国家对中国强大的反应不仅表现在硬实力方面的"中国威胁"这一论调上，而是掀起了新一轮的关于"软实力""锐实力"的炒作，"中国渗透论"横空出世。西方社会对中国的崛起表现得越来越紧张，中国对外的任何正常的文化交流活动，都容易被其上升到政治的高度。以澳大利亚为代表的资本主义国家，时常拉响所谓的"红色警报"，不仅炒作本国政客接受中国的政治捐款，还指责在澳的孔子学院是官办属性，被利用进行政治宣传，污蔑中国在澳进行间谍活动，所有炒作言行直指中国对其的价值渗透，一种潜隐的对抗变得愈发明显。新西兰"著名中国问题专家"安妮·玛丽·布雷迪在其发表的政策报告中称，中国在新西兰的影响力已经达到"非常危急的程度"，呼吁政府各部门调查并抵制中国影响力进一步扩张。英国《经济学人》以"影响影响者"为题，将中国抹黑为一个具有环环相扣的"锐实力"的国家：煽动、欺凌和施压。文章称，像许多国家一样，中国长期以来一直试图用签证、拨款、投资和文化的手段来获取利益。但近年来，中国的行动越来越具有威胁性，而且包罗万象。最终目的是要那些没有接触过但又担心失去资助或影响力的国家对其无条件臣服。①当没有口实污蔑中国在领地上有侵略意图之后，西方国家对中国赢得世界民心的价值观念进行了歪曲解读。

（四）网络传播环境的影响

互联网技术的迅速发展，从根本上改变了信息的传播交流方式，通过网络，信息传递瞬时之间可以传向世界各国，世界越发变成了一个"地球村"。在网络环境之中，国际传播在变得更加快捷之时也增加了相应的难度。网

---

① 参见孙微：《又炒"中国渗透"！英媒别有用心出歪招对付中国"锐实力"》，《环球时报》，2017年12月20日。

络,既成了一种传播载体,也已然成为了一种传播环境。不管是作为技术载体的网络,还是作为环境的网络,都给国际传播带来了机遇,也带来了挑战。

作为技术和工具的网络,打破了信息流通的技术限制,使得传播更加快捷、多元、高效。首先,网络发展促进了国际传播媒体的复合型发展,拓宽了传播渠道,从传统的纸质传媒、音频传播发展到现在的电子信息传输,极大地压缩了所费时间,也极大地拓展了传播空间,降低了信息传播的流通成本和交流成本。其次,社交媒体趁网络发展的东风快速崛起,几乎成为了全世界人民日常生活的一部分,借助社交媒体可以进行潜隐的价值传播,日常传播形式更加自由,语言更加活泼,主题更加多元,内容更加"接地气",有助于国外人民在社交娱乐中认识和了解更加生动、多元、立体、日常的中国及中国人民的生活,这其中隐含的价值理念是细腻而深刻的,有助于在主流媒体的传播之外增强对外传播效果。再次,网络技术打破了传播信息流通的国界,淡化了国内国外传播的明确界限,国内信息的国际化趋势越发明显,但同时这又牵涉到国家信息安全等诸多问题。如何利用好信息技术,做好国际传播,讲好中国故事,最基础的要求就是要利用技术,夯实技术,提高技术,不能让技术成为传播效果的掣肘,要有优化国际传媒的技术与平台,要为国际传播提供更多支持。

作为环境的网络,使得信息传播越来越透明,同时也成为了舆论的放大镜,在特定事件的处理中,有效利用网络环境就可以使传播效果事半功倍,运用不当就会给国际传播造成巨大损失。网络的发展,不仅节省了在世界范围内沟通的成本,也使得每个国家在对外传播中的解释权变得更加公开透明,从客观来说有助于提升国际传播效果。世界不可能再出现冷战时期国家之间对峙及隔绝的状态,而是可以在沟通中寻找更多的共识,不仅可以使自己"走出去",也可以把别人"请进来"。而且网络传播中强大的互动性和互融性特点,加强了国际传播的广度和深度。借助网络环境,中国共产党第十九次全国代表大会,中国举办的世界政党大会,"一带一路"高峰论坛,都成为了举世瞩目的大会,通过网络实时、公开、透明的报道,有助于世界各国及人民对中国政策方针以及价值理念的了解,从而能从更加理性客观的角度认知中国的主张与理念。但同时,如果出现负面事件,如果不及时恰当地处理,那经过网络的发酵,就会在国际传播中产生强大的负面效果。网络环境对于传播来说是一把"双刃剑",但对中国的国际传播而言,机遇大于挑战。一方面利用信息网络发展新媒体产业,可以进一步提升中国的国际传播能力;另一方面在积极主动、信息公开透明的传播原则基础之上,利用网络环境将能在国际重大事件中获得更充分的话语权,在国内事务的对外报道中拥有更多的主动权和解释权,从而更好传播中国声音,提升中国价值理念的国际影响力。

三、传播艺术对传播有效性的影响

国际传播是一项复杂的活动,在坚持正确的政治原则的前提下,要讲求相应的传播艺术才能收到良好的传播效果。传播艺术指的是"唤起受传者注目、引起他们的特定心理和行动的反应,从而实现说服或宣传预期目的的策略方法"[1]。美国学者赛弗林(Severin,W.)和坦卡德(Tankard,J.W.Jr.)在其合著《传播学的起源、研究与应用》中指出,大众传播是技巧、艺术和科学的结合。说它是技巧,因为它包括了若干可以掌握的基本技巧;说它是艺术,因为它包含着创造性劳动。[2]当代中国价值观念的国际传播,不会因为中国走向世界的初衷与路径是善意的,在世界范围内就会受到欢迎。在国际社会中,

---

① 赵建国主编:《传播学教程》,郑州大学出版社,2012年,第143页。

② 参见[美]沃纳·赛弗林、[美]小詹姆斯·坦卡德:《传播学的起源、研究与应用》,陈韵昭译,福建人民出版社,1985年,第1页。

每个国家的立场和所要争取、维护的国家利益都不一样,并不会轻易接纳其他国家的价值观念。如何增强中国价值理念的有效表达和可理解性,传播的艺术性会对其产生较大的影响。

(一)内容组织的影响

1.多说与少说

国际传播实际就是国家进行形象自塑的活动,这个过程其实质就是说服别的国家和人民理解及认同自己,而认同的最核心内容应该是一个国家的价值理念。这些理念包括在一系列的思想和事实中,要让其他国家了解自己的思想,一个重要的内容就是要多说,要释放足够的信息让其他国家了解自己的政策与主张。从传播规律来说,信息量的大小很大程度上会直接影响传播效果,正常来说,信息量越大,越有利于传播对象对事物的认知,传播效果就会越好,反之,则不利于外界的认知,从而达不到传播的效果。一个国家要向另外一个国家传播一种新的观念,或者解释一种政治制度,没有一定量的密集的对外宣传是绝对不行的。①当代中国价值观念的国际传播,要在国际舆论的大洪流中声势浩大地发声,要通过大量的信息传播在国际上形成一定的舆论气候,掌握对外传播的主动权。只有提高信息刺激的强度,才会更有利于引起传播对象的关注,进而被他们所接触、所习惯、所强化。当前,中国倡导的"一带一路"建设正在如火如荼地进行中,该倡议自提出以来,国际社会就对之充满了各样的猜测和疑虑,有的国家将其视为中国用以抗衡美国的亚洲轴心战略,有的人担心它会挑战现有的区域合作机制。无论哪种认知,都是对"一带一路"初衷的误解,要顺利推进"一带一路"倡议的顺利实施,就要进行舆论造势,利用本国或外国媒体、专家、学者、权威人士以及意

---

① 参见张昆:《国家形象传播》,复旦大学出版社,2005年,第328页。

见领袖,多角度全方位阐释"一带一路"的意义,使其深入人心、家喻户晓,尽量减少国际社会对其的误解误判。同样,对于中国以和为贵的价值理念,坚持和平的发展道路,平等互利的外交政策等理念,也要加强舆论造势,在国内国际重要场合进行宣介与解读,让中国的主张与政策能够更通透地被人理解。如果在国际传播中,中国对自己的主张言之甚少,那么就将解释权拱手让渡给了别人,一些西方国家抓住这样的机会就可以站在它的立场上对中国主张进行歪曲解读,从而误导国际认知走向,不利于中国价值观念的国际理解。

2."一面提示"与"两面提示"

"一面提示"与"两面提示"是著名的传播学者霍夫兰提出的一种传播技巧,主要是指在传播中,针对存在对立观点或者利弊二分的情况。传播者通常会采取两种方法对传播对象进行说服:一种是仅仅展示自己一方观点的或者对自己有利的判断信息,这就是"一面提示";另一种是除了展示自己观点的有利信息,同时也展示对立一方的观点和不利的信息材料,这叫作"两面提示"。这一技巧运用于国际传播中,"一面提示"主要以正面宣传为主,"两面提示"则兼具了信息的平衡。长期以来,中国在宣传工作方面坚持"以正面宣传为主"的基本原则,这对于国内传播而言,具有引导主流价值观,维护社会稳定等重要作用。在国际传播中,"正面为主"的传播原则依然是需要坚持的,但是需要有个"度"的把握,如果绝对化、极端化,那么就会起到适得其反的效果。赵启正先生说过这样一段话:"正面报道还是负面报道,我们需要辨别什么是正面,什么是负面。说我们的不好就是负面新闻吗? 不是。判定这个报道的正面负面问题, 应该是从是否有利于我国人民的根本利益方面来考虑。"①由此可以看出,负面报道并不都产生负面效应。对关于中国的

---

①　郑人:《赞赏赵启正的"负面报道"观》,《新闻爱好者》,2004 年第 1 期。

发展情况的相关报道，要坚持信息的平衡性原则，不能总是一味地宣传成就，只见成就不见问题，这既容易让人产生不信任之感，也容易让人产生反感。真实的中国和中国人是新鲜的、有魅力的，也是有缺点的。在国际传播中，应该坚持传播"一个并不太完美但是努力走向完美的中国形象"，这才是实实在在的"中国梦"。①在国际传播中，要在如何报道中国的成就与问题方面进行科学权衡。

3.是否对症下药

在国际传播中，需要的不仅仅是向外界传达"我的思想"是什么，还需要通过对话与回应解答别人的疑惑。对于外界的误解与误读，需要具有针对性的回应，才能正本清源，拨开迷雾，更好地传播中国自己的声音。以"中国威胁论"为例，关于中国威胁的论调被拆解成了好多个不同领域的"威胁"，化解这些"威胁"论调，不能一概而论，而应该对症下药，方能取得更好的效果。首先，"中国威胁论"兴起的时代背景不一样，一些国家炒作中国威胁的心态就不一样。对一国之评价与对人的评价一样，都是不同主体在相互交往中相互建构的。②以前，西方国家宣扬中国威胁，从"黄祸论"到"中国崩溃论""中国责任论"，很大程度上也只是将中国作为一个意识形态不一样的国家的防范。如今，再次宣扬的"中国威胁"，不管是"中国强硬论""中国傲慢论"，还是"新殖民主义论"，都切切实实地展现了西方国家随着中国的迅速崛起而陷入的紧张与忧虑，是对其在现有的国际体系中地位可能被撼动和既得利益被改变的恐惧。根据不同心态下的"中国威胁论"论调，采用不一样的应对方式，就关系到中国回应威胁论的截然不同的效果。对于如今盛行的论调，不仅是要简单强调中国的和平发展道路，更重要的是要与其他国家寻找到更

---

① 肖航、纪秀生、韩愈：《软传播：华文媒体海外传播研究》，中国传媒大学出版社，2013年，第36页。

② 参见吴飞：《流动的中国国家形象："中国威胁论"的缘起与演变》，《南京社会科学》，2015年第9期。

多的"利益汇合点",用"中国机遇"回应"中国威胁"。再者,不同国家关注的"中国威胁"的具体内容又不太一样,比如在"军事威胁""能源威胁""环境威胁""食品威胁"和"间谍威胁"等论调中,每个国家根据自身的具体情况,对"中国威胁"的论点各有侧重。对于美国来说,它认为的中国威胁主要是从其全球战略和利益来考量的,担心挑战和冲击它世界第一的地位。其他西方国家对中国的担忧,主要是担心中国的崛起对其在能源、市场、环保等方面带来的冲击。一些发展中国家对中国的疑虑,主要是基于在现存体系中存在的不公平现象所产生的发展阴影,以及由中国快速发展所带来的压力。针对不同国家和地区对中国威胁的思想认知,用统一的言论进行解释其效果是有限的,如何针对具体国家和具体言论进行价值言说,关涉到传播效果。

(二)话语表达的影响

1.官方话语与民间话语

"官方话语是指国家领导人、官方文献或官方发言人发表的正式观点,是一种包含具体目的的、受制于一定政治文化的语言的具体使用。"①民间话语是自发形成的民间言论,从话语主体来说,个人、企业、社会组织表达的观点都是民间话语。官方与民间两种话语形态共同构成了在国际传播中的话语表达,在相辅相成中共同讲述着中国故事,传播着中国声音。首先,官方话语在国家政策解释方面具有最高的权威性,在明确立场和态度方面能起到最佳的传播效果。在国际传播中,官方话语用以表达政治观点、官方政策等,具有坚实的话语基础、科学的话语体系和鲜明的话语核心,具有严肃性、权威性、明确性等特点,能更加科学系统地对外阐释中国的发展理念、制度政策、核心价值观念、外交方针等,有助于国际社会对中国形象及主张的直接

---

① 窦卫霖:《中美官方话语的比较研究》,上海外语教育出版社,2011 年,第 12 页。

认知。比如,习近平主席在出席众多的国际活动和发表的众多重要讲话中,明确生动地阐释了中国在大国关系、经济发展、国际合作、共同安全、全球问题等各方面的主张,每一次讲话都能起到增信释疑的作用,在国际社会得到了广泛认可。但并不是每一种官方话语都能起到良好的国际传播效果。比如,中国的官方媒体发布的一些信息,在国际社会中并不总是能收到良好的传播效果,反而外国人对中国官媒的发声有一定的反感情绪。增强官方媒体的传播效果,需要在传播方式、传播内容方面具体问题具体分析,对症下药地寻找改进方法,才会有助于提升传播效果。

民间话语对官方话语具有特殊的补充作用。民间话语具有亲民性和生活性,它多数存在于中外民众之间的交流中,是一种微观层面的对外传播,民间的友好对话,有助于外国人民增加对中国的良好印象,发挥民间话语的作用和影响,将有助于弥合一些国际认知差异,促进中国价值观念在外国民众心中的认知和理解。比如,西藏问题一直都是中国在国际传播中面临的极其敏感的问题,长期以来一些西方国家歪曲事实,用"专政""人权"等敏感词汇进行恶意渲染,对中国政府和媒体进行有蓄谋地抹黑。这导致了一旦涉及西藏问题,中国政府和官方媒体的发声往往都会受到外国民众的普遍质疑,导致官方话语的信任危机。面对这样的问题,仅仅只是依靠官方话语的发声,是很难起到良好的解释效果的,往往还会徒劳无功,在这样的情况下就急需民间话语发声。近年来,西藏的文化工作者、藏医等不断走出国门,用亲身体会讲述西藏的变化,同时也邀请许多外国记者和藏学家到西藏去,取得了比较好的澄清事实的效果。[①]

2.理性话语与感性话语

恩格斯说过:"在社会历史领域内进行活动的,是具有意识的、经过思虑

---

① 参见赵启正主编:《公共外交战略》,学习出版社、海南出版社,2014年,第15页。

或凭激情行动的、追求某种目的的人。"①人是兼具理性与感性的个体,既会通过理智思考来认知事物,也会运用情感来判断事物,因此一个人的认知情况与其理智和情感都有关系。在传播活动中,如何与传播受众进行信息交流,通常采取两种方法,一种是用道理说服人,一种是用情感感化人。以理服人,以充分的事实根据、周密的逻辑推理、冷静的分析论述为特点;以情感人,主要通过调动人的感情,撼动人的内心,煽起人的情绪来达到目的。②以理服人用的是理性话语,以情感人用的是感性话语。在国际传播中,如何恰当地将理性话语和感性话语结合起来,对于增强传播效果具有重要作用。习近平总书记在主持中共中央政治局第十二次集体学习时,从提高国家文化软实力的角度提出,要以理服人,以文服人,以德服人,提高对外文化交流水平,这对于国际传播既是一种要求,也是一种启示。

世界这么大,问题那么多,人类社会面临着和平、发展、治理三大"赤字"的严峻挑战,人类该怎么办? 这种深度的问题需要引发人们的理性思考,不管是中国提出的"人类命运共同体"理念,还是"一带一路"倡议,都需要把和平发展之理和合作共赢之道通过逻辑分析,从现实映射未来,从对策规划出路,从而让国际社会能够信服中国提出的意见方案。以理服人,也要做到以事服人、以例服人。《"一带一路"倡议下的全球城市报告(2020)》通过中国城市和企业在"一带一路"实践中的各类成功案例,有力地说明了"一带一路"建设的积极意义,生动昭示了"一带一路"可预期的美好未来。同时,在传播中,兼顾以情感人的方法,更能达到传播实效。在信息传播中,受众的情感体验会对信息的接受行为产生重要影响。国际传播要通过真诚的情感表述,实现"人同此心,心同此理"的传播效果,习近平主席在每次外交出访中,都通过一些温情的故事话友谊,拉近与到访国家人民的距离。他在莫斯科讲苏联

---

① 《马克思恩格斯选集》(第四卷),人民出版社,2012年,第253页。

② 参见赵建国主编:《传播学教程》,郑州大学出版社,2012年,第147页。

飞行大队长库里申科的故事，在哈萨克斯坦讲冼星海与阿拉木图的冼星海大道的故事，在刚果讲布拉柴维尔华人救邻的故事……通过这些真实的故事和流露出的真挚情感，既表达了两国人民的深情厚谊，也传达了中国友好的外交意图。

当然，理性话语与感性话语都是说服人的重要方法，但是在处理具体事情之中需要有孰轻孰重、孰先孰后的考量。在涉及国家利益的情况下，首先就要晓之以理，据理力争，不能抱着息事宁人的友好态度"搁置争议"。例如，日本首相不顾中国人民的反对参拜靖国神社，中国首先肯定是从政治立场的高度进行严厉谴责，然后通过外交手段进行交涉，这是从"理"的角度出发捍卫国家利益。从"情"的角度出发，中国人反对日本首相参拜靖国神社，就好比日本人反对美国总统参拜向广岛和长崎扔下原子弹的美国士兵一样，这简单的类比应该是所有日本人都能明白的道理。

（三）传播形式的影响

1.硬传播与软传播

硬传播与软传播这一组概念是由中国社会科学院新闻与传播研究所的明安香教授提出来的，他指出："硬传播主要是指大众新闻媒介每日每时进行的新闻报道、时事评论、政治宣传等传播。软传播是指很少甚至不带明显意识形态色彩、政治色彩和宗教色彩的媒介传播。"[1]在国际传播中，硬传播与软传播两种传播方式并存，它们各自不一样的特点在不同程度上影响着传播效果。硬传播一般是通过报纸、广播、电视、互联网、政治演讲等形式进行新闻报道和评论，发表具有明确政治立场的观点。这种形式就是站在传播者的角度，直接传播自己的态度、立场和观点，具有观点明确、目标清晰、指

---

[1] 明安香：《传媒全球化与中国崛起》，社会科学文献出版社，2008年，第149页。

向性强等特点，但是这种方式或多或少都能显现出其政治色彩和意识形态色彩，容易受到国外受众的反感或者抵制，从而削弱传播效果。软传播一般通过娱乐、休闲、文艺、影视作品等形式进行传播，主要将某些生硬的传播内容软化，重视情感的共鸣，一般不具有明显的意识形态色彩，具有感染力和亲和力，容易拉近与外国人民的距离。

在国际传播中，为了增强传播效果，中国越来越重视软传播形式，实现硬题材的软传播是提升传播效果的重要途径。近年来，关于传播中国的硬题材内容，也在逐渐探索用新颖的方式进行解读传播，比如，《领导人是怎样炼成的》等系列短片，"十三五"神曲、《中国一分钟》等集视听于一体的文娱化的宣传方式，有助于外国人民在轻松娱乐的氛围中对中国制度、政策、领导人、经济发展等方面的内容有直观生动的了解，加深其认知深度，在简单的事实陈述中呈现中国形象。

2.直接传播与间接传播

按传播主体作用于传播受众的方式，可以分为直接传播形式和间接传播形式。直接传播即传播主体直接对传播受众进行信息传播，比如设立境外媒体、对外出版书籍、输出影视作品等。间接传播是传播受众通过其他途径接收到了传播主体所传播的信息，比如，加强与境外媒体的合作。自 2013 年"一带一路"倡议提出以来，人民日报社从 2014 年起便发起并举办了每年一届的"一带一路"媒体合作论坛，该媒体论坛汇集众多国家主流媒体，为国家之间的政治往来、经贸合作以及学术交流提供了一个重要的交流平台。各国媒体通过这个高端平台加强沟通、加强合作，在推进各国相互理解与政策互通等方面发挥着不可替代的作用，是"丝路精神的'扩音器'，丝路友谊的'播种机'，丝路合作的'推进器'"[1]。

---

[1]　张平：《汇聚共建一带一路的强大力量》，《人民日报》，2017 年 9 月 20 日。

　　此外,境外舆论对中国的客观报道对外国民众来说,更有说服力。在揭露日本侵华的历史罪行中, 中国通过很多形式来揭露日本在中国犯下的滔天大罪,但是包括日本在内的其他国家,可以说都没有客观公正地看待日本侵华的事实, 日本的右翼势力直到现在还否认和歪曲历史, 而一些西方国家,因为不曾感同身受过,所以也日渐遗忘了中国曾经遭遇的暴行。很多时候, 中国都只能从政治原则的高度来谴责日本及其他国家不尊重历史的言行,而实际效果却并不十分理想。然而通过其他方式直指日本侵华的事例却收到明显效果。华裔女作家张纯如的历史巨著《南京大屠杀:被遗忘的二战浩劫》, 向世界揭示了二战期间发生在南京的骇人听闻的惨剧, 该著作自1997年出版以来,在西方世界引起了强烈反响,使南京大屠杀的真相更加清晰地还原在世人面前,更引起了国际社会的强烈关注。该书以大量的文史资料为支撑,并且采访了历经南京大屠杀的幸存者。详实的、无可辩驳的历史资料,让日本曾经犯下的罪行无以逃遁,将日本的二战罪行永远钉在了耻辱柱上。

　　日本广播协会(NHK)电视台分别于2017年和2018年,播出了两部关于日本"731部队"的纪录片,纪录片揭露了日本人在中国东北用人体进行细菌试验研究这一令人发指的罪行。这两部纪录片自日本播出以后,在日本社会产生了深刻影响。日本NHK电视台能有勇气播出揭露自己国家罪行的节目,它的传播效果比中国电视台播放此类节目的海外影响要大得多,尤其是对日本人民的思想冲击会更加深刻,资料内容还原历史的真实性、揭露日本暴行的残酷性,都会使他们更能站在公正的立场反思自己国家曾经犯下的罪行。由于日本右翼势力长期以来不能正视历史,歪曲历史否认罪行,日本人民对日本在战争期间犯下的历史重罪知之甚少,如今,通过他们自己的声音来揭露罪行,其说服效果将更加明显。

　　上述两个事例对当前中国国际传播的启示就是,要学会利用间接的传播资源,比如利用境外主流媒体和权威人士等发声的方式,提升对外传播效果。

(四)时机掌控的影响

国际传播是一种信息传递和价值沟通的对外交流活动。根据不同的传播活动性质和不同的传播内容,在传播效果的时效性上有不一样的目标追求,依据时效性的长短来划分,可以将传播效果分为短期的信息传播、中期的战略沟通和长期的价值倡导。根据不同的目标,在具体的传播内容中,对时机的把控将会影响传播效果。

第一,对于短期的新闻报道,及时的新闻报道更能取得成效。一般来说,在特殊的国际国内大事或者突发事件上,需要在国际新闻报道中争取时间上的抢先。在国际舆论的争夺战中,是没有真空地带的,如果不能先声夺人,那么就会面临着被外媒抢先报道的被动境地。在事关中国形象和利益的相关事件中,如果被外媒刻意抹黑,那么中国作为"辩护方"的回应和解释,其影响力就会遭到削弱。短期的新闻报道主要包括对具体事件的回应、对国内相关政策的解释、对重要国际国内大事的"吹风"等内容,其行为主体一般是专职政府部门或相关部门,通过新闻发布会、吹风会、记者招待会、官方媒体的发声、广告投放等方式进行信息的传播。通过这些途径,信息发布的越及时、准确、权威、详细,其传播效果越好。比如,"一带一路"高峰论坛、中国共产党第十九次全国代表大会、全球政党大会等,中国在会前召开了吹风会,会后进行了答记者问招待会,在引导世界认知这些大事中起到了很好的宣介效果。在涉及中国利益的相关国际事件中,比如南海争端问题、美国出台《美国国家安全战略报告》《国防战略报告》等将中国视为其重大威胁等问题,中国外交部发言人每次都进行了有理有据有节的回应,表明了中国对待相关问题的坚定立场,这种权威的官方回应,在国际传播的舆论引导上能起到积极的效果。反之,如果置若罔闻,那么就等同于放弃了自己的发言权,而助长了其他国家挑起的不法行为和无理言论,无效果可言。

第二,对中期的战略沟通,借助重要的国际活动更能取得成效。一些问题在短期内是无法完全解决的,需要长时间的谈判和利益的博弈才有可能寻找到合适的解决方案。不管是直接牵涉到中国的问题,还是中国作为第三方的相关问题,中国主张要发挥相应的效力,就要选取恰当的国际场合,如此才更能彰显中国价值观念的意义。比如,"一带一路"倡议自提出以来,在国际社会中拥护和质疑之声并存,但伴随"一带一路"高峰论坛举办几届之后,"一带一路"的建设成果更为人熟知,"一带一路"倡议更加深入人心。通过这种国际盛会总结"一带一路"的建设成果,描绘了未来的建设蓝图,释放了更多的重磅承诺,延续着丝路精神,凸显了"一带一路"倡议共商共建共享的本真原则,受到中外媒体的高度关注和一致好评。另外,在半岛核问题的解决上,中国提出的"双暂停"倡议为朝韩两国在南北关系的缓解上提供了很好的药方,双方借助平昌冬奥会的契机开展了密集的互动,使南北关系迅速解冻。趁着半岛局势朝着正确方向迈进的时候,中国及其他各方共同积极呼应,有利于将半岛安全问题重新拉回到对话解决的轨道。

第三,在长期的价值倡导上,在最权威的国际活动中的发声是最有效果的。中国向来倡导"和合"的外交政策,但是一些西方国家始终渲染中国威胁的论调,中国借助在联合国这样的国际权威平台上阐释中国主张,既是对西方言论的有力回击,也更能在世界范围广泛地传播中国理念。2005年,时任国家主席胡锦涛在联合国成立60周年首脑会议上的讲话中首次提出了"和谐世界"的理念,并提出了建立和谐世界的四点基本主张。这次讲话表明了经济快速发展的中国其基本的外交主张和宗旨,是对21世纪不断高涨的"中国威胁论"的有效回应。2015年,在第七十届联合国大会一般辩论时的讲话中,习近平主席强调了世界各国要共建"人类命运共同体"的理念,并从政治、经济、文化、安全、生态五方面阐述了具体要求,这是崛起后的中国给世界吃的一颗定心丸,表明了中国的价值主张和发展走向。此后,习近平主席在日内瓦、达沃斯的演讲中都再次深刻地阐述了构建人类命运共同体的时代价值,这一理念于 2017 年 2 月被正式写入了联合国决议,表明了这一理念深入人心,已经得到了国际社会的广泛认可。

第四章　当代中国价值观念国际传播有效性的提升路径

　　提升国际传播效果是当代中国价值观念国际传播的最终归宿和目标。进入新时代,提升传播效果成为越来越迫切的需求。一方面,崛起的中国在更加自信和更加开放的环境中走向世界,需要更充分地向世界说明中国;另一方面,中国正在成为全球治理的重要参与者和推动者,世界也渴望更多地了解中国。国际传播作为一项复杂的系统工程,既要从宏观着眼,又要从微观入手。从宏观来说,要明确战略规划、增强国际传播能力;从中观来说,要探索和挖掘多样化的传播渠道;从微观来说,要优化传播策略,用更贴切的方式讲述中国故事,传播中国声音。

一、明确战略规划

（一）国家形象战略

国家形象是一个国家及其民族和人民在国际上给人的总体印象，是指"一个国家的客观状态在公众舆论中的投影，也就是社会公众对国家的印象、看法、态度、评价的综合反映"①。从传播学的角度来看，国家形象是一个国家在国际舆论中所形成的整体形象，即他者认同。②形象之于一个国家，就跟其之于人一样重要，是外界判断它的重要标准。良好的国家形象是一种无形资产，是一种软实力，是影响力、吸引力和感召力。

中国的国家形象随着中国国际地位的变化而改变。在汉唐鼎盛时期，物阜民丰，富饶美丽，一部《马可·波罗游记》将中华文明的盛况介绍到了西方国家，激发了许多西方人的无限想象和憧憬——中国是灿烂辉煌的形象。在18—19世纪，西方世界经历过资产阶级革命和工业革命的洗礼，迈向了现代化的进程，彼时的中国躺在了往日的殊荣里闭关自守，与西方国家的差距不断扩大。当鸦片战争爆发，西方列强用坚船利炮打开中国国门，用鸦片侵蚀国人肌体和精神时，中国是腐朽衰落的形象；经过一百多年的艰难抗争，中华民族在中国共产党的领导下，寻找到了救亡图存的道路，赢得了民族的解放和独立，中国是独立的形象；经过改革开放四十多年的发展，中国经济迅猛发展，综合国力显著提高，一跃成为了世界第二大经济体，中国是富强的形象。那么如何定位自己的形象，将影响其他国家对自己的认知。

---

① 刘小燕:《关于传媒塑造国家形象的思考》,《国际新闻界》,2002年第2期。

② 参见刘继南、何辉等:《中国形象——中国国家形象的国际传播现状与对策》,中国传媒大学出版社,2006年,第5~6页。

习近平总书记在中共中央政治局第十二次集体学习时发表的重要讲话中就提出了，"要注重塑造我国的国家形象，重点展示中国历史底蕴深厚、各民族多元一体、文化多样和谐的文明大国形象，政治清明、经济发展、文化繁荣、社会稳定、人民团结、山河秀美的东方大国形象，坚持和平发展、促进共同发展、维护国际公平正义、为人类作出贡献的负责任大国形象，对外更加开放、更加具有亲和力、充满希望、充满活力的社会主义大国形象"[①]。习近平总书记提出的这"四大形象"为我国的国际传播工作提出了明确清晰的目标。这"四大形象"从不同角度展示了中国的文明特质和崛起的意义。作为文明大国的形象，这是中国悠久的历史探源和国家特质的现实写照。从人类文明发展的历史来看，中国作为四大古国之一、中华文明作为四大文明之一，经历了上下五千年的历史，是四大文明中唯一一个延续至今、没有中断的文明。她历史悠久、精神璀璨，为世界贡献过很多优秀的文化瑰宝。作为现代文明型国家，中国从中华文明的肥沃土壤中汲取养分，有灿烂的中华文明作为精神支柱，在纷繁复杂的国际社会中，始终坚持走和平与发展的文明道路，不侵略不扩张，始终是一个历史底蕴深厚的文明大国形象。作为东方大国的形象，从地域方位给予界定的话，独特的地理位置塑造了中国幅员辽阔、风景秀美、物产丰富的自然形象，她曾是西方人眼中的神秘国度，也曾是他们伸出侵略爪牙的地方。

今天，这个东方国家，告别了被侵略的屈辱历史，重新站了起来，也变得更加自信开放，现在的中国知道居安思危，在国家深化改革和实现现代化转型的关键时期，能正视自身已经出现或者可能出现的问题，从政治、经济、文化、社会、生态等各个方面进行改革和规划，净化政治生态、深化经济改革、推动文化繁荣、建设和谐社会、维护生态环境，在准确的自我认知基础上进

---

① 《习近平谈治国理政》，外文出版社，2014年，第162页。

行自我革新,这是一个正迈向发展新台阶的崭新的东方国家。

作为负责任的大国形象,这是针对中国在国际社会中地位和作用而言的,中国作为一个拥有着14亿人口的世界大国,她的每一个举动都会对世界带来影响。今天的中国,随着综合国力的不断增强,不管是在区域事务还是国际事务中,能作出更多贡献的能力和意愿都在增加。当今世界正处于大发展大变革大调整时期,各种全球性问题和发展性矛盾问题也更加凸显,需要国际社会各方进行积极地协调并妥善处理分歧。中国如何更好地发挥负责任大国的作用呢?用习近平总书记的话来表达,就是"更加积极有为的维护世界和平""更加积极有为地参与国际事务""更加积极有为地促进共同发展"。当今世界,和平与发展依然是世界的主题,中国致力于维护世界的和平、促进世界的发展、推动建设更加合理有序的全球秩序,对于整个世界,尤其是广大的发展中国家来说,更是有着积极而广泛的意义。作为社会主义的大国形象,这是从国家的制度属性来定义的,当今世界存在着社会主义与资本主义两种不同性质的社会制度,作为资本主义制度的广大西方国家对于中国建立起了与之相反的政权组织制度,一直是怀有深深芥蒂和深刻成见的,它们在过去的半个多世纪里一直都想对中国的社会制度进行扼杀和颠覆。制度属性的不同,并不能成为国家之间相互敌视的理由,每个国家都有自身独特的现实国情和发展历程,要走适合自己国情的道路,任何国家不应该也没有权利进行干涉。中国的发展对于广大的发展中国家是一种启示和支持,要坚定地走适合本国国情的发展道路。

不管是作为哪一种形象出现的大国形象,对于世界而言,中国都是积极力量的贡献者,她将始终履行承诺,做世界和平的坚定维护者。中国恰好是这四种形象的集合体,从过去到现在、从理念到行动,她都是温和、大气、有担当的世界大国。中国的国际传播要积极地将良好的中国形象展现给世界。美国霍华德大学国际传播学教授马力克的研究认为:"一个国家在国际舞台上的权力很大一部分起源于国家自身形象设计的能力,并且,一个国家对外政策的有效性的一个重要变量就是其利用主要的国际传媒来确立其国家形象的能力。"①中国国家形象的国际传播,一定不能再固守"酒香不怕巷子深"的本位观念,要向世界积极主动推介。国家形象的塑造,不只是凭借自身的综合国力和国际行为,还需要对外进行形象传播,良好的国际形象是在传播中树立起来的,反过来又促进一个国家价值观念在国际上的传播效果。

(二)文化"走出去"战略

中华文化是孕育和涵养当代中国价值观念的肥沃土壤,传播当代中国价值观念,也是向世界传播中华文化的过程,推动中华文化的国家传播,反过来也会促进中国价值观念的国际理解和认同。推动中华文化"走出去",是我国一直坚持的对外文化策略,以2004年孔子学院在海外的建设为契机,中国开始积极主动地与其他国家开展大规模的文化交流活动。"推进文化强国建设,也需要我们关注中国文化的国际传播,展现中国文化的风采与魅力。"②"在文化自信中彰显当代中国价值观念,在构建和传播当代中国价值观念中进一步坚定文化自信。"③

推动中华文化"走出去",让中华文化在世界舞台上焕发当代活力。中华文化在世界历史上作出过杰出贡献,不仅在器物文化上贡献了四大发明;在精神文化上,中国优秀的传统文化价值对于今天处理国际交往中的种种复杂关系,依然具有重要的鉴借价值和指导意义。两千多年前,张骞出使西域,开启了中国对外交往的大门,开辟了永载史册的丝绸之路。这条古老的丝绸

① 倪建平、黄卫红:《关于中国国家形象与外交政策的理论思考》,《毛泽东与邓小平理论研究》,2004年第10期。
② 沈壮海:《文化自信与当代中国文化新发展》,《光明日报》,2017年10月18日。
③ 郝立新:《核心价值观:当代中国精神名片》,《光明日报》,2017年10月18日。

之路既是一条商贸往来的道路，也是一条人文交流的道路。伴随着悠远的声声驼铃，见证了中国与其他文明的商贸往来与人文交流，通过丝绸之路，中西方在友好往来中深化了东西文明互鉴与融合，为世界文明的繁荣发展作出了巨大贡献，凝结产生了"和平合作、开放包容、互学互鉴、互利共赢"的古丝路精神的宝贵财富。今天，沿着古丝绸之路的轨迹，中国提出了"一带一路"的伟大倡议，呼应着新时代各国人民深化交流与合作，传承丝路精神的时代注脚。加强中华文化的对外传播，要沿着这条历史发展道路，激活当年的历史密码，唤醒共建国家和人民与我们共同的历史记忆，承载这份漫长的历史友谊继续深化今天的合作与交往，在互利共赢的基础上实现政策沟通、道路联通、贸易畅通、货币流通和民心相通。

寰宇全球，和平与发展依然是世界的主题，但世界并不太平。局部地区的冲突与对抗时有发生，霸权主义也始终没有消失，一些国家依然奉行着它们的强权思维和"丛林法则"用于处理国际关系问题，从而加剧了事态的恶化。在错综复杂的国家问题处理中，中华文明的悠久智慧是当今世界依然需要的中国方案。1988年，75名诺贝尔奖获得者在巴黎集会后发表的宣言中就认为："如果人类要在21世纪继续生存下去，必须回首2500年，去孔子那里寻找智慧。"①中华文化向来倡导"以和为贵""和谐共生"，在全球化日益深化发展的今天，世界各国更是一个紧密联系的整体，只有在共同维护和平稳定的大环境下才能获得各自的发展，"和合"的中华文化是世界治理中急需的中国智慧。中国的诸多外交理念体现着深刻的中华文化精髓，中国倡导"亚洲新安全观"、构建新型大国关系，提出了合作交往中的"正确义利观"，主张通过协商对话解决国际分歧等。悠久的中华文化依然焕发出精神光芒，要向世界推介中华文化，用智慧的光芒为人类共同面对的问题提供指引。

---

①　张友谊主编：《文化软实力：提升当代中国文化建设的社会影响》，济南出版社，2013年，第182页。

　　推动中华文化"走出去",增强中华文化的感染力。一方面要增强传统文化的感染力,中华文化历史悠久、灿烂辉煌,很多外国人即使没有来过中国,但是在他们的意识中,对于中国的传统文化都充满着无限的好奇和向往,中国的京剧、武术、美食、汉字、书法、音乐、国画、中医、茶文化等无不充满了神秘的感召力量。孔子学院的海外大规模建设,掀起了大批外国人学习汉语的热潮,《舌尖上的中国》这部美食纪录片在国外的传播,引起了外国人对中国美食的味蕾向往;中华武术因为在影视节目中的出现而被很多人推崇,他们将其称之为"功夫"……诸多的中国文化符号,代表了典型的中华文化。加强中华文化的对外传播,不仅只是传播这些形式和符号,更要将其中蕴含的精神世界呈现出来。博大精深的中华汉字,是在中华几千年的历史发展中,人们为了交流和传承而逐步演变而来的,文字反映了中国古人在特定历史时期的生存样态,是中国历史长河中可供探索的宝贵财富。舌尖上的美食,反映的不仅是中国的富饶物产,还更深层次地体现了中国人民的生活世界和精神态度,反映了中国人最质朴的生活样态。中国功夫不仅是一种强身健体的运动,它体现的更是中国哲学的思想和精髓,"天人合一""形神兼备",既是一种生活态度,也是修身养性的一种方式。外国人对中国文化的兴趣,多数缘于"表",加强文化的感染力,还要更多地传播"里"。

　　另一方面,要增强现代文化的感染力。现代文化体现了当代中国的精神追求,当代文化"走出去",体现为更多的文化产品、文化产业"走出去",承载了中国形象的"中国制造"的系列出口产品"走出去"。李克强总理在政府工作报告中明确指出,加快文化"走出去",发展文化贸易,加强国际传播能力建设,提升国家文化软实力。①中国产品"走出去",过去人们对于"中国制造",多数持以否定的态度,质量问题总是人们诟病的地方,如今,"中国制

---

　　① 参见《十八大以来重要文献选编》(上),中央文献出版社,2014年,第850页。

造"已变成"中国质造""中国智造",中国高铁、网购、支付宝、共享单车已成为新时代中国的"四大发明",成为了新时代的中国名片,这些高速发展的现代技术和科技文化,反映了中国人民的伟大创造精神,体现了中国新时代的发展速度和现代文化的特征,加强现代文化"走出去",才能展现真实的中国发展情况和当代中国精神。

(三)人文交流战略

何谓人文交流?按其字面意思,指的是人与人之间的思想文化交流,其目的在于通过沟通与交流,追求情感和文化上的理解与认同。[①]它一直被视为是与政治交往和经贸合作并重的对外交往三大途径之一,习近平总书记将其比喻为中外关系的"地基",地基打得越深,夯实得越坚固,大厦垒建得就越高越结实;中外民众的往来越频繁,国家之间的民众情谊就更深厚。推进人文交流,有助于夯实国家之间的民意基础,国之交在于民相亲,人民之间的深厚友谊是国家之间关系持久、稳定、向好发展的重要基础和动力。一个国家的对外交往,在加强政治互信和经贸往来的同时,还要注重国家之间的人文交流,它是沟通民众情感的桥梁,是加深国家之间理解的重要纽带。进入新时代,中外人文交流呈现出蓬勃发展的新趋势,加强对外人文交流是增强国际传播影响力的重要途径,更是属于中国特色社会主义外交思想的重要组成部分。如何加强人文交流,成为国际传播事业中的一项重大战略课题。2017 年 7 月,中央全面深化改革领导小组第 37 次会议上审议通过了《关于加强和改进中外人文交流工作的若干意见》,之后由中共中央办公厅、国务院办公厅印发,这是中央首次针对中外人文交流工作而制定的专门文件,既体现了新时代党和国家对人文交流工作的高度重视, 也为加强和改进中

---

① 参见邢丽菊:《推进"一带一路"人文交流:困难与应对》,《国际问题研究》,2016 年第 6 期。

外人文交流工作提供了行动指南。

1.加强中外人文交流,要使民众成为交流的主体

"人文鼎盛,则民心相通",随着中国的对外开放水平的不断提高和世界互联互通技术的日益发达,中外民众之间的交往变得空前活跃,更多的外国人来到中国学习、工作、旅游,更多的中国人也有条件和机会走出国门,个体成为了人文交流的重要使者。要积极引导海外华人华侨、留学生等在对外交往中,充分发挥交流使者的作用,把中外人文交流融入到日常生活中去,增进外国民众对中国人民、中华文化的了解。习近平主席说过:"广大留学人员既有国内成长经历又有海外生活体验,既有广泛的国内外人际关系又有丰富的不同文化交流经验,应该充分发挥自身优势,加强内引外联、牵线搭桥,当好促进中外友好交流的民间大使。"[1]同时,要鼓励中国企业和员工在"走出去"的过程中,遵守国际商贸规则,熟悉所在国家和所在地区的文化民俗,在着力打造中国品牌的同时,努力融入当地环境,接纳本土员工,在工作和生活中促进国外民众对中国的了解,培养中外民间友谊。另外,尤其是要加强中外青年之间的友好往来,未来的世界是属于青年人的,要多为中外青年的交流、交往、交心搭台架桥,激励青年人以更加开放的胸怀和更加包容的心态加深往来,相互学习,取长补短,择善而从,成为国家之间的友好使者,在未来的国际关系发展中,在新的历史条件下推动世界向更好的方向发展。习近平主席在上海合作组织成员国元首理事会第十七次会议上的重要讲话中就强调,要"促进各国民众特别是青年一代心灵相通,使睦邻友好合作事业永葆活力"[2]。只有在各国青年心中播下友好、合作、命运共同体意识的种子,才能使世界在和平与发展的主题下不断前进,各国之间的友好交往事业

① 《习近平谈治国理政》,外文出版社,2014年,第60页。
② 习近平:《团结协作 开放包容 建设安全稳定、发展繁荣的共同家园——在上海合作组织成员国元首理事会第十七次会议上的讲话》,《人民日报》,2017年6月10日。

才能薪火相传、生生不息。

2.加强中外人文交流,要完善人文交流机制

目前,中国已经建立了中俄、中英、中美、中欧、中法、中德、中印尼、中南非等高级别人文交流对话机制,主要涵盖了教育、科技、文化、卫生、体育、旅游、媒体、青年等众多领域。现有的这些人文交流机制在促进中外人文交流中发挥了重要作用,在人才联合培养、互派留学人员、卫生防疫、旅游投资、体育赛事、技术对接及培训等领域达成并开展了多项合作,取得了比较丰硕的成果,在增进国家之间战略互信和交往合作中发挥了重要作用。在更长远的未来交往中,要在巩固既往成果的基础上,推动中国与其他国家的人文交流向着机制化、常态化方向发展。要依托现有机制,发挥好它们的辐射和带动作用,有力推动中国与其他国家的人文交流。通过搭建高级别的对话平台,加强高层的互动和访问,实现中国与其他国家在发展方略和治理理念等方面的交流和沟通,增进相互了解,并且有针对性地对外界有疑虑和误解的地方进行宣介和说明,消除误解和误会,提升传播实效。通过举办教育交流会、中外旅游年、艺术文化节等形式的活动,扩大人文交流范围,挖掘人文交流深度,根据不同国家和地区的特点和与中国的外交关系,因地制宜,有区别地开展特色交流活动。同时,要扩大人文交流机制建设的合作范围。从目前中国已建立的八大中外人文交流机制来看,绝大部分都是发达国家,而与发展中国家之间的机制化人文交流还很欠缺,这不利于中国与广大发展中国家增进了解、厚植友谊,因此中国的对外人文交流机制应该逐步扩大范围,实现从发达国家到发展中国家的广覆盖。特别是在"一带一路"合作框架下,要更多地开展与共建国家的人文交流,增进彼此了解,深化互信与合作,加快推进"一带一路"建设。

3.加强中外人文交流,以我为主、兼收并蓄

坚持以我为主,就是要坚持党对中外人文交流工作的领导,立足党和国

家的工作大局，保证在正确的方向上推进人文交流工作的稳中求进。对外人文交流工作是中国整个对外传播工作的重要组成部分，要服从国际国内的现实局势，统筹整个外宣工作，有步骤有计划地进行。在过去的很长一段时间，中国在对外人文交流中都只是参与性的角色，在促进国际关系建设和加深其他国家对中国的了解认知方面，其效力都十分有限。新时代，中国在世界舞台中发挥的作用越来越重要，要紧紧把握当前中国面临的时代机遇，在加强中外人文交流中，以人类命运共同体理念、中国特色大国外交理念、合作共赢等理念为引领，推动中国文化"走出去"，推进中国价值理念的国际传播，促进中国与其他国家在深化理解中加深互信与合作，共同推动命运共同体建设。坚持兼收并蓄，就是在与其他文明的交流交往中，坚持包容、谦虚、学习的态度，互学互鉴、取长补短。不同的地区、国家和民族，其文化各有特色，不同文明需要在交流互鉴中求同存异，才能实现和谐共处，积极引导各自的民意，让友好合作成为不同文明的国家之间人文交流的主流声音，促进各国人民在交流与碰撞中实现包容和融合，增进各国人文交流的社会基础。

（四）国际公关战略

公关原本是运用于市场经济下的企业经营管理理念，是指一个组织为达到一种特定目标，制定相应政策及运行程序，从而建立一种良好公共关系的活动。这一经济领域的概念也可以运用于其他领域，比如政治领域的公关游说，在政党的政治选举中具有重要的影响效果。将这一概念和策略运用于国际传播中，主要是指一个国家根据与其他国家及人民的共同利益，运用一定的公关策略来处理国际事务，通过政治、经济、文化等各种外交形式和活动，缩小与其他国家之间的分歧、解决分歧，扩大共同点，以维护和提升国际形象。在全球化时代，"形象和声誉已经成为（这些）国家战略性资产的重要部分"①。随着中国综合国力的显著提升,中国在世界事务中的影响力越来越大,"国强必霸"的陈旧逻辑妨碍着其他国家对中国发展崛起的正确认知,在一定程度上阻碍了中国国际关系的发展,加强国际公关,已经成为了中国在回归世界舞台中心的过程中必须要更加重视的活动。中国发展需要被正确认知,中国责任需要被客观看待,中国价值理念应该得到更多认可,这些都需要中国在参与全球治理中为自己营造更加良好的国际舆论环境。当代中国价值观念的国际传播,就是需要中国在与其他国家交往中,由政府推动,通过一系列的实践活动赢得国际民心、影响国际舆论、提升国际声誉。

1.加强国家之间的战略沟通,规划共同的愿景设定

在国际关系日益复杂的现实条件下,各国之间应该为减少战略互疑,增加战略互信,加强在合作交往领域的规划对接,促进国际公共事务领域的有效协调与合作。对中美大国关系而言,加强战略沟通是准确把握两国关系健康稳定发展,沿着正确轨道运行的重要前提。双方要保持好高层和各级别的交往,规划好两国的机制性对话,在关切两国核心利益的重大问题上要彼此尊重,妥善解决分歧。比如在台湾和南海问题上,对美国的干涉主义和挑唆行径,要从高层对话中进行有效沟通,在不触及非用武力解决不可的地步之时,对话沟通是最有益的方式。在全球性事务中,安全稳定、经济发展、气候变化等问题,需要中国与世界各国携手合作、共同应对。中国与其他国家的交往合作,也同样需要在战略层面保持有效沟通,不管是与共建"一带一路"国家、金砖国家的发展战略规划对接,还是与其他国家深化国际合作,都需要在共同愿景的支撑下,加强良性互动,加深对彼此政策走向、重大关切等方面的了解,夯实战略互信基础。

---

① 赵可金、孙鸿:《政治营销学导论》,复旦大学出版社,2008年,第253页。

2.加强与民众的良性互动

赵浩生教授说,一个国家公关的成败可以从民意测试中体现出来。在美国历次的民意测验中,其民众对中国的看法多数都是不信任中国,认为中国对美国不友好。这是因为美国人对中国的不了解,而不了解则多是源于中国缺乏对美国的自我宣传。中美近年来争论的问题有人权、台湾、武器扩散、贸易顺差、知识产权、劳改产品、西藏问题等,每一个问题中国人都有理直气壮的反驳,但是可惜这种反驳美国人听不见。我们的每一个白皮书都是掷地有声的"好文章",但是美国人看不见。①这对于改进国际传播具有重要的启示作用,那就是要重视对公众的民意说服。在当代中国价值观念的国际传播中,实现与民众的良性互动,要利用一切条件积极传播。其中很重要的一种方式就是领导人的国外出访与演说。领导人出访和发表演说属于国家公关的一种重要形式,外交演讲作为礼宾活动的重要内容之一,展现的不仅是领导人的个人魅力,更是一个国家的整体形象和价值理念,是代表一个国家向外传达其在双边关系及国际关系问题上的态度、立场、方针、政策的重要途径。周恩来在万隆会议上的讲话中提出的"和平共处五项原则"彪炳史册,不仅促进了万隆会议的胜利举行,而且成为了日后规范国际关系的重要准则。邓小平在联合国大厦的演讲中全面阐述了毛泽东"三个世界"的理论和中国"永不称霸"的外交政策,引起了世界各国的高度关注,受到了第三世界国家的热烈欢迎,成为了中国外交史上的闪光一页。

新时代,习近平主席在出访国外或者出席国际活动中,都会以演讲或者发表署名文章的方式,向世界传递中国声音,阐释中国价值观念,为发展双边、多边关系,解决国际问题提出中国方案,表达中国态度。中国的驻外媒体,要加强对领导人出访演说或署名文章的解读与报道,让外国人民能够更

---

① 参见赵浩生、周庆安:《政治游说、国际公关与中国形象——赵浩生教授清华大学演讲录》,《国际新闻界》,2001 年第 4 期。

加深刻地理解其中的意义,增强对中国价值理念的认知与好感。另外一个重要的交流方式就是充分利用好大使馆的外交作用。大使馆是国家开展国际公关的重要窗口,不仅要发挥好促进祖国与所驻国家的外交关系的作用,处理好涉外事务,也要在增强所驻国家的民意基础方面做出努力,发挥作用。"外交官们需要走出去,加深与当地社会政治、经济、文化、教育等各阶层人士的广泛接触,培育厚实的民意和社会基础。"①

3. 做好对外援助

自 1950 年中国向朝鲜和越南提供物资援助开始,中国就开启了对外援助的序幕。中国始终坚持帮助受援国提高自主发展能力和不附带任何政治条件的援助政策,在传播当代中国价值观念的对外活动中,要阐释好中国的援外政策与主张,不能让中国的援外工作陷入西方国家污蔑中国是"新殖民主义"的陷阱,而要成为塑造中国国际形象和大国担当的重要公关手段。要与受援国家及其人民共同树立起"南南合作"的坚固意识。中国是世界上最大的发展中国家,尽管改革开放四十多年来,在综合国力和经济体量方面都有了显著的提升,但是中国的人口基数大,问题多,发展任务依然十分艰巨。中国的对外援助是平等互利、共同发展的,既不是施舍,也不是变相掠夺。同时,要对西方国家的关于中国"新殖民主义"的诋毁之名进行反驳和澄清,这顶"莫须有"的帽子,中国绝不接受。通过中国对外援助切实有效推动受援国家经济发展的客观事实来正中国援助的正义之名。

二、增强国际传播能力

国际传播能力是一个国家对其他国家和地区进行传播的能力, 既包括

---

① 张辉:《塑造中国和平发展形象的国际公关战略》,《公关世界》,2016 年第 13 期。

资金、技术、人才、渠道等方面的传播"硬实力",也包括国家形象、文化魅力、媒介品牌、话语权利等方面的传播"软实力"。总的来说,一个国家的国际传播能力就是指它的传播体系在国际上的渗透力和影响力。[①]国际传播能力与其国家实力有一定的关系,国家实力越强大,越能为其国际传播提供充足的硬件支持,比如增加国际传播机构的数目、完善基础设施、加强传播人员的配备和培训等。但是传播能力并不与综合国力成正比,也就是说,对传播方面的"投入"并不与其实际的"产出"效力成正比。在"硬实力"的支撑基础上,还需要加强传播方面的"软实力"建设。

国际传播能力是一个国家走向世界的实力彰显,是展示国家形象的重要手段,一个国家国际传播力的大小会直接关涉其国际影响力。一般来说,国际传播力越强,国际影响的广度和深度就都会随之加深。加强国际传播能力建设是国际传播事业的重要组成部分,随着我国综合国力的显著增强,中国在国际社会中扮演的角色也将越来越重要,如何更好地让中国走向世界、让世界了解中国,就要打造与中国发展阶段相匹配的国际传播能力。虽然我国的国际传播能力建设已经取得了长足的进步,但是其发展征程仍任重道远。就目前的国际传播局势而言,一方面,中国自身的国际传播能力还有待提高,与中国的经济发展水平和综合国力尚不相匹配;另一方面,与西方发达国家比较而言,其国际传播能力还有很大差距。因此,加强国际传播能力建设,构建覆盖广泛、组织完善的现代国际传播体系,提升国际传播影响力,形成与我国经济发展和国际地位相匹配的国际传播力,是当前及今后很长一段时间艰巨而紧迫的任务。加强国际传播能力建设,要"软硬兼施",既要着力增强传播实力,也要加强传播影响力,而且后者更为重要。

---

① 参见唐润华:《中国媒体国际传播能力建设策略》,新华出版社,2015 年,第 4 页。

（一）增强综合传播实力：完善传播体系

国际传播是一个庞大的系统活动，需要多方面力量的共同参与，不能让每一个传播主体"单打独斗闯世界"，不同的传播媒介、传播渠道具有各自不同的特点和覆盖范围，在功能上具有互补性，需要将它们协同联通为一个整体，形成一个有机的系统，在国际传播中既分工明确，又相互映衬，汇聚成传播合力。党的十八大报告已经明确指出，要构建和发展现代传播体系，提高传播能力。现代传播体系，既包括报刊、通讯社、广播、电视、互联网和出版社等多种媒体，也包括有线、无线、卫星等技术手段的传播方式。加强对外传播体系建设，是中央交付的重大战略任务，是增强国际传播能力的重要举措，也是提高国际传播实效的重要依托。打造对外传播体系，就是要统筹国际国内两种环境，既要从顶层设计上扩展中国对外传播的触点，又要在具体媒体上延伸传播的范围，适应时代发展，开辟国际传播新格局。

1.打造综合传播平台

首先，要重点加强党报党刊、通讯社、电台、电视台等重要媒体建设，构建对外传播体系的主力军。中央媒体是传递政府政策的重要窗口，承担着国家通讯的重要任务，是国家对外宣传的权威渠道。在激烈的国际舆论斗争中，要保持中央主流媒体的核心地位，发挥央视媒体"排头兵"作用。坚持央媒在国际传播中的核心与领导地位，事关旗帜与道路问题，国际传播势必带有一定的政治色彩，任何国家都会进行政治传播。正如拉斯韦尔所说："地球上的每一个国家、不论是专制政体或民主政体、也不论是战时或者平时，都要依靠宣传——在不同程度上与战略、外交和经济有效地进行协调——来实现它的目标。"①任何时候的国际传播工作，都要坚持党的领导，坚持正确

---

① Harold Lasswell, *The Science of Mass Communication: Introduction, Propaganda, Communication and Public Opinion*, Princeton University Press, 1946, p.39.

的方向,带领其他媒体在正确的道路上加强国际传播。据北京师范大学京师中国传媒智库 2016 年 11 月 23 日对外发布的《中央媒体海外网络传播力报告(2016)》报告显示,我国的中央媒体的海外传播力与西方主流媒体的传播力还有一定差距,但是与亚洲主流媒体旗鼓相当。因此,提高央媒的海外传播能力,依然任重道远。

其次,要加强地方媒体的建设。国际传播能力的建设,不仅需要中央媒体发挥主力作用,还需要与地方媒体共同发力,只有实现中央与地方的全力配合,才能开辟国际传播的新格局。与中央媒体相比,地方媒体在资金、技术以及海外资源等各个方面都有很大差距,在采访报道的时效性、广博性以及深度上都有可能力所不逮,但是作为国际传播的重要组成部分,它们拥有很多可以开发的优势与特色。在内容传播方面,以本地区与国际上的交往活动为主要切入口,主要以商贸往来、民间交往、文化交流等为报道的主要内容,实现传播内容的本土化、特色化,突出传播内容的鲜活性。在传播形式上,可以探索灵活多样的传播方式,并不一定拘泥于很正式的新闻报道,可以根据传播内容选择简单、方便、亲民的方式进行传播。在报道流程方面,地方媒体相对于中央媒体更具灵活性,在坚持国家利益的前提之下,拥有更多内容决策的自由度。要鼓励和调动地方媒体广泛参与国际传播,依托地缘条件,挖掘和开发对外传播优势,做好对外传播工作。

最后,发展新闻出版、广播影视、文学艺术事业,丰富国际传播方式。文化事业和文化产业是向海外社会传播中华文化的重要方式,通过促进文化领域的国际交往和传播,广泛参与世界文明对话,在交流互鉴中推动中华文化走向世界,增强中华文化的吸引力,传播当代中国价值观念,增强当代中国价值观念的国际影响力。

2.打造复合型新型媒体

随着网络信息技术的快速更新迭代,数字化发展趋势已经成为几乎每个行业必然要适应的现实环境,传统媒体在新技术的冲击之下,实现现代升级是其发展的必然趋势,统筹传统媒体与新媒体、融媒体、多媒体的同行发展,是建立现代传播体系的重要内容。2014 年 8 月,中央全面深化改革领导小组第四次会议审议通过了《关于推动传统媒体和新兴媒体融合发展的指导意见》,意见指出,要"强化互联网思维,坚持传统媒体和新兴媒体优势互补、一体发展,坚持先进技术为支撑、内容建设为根本,推动传统媒体和新兴媒体在内容、渠道、平台、经营、管理等方面的深度融合,着力打造一批形态多样、手段先进、具有竞争力的新型主流媒体"[①]。这为媒体的自我建设和创新发展,提出了要求也指明了方向,加强国际传播体系建设,需要对外传播媒体实现数字化、多元化发展。一方面,要适应数字化发展趋势。媒体的数字化发展是网络信息时代变革的一个重要趋势,要加强媒体信息采编、加工、发行等系统的技术升级,积极推进媒体的数字化网络建设,构建信息生产、编辑加工、传播输出的数字化体系,构建多途径的传播平台,提高传播效率和质量。

另一方面,要加强融合传播。媒体融合(media convergence),最早由尼古拉斯·尼葛洛庞蒂提出,美国马萨诸塞州理工大学教授浦尔认为媒体融合是指各种媒介呈现多功能一体化的趋势。媒体融合发展是信息时代的一种必然趋势,既是一种理念的更新,更是媒体运作方式的丰富与迭代。推进媒体的融合发展,不是单纯的"唯技术论",而是"互联网+"思维的创新;不是单纯地改变媒体传播形态,而是深刻的产业生态建构,开拓更多的方式和平台,生产、挖掘、提供信息服务,提高传播效果与价值。在技术融合方面,要顺应时代发展的要求,利用移动互联网技术,从信息生产、加工、汇总、传播、反馈等多方面实现转型升级。在内容融合方面,发挥传统媒体在内容挖掘、深度

[①] 《习近平关于全面建成小康社会论述摘编》,中央文献出版社,2016 年,第 117~118 页。

报道等方面的信息采集优势,将其运用于新媒体之中,提升传播内容的理论性、专业性和可信度,提升媒体发展质量。在平台融合方面,媒体发展要有一定的聚合模式,主题网站、官方微博、微信、客户端、海外媒体中心等要协同发力,既有统筹,又有分工,扩展信息传播渠道,增加与受众互动的机会。

3.增加补充机制

完备的对外传播体系不仅包括中国国内的从传统到现代、从实体到网络的全覆盖,从国内到国际的落户生根的传播体系,还应该包括海外地区的已有的华文传媒。随着中国媒体的海外落地,中国海外传播事业取得长足进步,但依然存在有待加强的方面,借助海外华文传媒实现中国对传播体系的补充是一种现实选择。海外华文传媒是海外华人社会赖以生存和发展的一支重要力量,具有相当程度的规模,合理加以利用,对提升中国理念的海外传播效果将大有裨益。

进入 21 世纪,随着国际关系格局的重大变化,有必要立足国际传播的宏观视野,重新审视海外华文传媒的重要作用。它作为国内传媒在海外的延伸,是沟通中国与世界的重要桥梁,有助于让世界更好地了解中国。一方面,海外华文传媒是海外华人接触中国信息的主要渠道,随着中外交往的愈益频繁,海外华人是一支正在不断发展壮大的群体,他们对中国有着强烈的民族情感,对中国的发展变化充满了殷切的关心,他们要借助华文媒体了解更多的中国讯息。由于语言和文化方面的影响,华人华侨更愿意选择自己的母语来获取信息,这也是海外华文媒体兴起、发展壮大的重要原因。

另一方面,海外华文传媒是向世界推介中国的良好平台。海外华文传媒具有让世界更加了解中国的有利条件,它们多数已深深地扎根于当地社会,在内容报道方面更加熟悉当地受众的接受习惯,同时因为它本身的非官方色彩更容易走进外国受众,具有一定的社会影响力,可将其作为中国对外传播体系的补充机制,发挥它在传播中华文化和当代中国发展信息方面的重要作用。正如马来西亚华商张晓卿所说:"现在,华人侨商应把中国的文化、观念和价值推介给世界,为中国和平崛起铺垫一条文化的通道。"①在目前的世界舆论中,迫切需要强大的文化传播力量,来为东方的新兴大国铺垫一条文化通道。这条通道既需要借助英语、法语等西方主流媒体的强势话语权,更需要具备全球影响力的中文媒体来传递中国信息,传播中国人的文化观念和价值,以中国走向世界为契机,改变世界"西强东弱"的舆论格局。②

(二)提升品牌影响力:打造旗舰媒体

媒体是国际传播的重要渠道,是沟通世界的重要桥梁,是展现国家形象的重要窗口。在当前全球化深入发展的时代,国家之间的联系日益紧密,信息的国际化流通日益快捷,高质量的国际传播比以往任何一个时期,对国家利益和安全都显得更加举足轻重,国际传播已不仅仅作为国家政治工具而存在,甚至演化成国际政治斗争的一部分。③

中国的发展日益受到国际社会的广泛关注,真实的中国应该被国际社会所了解,要让世界倾听到中国关于自己的声音,关于世界的声音,这是中国传媒发展的重要使命。但在当前国际传播领域中,西方社会的主流媒体掌握了大部分传播中国的主动权,这些媒体凭借它们作为老牌媒体的实力,在国际舆论中具有举足轻重的作用,中国形象经由它们的塑造并不是完全真实、客观的,有的甚至是歪曲、扭曲的,因此中国要加强自塑能力建设,打造自己的外宣旗舰传媒,切实担当起"联通中外、沟通世界"的职责和使命。党和政府对于打造外宣旗舰传媒十分重要,2016 年 2 月 19 日, 习近平总书记

① 蔡恩泽:《华人典范张晓卿》,《华人时刊》,2010 年第 12 期。

② 参见世界华文传媒年鉴编辑委员会编:《世界华文传媒年鉴 2015》,世界华文传媒年鉴社,2015 年,第 99 页。

③ 参见王庚年主编:《建设现代综合新型国际一流媒体研究》,中国国际广播出版社,2011 年,第 1 页。

在党的新闻舆论工作座谈会上,强调要加强国际传播能力建设,增强国际话语权,着力打造具有较强国际影响的外宣旗舰媒体。所谓外宣旗舰媒体,是站在国际传播战略的高度提出的概念,是指"能够代表国家形象,兼具对外话语的创造力、感召力、公信力,能够讲述好中国故事、传播好中国声音的媒体"①。

目前来说,中国的对外传播媒体体量还是很庞大的,但是具有强大国际影响力、感召力的媒体还十分缺乏。一个不可否认的客观现实是,中国媒体国际传播能力与西方差距较大,无法与之全面抗衡,只能重点突破。②就中国目前的媒体发展形势而言,三大官方主流媒体新华社、《人民日报》、中央电视台是打造中国旗舰传媒的最佳选项。一方面,中央政府高度重视,投入了大笔资金推进官方媒体的建设;另一方面,三大媒体在规模、技术、人力等方面就具有其他媒体不可比拟的先期发展优势,有能力打造"全媒体报道,全天候推送,全球化传播"的国际传播平台。

如何打造旗舰媒体? 一是内容为王,加强原创性内容的报道。内容是一个媒体生存的根基,中国媒体一个得天独厚的条件就是中国是一个有着蕴含着国际话题的宝库,中国媒体在国际市场上的立足根本一定是基于中国新闻的报道,只有中国最了解中国。外国媒体不管它是主流媒体还是边缘媒体,它们关于中国的报道都是不充分不全面的,中国每天都在发生翻天覆地的变化,政治、经济、社会生活等领域有很多值得向世界深度报道的内容,作为中国自己的本土媒体, 对中国故事的深度挖掘是西方媒体望尘莫及的优势,是打造中国独特于世界媒体的重要特色;加之由于语言、文化的差异,它们对中国的报道内容已经产生了一定的"文化折扣",而且受意识形态和国

---

① 张昆、吴金伟:《"联接中外、沟通世界"——打造具有影响力、公信力、感召力的外宣旗舰媒体》,《对外传播》,2016 年第 4 期。

② 参见唐润华:《中国媒体如何提升国际传播能力》,《中国科学报》,2014 年 7 月 25 日。

家利益方面的影响,国外媒体关于中国的报道势必会有失公允,就算是对中国的批判,也不如中国的"自我批评"来得深刻。此外,关于中国周边国家或者与中国关系密切的国家的新闻也往往是国际社会十分好奇的新闻,中国要抓住地理位置优势,对相关地区的新闻抢先报道,增加内容的原创性与首发率。

二是要建立起良好的媒体信誉。在全球化传播时代,信誉与质量是一家新闻媒体最重要的招牌。[1]在国际传播中,尽管一个媒体的运营规模、技术、资金、机制、人才等硬件实力是其富有国际竞争力的重要表现,但同时,还必须拥有良好的信誉才能得到快速、长久的发展。《纽约时报》历经百年而不衰,就在于其新闻报道的高质量与权威性得到包括其竞争对手在内的高度认可,它的卷首语即是以理性、建设性的视角报道"一切值得报道的新闻"[2]。半岛电视台的成功也是一个有名的例证,它秉承着客观、独立、平衡的报道原则,以自己所追求的职业化、专业化立场向自己的受众报道阿拉伯世界;以不同于美国主流媒体的视角给予拉登、萨达姆表述自己的机会。它在一定程度上体现出的客观公正,保证了其信誉和质量。"因为半岛电视台的自由和平衡的新闻享有极高声誉,才使得它在短短六年之后成为今天这样一支强大力量。"[3]中国要打造具有高信度的国际媒体,就要坚持真实、客观、公正的原则,及时、全方位、多角度地报道中国新闻、与中国有关的新闻以及国际社会关注的焦点新闻。既坚持独特视角,又保证客观公正,这样才能创造出自己的媒体品牌。

三是要学习借鉴国际主流媒体的运营模式和运行机制。当今世界,在传统通讯领域,拥有美联社、合众社、路透社、法新社四大权威媒体,电视媒体

---

① 参见李希光、周庆安主编:《软力量与全球传播》,清华大学出版社,2005年,第243页。

② 喻国明:《主流传媒应该如何办——〈纽约时报100年〉读后》,《新闻前哨》,2013年第5期。

③ 李希光、周庆安主编:《软力量与全球传播》,清华大学出版社,2005年,第243页。

有 CNN、BBC、半岛电视台、今日俄罗斯等,纸质传媒中有《纽约时报》《华盛顿邮报》《朝日新闻》等,它们都是不同国家的旗舰传媒,拥有着丰富的运行经验和独特的发展模式。中国要打造自己的旗舰传媒,要在坚持独特性的基础上,善于学习和借鉴其他优秀传媒的发展经验,取长补短,创新驱动,推进中国媒体不断科学化发展。如果说 19 世纪是英国的世纪,然后有了 BBC;20 世纪是美国的世纪,然后有了 CNN;那么属于中国的 21 世纪,将会产生什么样的国际传媒呢?

(三)增强信息生产能力:提升话语权

话语权包括了说话表达的权利(right)和权力(power),揭示话语关系最著名的思想家米歇尔·福柯在其著作《话语的秩序》中提出了一个著名的命题,即"话语是权力,人通过话语赋予自己权力",强调了话语赋予权力,产生效力,甚至是威力的观点。关于国际话语权的内涵界定,学者们有一个比较一致的识见,那就是它不仅是一个国家在国际社会中表达话语的"权利",更是指话语表达的有效性和影响力。①话语权往往是以国家实力为硬支撑的,落后挨打的旧中国是没有话语权的。回顾历史,在一战之后,中国作为战胜国却遭受到战败国的境遇,列强完全无视中国的正当要求,居然将山东半岛的权益交给了日本,那时候的中国在国际上是一点话语权都没有的,国际话语权被牢牢地把握在帝国主义国家之中。今天的国际秩序,依然是西方发达国家把持着定义世界规则和国际标准的话语权力,在这样的国际体系之下,一切都是以西方的标准为主,在强权主义逻辑下,发展中国家的权益是不被国际规则所保护的。今天,随着中国经济的快速发展,中国的综合国力和国际地位显著提高,中国在世界上的受关注度自然上升,但是中国的发展优势

---

① 参见陈正良、周婕、李包庚:《国际话语权本质析论——兼论中国在提升国际话语权上的应有作为》,《浙江社会科学》,2014 年第 7 期。

并没有转化为话语优势，当前提升国际话语权，构建有利于我国的舆论环境，是中国崛起之路上必须完成的现实任务。

1.要增强自我表达能力

"中国话语，本质上是中国道路的理论表达，中国经验的理论提升，中国理论的话语呈现"①，中国的发展道路只能用中国的理论来解释，而不是陷入西方理论的桎梏。习近平总书记多次在不同场合强调要加强中国的话语体系建设，要大力发展哲学社会科学，为中国在国际上打造自己的特色话语提供学术支撑。中国道路、中国制度、中国理论都是中国人民在实践中探索出来的符合自身国情的现实选择。"鞋子合不合脚，只有自己知道"，习近平总书记说，中国的事情，中国人民最有发言权。要用中国话语阐释中国道路，中国人民选择走上现在的社会主义道路，是历史和实践共同决定的。曾经，战地记者埃德加·斯诺一部《红星照耀中国》是描写中国共产党在革命战争年代带领中国人民夺取战争胜利的伟大诗篇，在西方世界引起了广泛的关注和影响。今天，中国人民对于自己所选择的道路，尤其是建设道路，也需要能生动反映发展历程的理论说明，用中国话语阐释中国制度。关于中国制度，西方学者有很多诟病，《历史的终结》《中国即将崩溃》等著作都是以巨大的西方优越感来审视中国现行的制度和体系，并且对中国的发展前景进行了"没有前途"的预判，但是苏联解体后的中国走向了自我革新的新道路，2008年的金融危机中国平稳地度过了，"中国崩溃论"不攻自破。

近年来，随着中国的发展崛起，西方学界开始反思自己对中国制度的认识——中国为什么能？但是正如张维为教授所指出的，西方对于中国和自己的重新认识，还是站在"西方中心论"的角度来审视和研判中国和世界的，在相当长的时间内，恐怕还会继续误读中国和误判世界。中国不能被西方的话

---

① 陈曙光:《中国话语和话语中国》,《教学与研究》,2015 年第 10 期。

语所解说,中国制度需要中国的话语去为外国人指点迷津。中国制度具有其他国家无可比拟的优越性,可以集中力量办大事,有强大的政治治理能力。当然,在发展的过程中,依然会出现各种各样的问题,但中国共产党有自我革新的能力,针对出现的问题,具有刮骨疗毒的勇气和决心。政治生态出现问题,便加强全面从严治党,严肃党风党纪,大力度反腐倡廉;经济发展出现瓶颈,就要改变经济发展方式,提出"供给侧"结构性改革,大力发展"双创"事业;生态环境出现恶化,就要大力坚强生态文明建设,提出"绿水青山就是金山银山",花大力气实现经济发展与生态保护的协调统一。这一切举措,都只是因为中国的施政纲领,就是一切以人民为中心,人民对于美好生活的向往就是党和国家的奋斗方向。要用中国话语解释中国理论,中国理论来源于中国实践,不同的时代中国有与时俱进的指导思想,它们都是马克思主义中国化的最新理论成果,是中国人民实践智慧的结晶,正是因为中国有自己先进理论的指导,中国的发展才能一步一步稳定前进。这些,都是需要中国话语去向世界言说的。

2.增强议题设置能力

议题设置在大众传媒中具有为公众设置"议事日程"的重要功能,在影响人们对事物的看法与判断方面具有重要作用。在国际传播中,面对复杂的国际舆论局势,中国要在坚持中国立场、国际视野的前提下,统筹好国际国内两个舆论场,围绕中国的重要战略和国际社会普遍关注的问题,主动设置议题。一方面,要正面阐释中国的重大战略,注重设置议题,引领国际社会对中国的关注。比如,中国梦、全面深化改革、依法治国、五大发展理念等重要规划和重要战略思想,都是中国能向世界传达的非常有吸引力的议题。这些理念从不同的角度阐释了中国的发展目标和路径,有助于国际社会对当代中国的理解,也有助于他们对中国发展经验进行探秘。主动在国际传播中将其有效转化为外宣议题,将在吸引国际关注、影响国际舆论方面发挥重要作用。

　　另一方面,要在对话中消除国际社会对中国的疑虑。有些议题在国际社会中已然存在,它本身无所谓好坏,如何阐释它,将会影响到国际社会对中国的认知。对这样的问题,就需要在对话中向对中国有利的舆论方向引导。2011年,在加拿大多伦多罗伊·汤姆森音乐厅举办了世界著名的芒克辩论会,辩论的主题是"21世纪属于中国吗?"国际政治界著名的基辛格博士、哈佛大学年轻的历史学家尼尔·弗格森、美国CNN著名主持人法里德·扎卡利亚以及中国知名经济学者李稻葵进行了一场影响全球的世纪辩论。之所以选择这样一个辩题,正是因为中国的崛起触动了整个世界的神经,尤其是正陷入发展泥潭、经济下行的西方世界的神经,中国的崛起是整个世界都在关注的问题。正方辩论的立场,用李稻葵教授的话说就是希望输了辩论,但向世界表达了中国的理念:21世纪不会属于中国,但是中国的崛起会促进世界更好地发展。而事实也证明,正是这次公开辩论,在国际社会上给中国带来了很好的国际反响。同样的,关于中国的人权问题、人民币汇率等世界关注的问题,采取合适的方式回应,就会产生有益的效果。

　　3.提高参与全球治理的能力

　　话语权并不仅仅只是一个话语表达的问题,也是一个行动的问题,只有用切实的行动去兑现话语承诺,才能够增强话语的影响力和取信度。美国天天高喊人权和民主的口号,但是在国际事务中,总是打着人权的旗帜去干涉别国内政,发动伊拉克战争、攻打叙利亚,造成别国人民居无定所,美国这样的话语权是经济和军事能力加持下的粗暴的话语权。相比于中国的经济实力,中国的话语权在国际上的影响力还比较弱,中国要提高国际话语权,就要在积极参与全球治理中,用实际行动去赢得国际社会的信赖和尊重。现有的全球治理体系中不公平不合理之处越来越多,中国要在自己的能力范围之内,坚持为广大发展中国家发声,推动相应的国际规则的制定沿着更加合理公正的方向发展。巩固和发挥好二十国集团这个全球经济治理平台的作用，推进其机制化建设，要求发达国家和发展中国家共同参与重点议题设置。积极推进"一带一路"建设，切实加强中国与其他国家在发展建设中的战略对接，践行共商、共建、共享的原则。在构建人类命运共同体理念的引导下，切实维护国际的整体安全，加强对地区热点问题的斡旋与调停，维护世界的和平与稳定，等等。

（四）强化队伍支撑能力：加强人才培养

队伍是基础，人才是关键。所有的工作，不管规划多么完备，实施条件多么优越，最终都需要落实到人的具体实践中才能得以实施。人的实践能力和水平也将直接影响和决定工作开展的进度和绩效，因此也是我国国际传播能力的重要组成部分。国际传播人才，"从狭义上来说，是指国际传播实践领域从事对内传播事业和对外传播中国的实践者，其主体是从事国际新闻和对外新闻报道的采、写、编、评、译、播等工作的记者和编辑等。广义的国际传播人才包括国际传播的管理者、实践者、研究者、教学者在内"[1]。

对于如今中国的国际传播事业而言，传播人才是短缺而急需的。我国的国际传播人才的培养模式，在过去的很长一段时间都是学历教育模式，通过高校与训练班相结合的培养模式，加强人才培养。从1983年在中宣部的建议下，部分学校开设了国际新闻传播专业以后，我国逐步走上了主要通过高等教育培养国际传播专业人才的专业化道路。[2]进入21世纪，随着我国对外开放全方位、多领域的开放格局进一步扩大，当代中国价值观念的国际传播，不仅需要在传播人才的数量上保证传播事业的有效实施，还要在质量上保证传播工作的实施有效，而这就关涉到国际传播人才的素质问题。国际传播是一项高度复合型的工作，需要综合型和复合型的传播人才，这样的传播

---

① 张毓强、尚京华、唐艾华：《中国国际传播人才培养的历史沿革》，《当代传播》，2010年第4期。

② 参见张恒军、章彦、宁晓晓：《加强国际传播人才培养的思考》，《新闻界》，2013年第3期。

人才需要具备的素质包括传播意识(政治意识、责任意识)、传播知识(传播学、心理学、社会学、符号学知识)、传播能力(角色认知能力、环境识别能力、信息加工能力、内容表达能力)等。

1.要具有坚定的政治意识和责任意识

国际传播人才属于意识形态领域的专门人才,[1]需要有很高的政治觉悟和政治敏锐性。当代中国价值观念的国际传播,传播的是中国对内对外的一系列方针政策、立场、观点、价值取向等具有中国主流意识形态的内容,对外传播是为了让世界更好地了解中国、塑造良好的国际形象、在世界范围内营造良好的舆论环境,促进中国和世界更好地沟通与融合。因此,在国际传播中,一方面要坚持国际视野,但初心不能忘的是更要坚持中国立场,一切国际传播工作都是为了表达中国立场,维护和实现中国的国家利益。对于国际传播人才而言,要坚定政治意识,任何时候任何情况下都不可以做出有损国家利益的行为,说出有损国家利益的话语。

2.要具有丰富的传播知识

这些知识包括传播学、政治学、国际关系学、心理学、文化学、符号学等各方面的内容。拥有传播学的知识,新闻业务精通,在对外进行新闻报道方面,从信息采集、编辑整合、制作、传播等方面,就能遵循新闻传播的规律,以呈现优质的报道从而增强传播效果;掌握政治学、国际关系学等知识,深入了解别国国情、熟悉国际规则,就能对传播对象国与我国的外交和政治往来有比较熟悉的了解,在掌握政治意向的基础上去做传播工作,就会减少很多的阻碍、规避一些不必要产生的问题,往往也是政治友好的国家之间才更有利于开展经济合作、文化交流等活动;掌握了心理学、文化学、符号学等方面的知识,就能在与外国受众接触的过程中,通过分析他们的宗教信仰、文化

---

① 参见王庚年主编:《国际舆论传播新格局研究》,中国国际广播出版社,2013年,第274页。

心理等精神深处的东西,运用更加合理的方式与他们沟通交流,减少因为文化差异而带来的传播阻碍。虽然要求每一个国际传播工作者都能有如此全面而深厚的文化素养是不现实的,但是这反映出了对于国际传播的人才而言,一定是要博学加有过硬的专业知识才能胜任的。

3.要具有优秀的传播能力

能力就是将知识运用到实际中去的能力,当代中国价值观念的国际传播,就是与外国人接触、交流、说服的过程,其中是对传播者能力的综合考验。

第一,语言能力是最基本的,除了与部分华人华裔的交流不需要用到外语之外,大多数时候与外国人打交道都需要克服语言这一障碍。国际传播最有效的沟通方式当然是用对方的母语进行交流。语言是沟通的基础,现在,随着"一带一路"建设的不断推进,中国和参与到这一项建设的一百多个国家和地区的合作与交往将更加深入,这一过程不仅需要大量的建设人才,还需要大量的传播人才,尤其是小语种人才。

第二,文化的认知和自觉意识。国际传播同样是跨越文化的,了解并尊重对方的文化差异,是对外交往中最起码的礼仪。不同的国家具有不一样的文化传统、宗教信仰、生活习惯,不管是在经济合作的往来中,还是在政策方略的洽谈合作中,亦或是在文化交流中,都应该在坚守自己的文化自觉自信的同时,做到尊重别国的文化、风俗和信仰。只有对他人尊重,才能赢得他人的尊重和好感。

第三,要有创新的能力。国际传播就其本质而言,属于文化创意行业,而文化是最需要创新和创意的领域。①当代中国价值观念的国际传播,涉及的不仅仅是新闻报道方面的问题,还有很多政治、经济、文化合作、人文交流等

---

① 参见王庚年主编:《国际舆论传播新格局研究》,中国国际广播出版社,2013年,第278页。

项目。这个过程中,一定是会遇到各种各样的困难的,这就需要国际传播人员积极发挥主观能动性,在实现互利共赢的基础上,达成合作,从而既实现我国的国家利益,也能塑造良好的国家形象。这些具体工作的开展是没有模板可以套用的,甚至可借鉴的经验都非常少,这就需要考验人解决问题的能力和创新能力。

三、构建多样化传播渠道

传播渠道是国际传播的重要途径,是实现传播效果的必然载体。要提升国家传播的效果,就要在渠道上进行拓宽和延伸,除了官方的外交渠道之外,还应该探索多元化的传播渠道,增加对外传播的路径,从而扩大中国价值观念的国际影响力。

(一)加强城市外交

在全球化时代,城市在国际交往中扮演着越来越重要的角色。随着中国改革开放格局的日益扩大与经贸合作规模的日渐增长,不同国家城市之间的国际交往日益密切,城市外交成为了一种新兴的国家交往形式。所谓城市外交,荷兰国际关系研究所的简·梅利森和罗吉尔·范·德·普拉伊吉姆提出了一种定义,认为"城市外交是城市或地方政府为了代表城市或地区和代表该地区的利益,在国际政治舞台上发展与其他行为体的关系的制度和过程"[1]。中国学者赵可金教授认为,城市外交是"具有合法身份和代表能力的城市当局及其附属机构,为执行一国对外政策和谋求城市安全、繁荣和价值等利益,与其他国家的官方和非官方机构围绕非主权事务所开展的制度化沟通

---

[1]　Rogier van der Pluijm and Jan Melissen,"*City Diplomacy:The Expanding Role of Cities in International Relations*",2007,p.12.

活动"①。这些定义都表达了城市作为一个行为体在国际舞台上的重要作用。2014年5月15日,习近平主席在中国国际友好大会暨中国人民对外友好协会成立60周年纪念活动的讲话中,强调"要推进城市外交,大力开展国际友好城市工作,促进中外地方交流"②。这是中国最高领导层首次正式提出"城市外交"这一概念。这将城市外交提到了一定的高度,也为当下中国的国际传播工作指明了一个新方向。

城市外交如何能成为国际传播中一个新的、重要发展方向和渠道? 这应该从它本身的载体意义说起。国家之间的政治、经济、人文往来几乎都汇聚于城市,人文、经贸等活动赋予了城市外交强大的驱动力,成为了国际交往的重要载体。

1.城市外交对接国家的对外战略,友好城市往来助力于中国的外交关系

城市外交是国家外交的一部分,从根本上来说,城市外交反映了国家战略和外交诉求,城市外交的空间受到国家外交关系的直接影响。新中国成立初期,中国的外交战略就是"一边倒",只发展与苏联、东欧以及亚非等发展中国家的关系,那么这时候中国就不可能与欧美发达国家搞城市外交。如今,中国提出了"一带一路"伟大倡议,在切实推进这一倡议的实施过程中,中央政府是领导者,表现最活跃的是共建国家的地方政府。同样,关涉到的其他国家,共建城市也是更加积极热情的参与者,因此中国沿线城市与共建国家城市之间,应运而生地产生了更多的城市交往。随着"一带一路"的拓展推进,城市的这一外交角色将越来越凸显。根据国家信息中心"一带一路"大数据中心发布的《"一带一路"大数据报告(2017)》,截至2017年5月18日,我国各地与海外国家城市缔结友好城市关系共计2451个, 较2016年同期

---

① 赵可金、陈维:《城市外交:探寻全球都市的外交角色》,《外交评论》,2013年第6期。

② 习近平:《在中国国际友好大会暨中国人民对外友好协会成立60周年纪念活动上的讲话》,《人民日报》,2014年5月16日。

新增 136 个,双边友好交流进一步深化。与共建的 53 个国家城市分别缔结友好城市关系共计 707 个,平均每个省、自治区、直辖市缔结 23 个。截至2018 年 1 月 11 日,我国有 31 个省、自治区、直辖市(不包括台湾省及港、澳特别行政区)和 480 个城市与五大洲 135 个国家的 519 个省(州、县、大区、道等)和 1622 个城市建立了 2498 对友好城市(省州)关系。①

城市外交的着眼点有很多,经贸往来、旅游、文化交往、国际合作等都是城市交往的重要项目。不同国家城市之间缔交友好城市关系,对于深化国际合作,加深对彼此的了解具有重要作用。首先,经贸往来有助于城市之间的合作理念深入人心。友好城市之间的缔结,肯定是基于共同的利益关切。城市的发展意识很强,通过合作促发展是城市外交的首要目的。开展城市外交,根据城市自身的地理位置、产业结构、发展规划及战略、整体经济实力等各方面的实际情况,与其他城市开展商贸往来,实现资金、技术、人员的跨国界流通,实现互利共赢。

其次,友好城市在政治方面也更容易达成共识。友好城市运动发轫于欧洲,其最初的目的就是着眼于缓解国家间的紧张关系,与别的国家建立和平联系,是世界和平运动的一部分。②开展城市外交,坚守政治红线是其基本准则。在此基础之上,促进国家之间的友好往来。城市之间的友好往来是国与国之间建立友好关系的基石,为国与国之间建立长期、稳定、广泛的联络开辟了渠道。比如,在中日邦交正常化以后,日本的神户市与中国的天津市缔结为友好姐妹城市,自此,中日两国在地方政府的友好交流方面开启了新篇章。截至目前,已有近四百对友好城市的缔结数量,为中日两国的民间交流奠定了一定基础。另外,"城市会承担或者特殊的政治或外交活动,其中包括

---

① 参见中国国际友好城市联合会网站:http://www.cifca.org.cn/Web/YouChengTongJi.aspx。
② 参见赵可金:《城市外交为一带一路定格》,中国网,2015 年 6 月 29 日。

以城市为主体参与的国际组织、国际倡议,尤其是在呼吁和平、环保、扶贫等方面进行的国际政治交往,往往同时产生公共外交效果"①。

再次,城市外交有助于加强国家之间的人文往来,有助于民心相通。城市在人文交流活动方面会起到积极的促进作用,"其中包括举行为外国人来城市旅游、学习、工作和居住提供便利性、舒适性和吸引力的活动;城市对出国人员在国际化素质方面的引导、培训和管理活动;城市有意识地促进精英群体或代表性人物的对外访问、交流,以及为某些城市代表性的个人、团体所做的提升国际声誉的工作"②。积极开展合作项目,建立特色文化活动,积极推动人文交流,进一步增进理解与信任。

最后,城市外交有助于国际事务中的深度合作。在推动缔结国家友好城市的关系时,要增强友城的交往质量,在国际合作中发挥更大的能量,密切城市之间在国际事务中的沟通与合作,携手共同应对全球性问题。自2015年巴黎气候大会以来,中法两国在应对气候领域结成了紧密的战略关系,设立武汉为中法生态示范城,两国伙伴关系进一步深化,在一系列城市节能建设工作中实现合作,加快城市的生态转型。在"一带一路"建设的推进中,从信息交流到发展规划的对接,需要中国城市与共建的相关城市形成良好的合作机制,建立城市协作平台,从而更好地促进经贸人文方面的往来与合作。

2.城市文化传承中国文化,增强国际社会对中国的认知

赵启正先生有过这样的阐述:如果国家形象是一本相册,那么各地区的形象就是相册的各页。"地区对于国家整体形象传播有着不可替代的作用"③,城市形象与国家形象存在密切的关系,全球化时代,城市作为国家形象塑造

---

① 周鑫宇:《"城市外交"的特殊作用》,《世界知识》,2015年第7期。

② 周鑫宇:《"城市外交"的特殊作用》,《世界知识》,2015年第7期。

③ 邓清、张开:《地方文化外交对国家形象塑造的贡献——以扬州世界运河名城博览会为例》,《当代世界》,2011年第9期。

的主体,正一步步走向世界舞台的中央。①城市是一个国家对外宣传的名片,中国是一个地大物博、幅员辽阔的国家,它囊括了近七百个城市,每个城市都具有自己的特色,在中华大地上,不同城市展现的都是中华文化的一个方面,加强城市外交,有助于展现立体的中国,增强国际社会对中国的多维度认知,让其他国家的人民感知到更加具体、实在、真实的中国。以城市文化传承中国文化,展示中国风貌,有助于提升提升国家软实力,彰显中国的鲜明特色。

文化符号是一个城市的象征。中国有很多历史悠久、具有特色的城市,发展城市外交具有十分丰富的资源和无限的潜力。比如,西安作为一个历史古城,承载着厚重的中国历史和文化,拥有众多悠久的历史文化资源,在今天也是中外著名的人文旅游之地,比如秦始皇陵兵马俑、大雁塔、小雁塔、城墙、钟楼、鼓楼、大明宫等,很多外国元首访华的首站都会选择西安,足以显见它代表的中华文明特色的城市魅力。再如,上海作为中国最具代表性的新兴的现代化大都市,代表着现代中国发展的速度和成就,很多外国人慕名而来,从上海这样的城市文化中感受中国发展的速度和惊喜,成为了解中国的又一张闪耀名片。

部分城市会承担政府的任务,举办国际盛事,比如奥运会、世博会、互联网峰会等,这是宣传城市的最好机会。通过举办国际性大型活动,这些活动会成为所在城市的重要标记,这座城市也会成为代表国家形象的鲜活名片。一个城市的对外形象传播和公共外交活动,就是对中国整体形象的宣介。一个外国人认识中国,绝对不会走遍所有的城市,多数人只去过几个城市,而这几个城市就代表着中国的形象。如果外国人所到的中国城市发展得都好,认识的中国人民都很优秀,那么他对中国的印象就会很好,反之也同样如

---

① 参见赵磊主编:《"一带一路"年度报告:从愿景到行动(2016)》,商务印书馆,2016年,第204页。

此。一场奥运盛会让世界人民更加深刻地认识北京,一次世博会让世界的目光再次被吸引到上海这个国际大都会;一场 G20 首脑峰会向世界展示了一个美丽的杭州;世界互联网大会让世界都认识了乌镇;博鳌论坛让海南更加积极地拥抱世界。

3.城市精神承载中国精神,展现当代中国的精神面貌

城市的发展是一个国家发展的缩影,城市是展示国家发展的窗口;城市精神是一个城市的灵魂,也是中国精神的一部分;城市的发展理念体现的是中国的发展变迁,城市的对外理念体现的是中国的外交价值理念。总之,城市生活的品味、趣味、生活气息、发展变化都折射出国家的发展与进步。

城市的发展理念体现中国的发展理念。进入 21 世纪以来,我国就特别注重生产方式的变革与转型,创造性地提出了创新、协调、绿色、开放、共享发展理念, 其中绿色发展理念与党的十八大提出的生态文明建设理念深度契合,提出了建设"美丽中国"的美好愿景,提出了"绿水青山就是金山银山"的价值指引,提出了"城市让生活更美好"的发展主题。在这些理念的指引下,中国的城市发展深入贯彻着绿色发展理念,提出了建设绿色城市,科学规划城市空间,确保城市绿色用地,积极推进城市植绿工程;发展绿色产业,加快产业转型升级,实现传统粗放型工作的精细化、低排放转型,推进资源的循环利用,鼓励科技创新,发展高科技产业;打造绿色生活,倡导绿色出行,推广绿色能源,创建绿色家园。当中国城市的雾霾不再厚重,城市环境变得更加清新怡人,这就是中国绿色发展理念的有力见证,就是中国发展以人民为中心的有力说明,就是中国为全球的生态平衡作出的重大努力。

城市的发展梦想展现中国的发展梦想。实现中华民族伟大复兴的中国梦是当代中国发展最迫切的愿望,在中国梦的引领之下,无数个城市梦汇集成实现中国梦的力量,追逐和实现城市梦的过程就是实现中国梦的过程。科学发展是实现中国梦的基本前提,城市如何助力中国梦的实现,首先是要促

进经济发展,要把蛋糕做大,要有坚实的物质基础,但同时,又不能唯城市GDP是论,还要解决好经济发展中的公平与共享问题,这就涉及城市治理等问题。这些理念在城市的对外交往中会有深刻体现,良好的城市发展和城市治理就是城市的软实力,城市治理得好,这个国家就会好,城市梦的实现,就会助力中国梦的实现。

城市精神体现中国精神。每个城市都有其独特的精神,城市精神体现了鲜明的时代要求,引领着城市的发展方向。爱国、创新、包容、厚德的"北京精神",体现了北京作为一个中国首都城市厚重的民族情怀和积极进取的精神状态,又体现了其兼容并蓄的文化传统和容载万物的人文精神。海纳百川、追求卓越、开明睿智、大气谦和的"上海精神",展现了作为一个国际性大都市兼容并蓄、积极进取、与时俱进、理性从容的上海形象;开拓创新、诚信守法、务实高效、团结奉献的"深圳精神",展现了深圳作为中国改革开放的前沿阵地所具有的奋勇争先的拓荒精神,勤劳务实的奋斗品质,精诚团结的宽广胸怀和顾全大局、无私奉献的崇高品格。这些精神展现的是中国发展的精神面貌,用城市精神打造的城市文化环境,是城市外交的基本前提,展现的是中国精神的缩影。

(二)拓宽公共外交领域

何为公共外交? 它最初由美国学者埃德蒙德·格利恩(Edmund Gullion)提出,它超越了传统外交范畴,囊括了公众对对外政策形成和执行的影响。二战以后,这个词逐渐开始流行,并作为一个舶来词引入中国,国内学者从国际关系学以及新闻传播学等角度对其进行了阐释。例如,赵启正先生认为:"公共外交是指'政府外交'以外的各种对外交流形式,包括官方与民间的各种双向交流。"①赵可金指出:"公共外交是一个国家的政府同另一个国家的公众所进行的直接交流和沟通的活动。"②唐小松、王义桅指出:"公共外交是以公众为受体的外交形式,即一国政府对他国民众的外交活动。"③虽然众多专家学者对公共外交的定义没有确切的统一,但大致认知是一样的。那就是公共外交是对政府外交的补充和发展,是通过多种多样的国际交往形式,促进非官方层面的相互认知和了解,深化友谊,加强合作,提升国家形象。公共外交领域宽广,形式多样,积极拓宽公共外交领域,对促进当代中国价值观念的国际传播正逢其时,且大有可为。

1.加强中外智库交流

智库是专门从事开发性研究的咨询研究机构,一个国家的智库就是这个国家所拥有的智囊团,它们为国家的发展建言献策,是国家决策规划和战略制定不可缺少的重要力量。2015 年 1 月,中共中央办公厅、国务院办公厅印发了《关于加强中国特色新型智库建设的意见》,提出了智库建设要充分实现"咨政建言、理论创新、舆论引导、社会服务、公共外交"的重要功能。在国际传播中,智库对国家的外交活动与政策实施具有实质性的补充和辅助作用。不同国家智库之间的国际互动,将围绕共同关心的议题进行沟通和研讨,它是基于现实关怀而进行的政策诉求,其目的是"全力以赴推动达成某种集体共识。如果能影响他国智库的研究议题、思想主张,将是对本国外交的巨大支持"④。美国布鲁金斯学会约翰·桑顿中国中心主任李成针对中美之间加强智库交流时如是表示:"如果说经济相互依赖是中美关系的'压舱石',那么两国智库沟通则是中美关系的'报警器'、'缓冲带'和'减压器'。中美智

---

① 赵启正:《公共外交与跨文化交流》,中国人民大学出版社,2011 年,第 5 页。
② 赵可金:《公共外交的理论与实践》,上海辞书出版社,2007 年,第 21 页。
③ 唐小松、王义桅:《美国公共外交研究的兴起及其对美国对外政策的反思》《世界经济与政治》,2003 年第 4 期。
④ 王文:《智库:对外传播的重要平台》,《对外传播》,2014 年第 1 期。

库合作在避免两国误解、误读、误判上能发挥重要作用。"①当代中国价值观念的国际传播,需要建设一批高水平智库,需要加强中外智库交流,借助智库交流平台传播中国价值理念。

2.加强中外高校合作

"21世纪的大学不应该只是固守传统上的教育本分,而需要增添更多服务社会、建设国家的复合功能。"②在国际传播中,应充分发挥高校在文化交流、人才培养等方面的重要优势,加强中外高校合作,向国际社会阐释中国价值观念。一方面,大力推进留学计划,同时也加强高层次人才的公派留学项目建设,培养跨文化交流人才,加深彼此了解,通过对青年和未来社会精英的影响,深化中国价值观念的国际理解。另一方面,加强中外高校的交流合作与互鉴。高校是自由开放的场所,学术交流和思想争鸣更容易加深彼此的了解和认知,当代中国价值观念的国际传播,需要加强中外高校之间的联系,加强学术精英群体的联系,通过他们去影响国外社会对中国的价值认知。美国曾经实施的"富布莱特"计划就是最典型的成功案例,它专门吸引各国的学术精英,向他们言传身教美国价值观,然后利用他们的知识权威向他人传播,增进对美国的好感。欧美发达国家的知名大学经常活跃在公共外交的第一线,这为我国提供了一定启示与借鉴。

3.加强文化艺术领域的交流与合作

文化的影响是深远而持久的,艺术的魅力是跨越时空和地域的。文化与艺术是全人类共同的精神财富,是不同国家、不同民族、不同语言群体沟通交流的重要方式,是连接中外人民友谊的重要桥梁。当代中国价值观念蕴含于中华文化之中,体现于中华艺术之中,传播当代中国价值观念,加强中外文化与艺术交流,是加深中国价值观念国际理解的重要方式。中华悠久的历

---

① 《专家建议加强中美"全方位、多领域"的公共外交》,新华网,2016年6月19日。

② 马勇田:《高校应成为公共外交的引擎》,《光明日报》,2014年4月8日。

史文化对于世界来说,无不充满了神秘和魅力,外国人对中国文化的好奇与兴趣有增无减,不管是语言、文字、功夫、戏剧、书法,还是美食、丝绸、篆刻、玉器、秦砖汉瓦等,都是吸引他们的重要文化要素。利用这些得天独厚的文化资源开展文化交流活动,在加深外国人对中华文化的学习和了解的基础上,有助于他们加深对中国价值观念的深入理解。尤其是中国现在正在进行的"一带一路"建设,与共建国家在历史上有很深厚的文化往来渊源,弘扬中华文化,挖掘丝路文化,传承丝路精神,与共建国家共同举办"丝绸之路"文化年、文化展、艺术展等活动,有助于加深共建国家及人民对中国的认知,对"一带一路"建设的认知,从而更加拥护和支持"一带一路"建设。

举办艺术交流活动。艺术是没有国界的,它具有人民性、艺术性、国际性,是实现中外交流的重要途径。中外文学、戏剧、电影、音乐、绘画等艺术具有不同的民族特色,各民族应在交流、融合中取长补短,促进艺术领域的新发展。而且艺术交流形式也可以是多样化的,官方承办或是民间自主承办,都值得鼓励。要坚持"走出去"和"请进来"相结合的原则,通过举办各类展览、论坛、研讨、演出等形式,切实加强与国外艺术团体或者艺术大师的交流,利用这些活动和平台,加强艺术交流,增进相互友谊,为中国的对外交流作出贡献。

4.加强体育旅游领域的交流与合作

体育自诞生以来,一直与人类的和平息息相关,和平与友谊是体育恒久遵循的圭臬。开展体育公共外交,是中国特色外交的一种方式,早在20世纪70年代,中国便开展了"以小球转动大球"的"乒乓外交",缓和了中美之间的紧张关系,实现了尼克松总统的破冰之旅,促进了中美邦交正常化。在现代国家关系中,体育作为一种独特的交往,具有不可替代的作用。2008年北京奥运会、2010年广州亚运会,都将中国推向了世界的舞台,成为了展现国家形象的重要平台,发展国际友谊的绝佳机会。进入新时代,习近平主席在外交中展现的体育元素也成为了一抹亮丽的色彩。2013年6月,习近平主席访问墨西哥,在演讲中表示他是一个足球迷;2014年出访荷兰,盛赞荷兰队是世界足球的"无冕之王";2015年10月,在访英期间参观了曼彻斯特城市足球学院。习近平主席的体育外交举动,以亲切友好的形式拉近了中国与其他国家的距离,不仅展示了个人的亲和力,也展示了中国的友好与自信。积极发展体育外交,从娃娃抓起,扩展青年体育交流领域,举办形式多样的青年体育交流团体,发展中外青年共同的体育兴趣和友好情谊,从而增进对中国的认知与好感。2022年冬奥会又将在北京举行,以筹办冬奥会为契机,中国可以抓住这个机会,积极开展与其他国家的体育外交关系,加深友谊。

5.旅游是一个国家开放的窗口,是民间交流最便捷、最活跃的方式,是促进人们对其他国家认知的有效形式

中国游客既要走出去,也要吸引进来外国游客。联合国世界旅游组织秘书长塔勒布·瑞法依瑞说:"旅游已经成为一种全球现象,在国际政治、经济、文化交流中发挥着越来越重要的作用。"俗话说,百闻不如一见,通过发展旅游,将外国人吸引到中国来,让他们自己感受自己看,这种传播的说服力、影响力将更加直接,更加有效。中国的旅游资源十分丰富,而且历史悠久,有很多沉淀了厚重历史的旅游文化,倡导发展旅游文化有助于利用文化向世界推介中国的传统文化和现代文明,让外国人民走进中国感受中华文化博大精深的魅力。我们应该利用旅游文化年、观光年,利用国家旅游局推出的国线、专线去有计划地宣传,吸引更多的外国人来到中国参观旅游。此外,还应抓住"一带一路"沿线的文化资源,与共建国家一并挖掘具有深厚历史意义的旅游资源,唤醒更多历史记忆,为今天的文化交流、商贸往来与合作奠定良好的人文基础。

（三）合理利用网络传播

网络被称为国际传播的第四媒体，随着时代的发展，它也将成为传播载体的主旋律。网络是国家"新的战略领域"，做好网络传播，就是在网络阵地打好舆论引导这场战役，更好地传递真实的中国形象，传播中国价值观念。

网络传播是一种传播方式。随着媒体环境的变化和受众接受信息方式的改变，传播方式也要相应地发生变化。新技术发展带来了产业结构的革命性变化，国际传播也发生了技术范式转移，使得国际传播行为主体在国际传播竞争中采取新的传播技术以实现传播效果的最大化，出现了互联网驱动的趋势。[①]互联网具有国际传播的天然优势，是国际社会进行文化交流、增进彼此了解的重要平台，同时也是国家之间进行舆论斗争的前沿阵地。在国际传播中，如果哪个国家不抓住网络传播这个重要的传播渠道，那么它就将在国际社会中处于失声的处境。西方国家率先进入了互联网时代，也最早地开展了网络领域的国际传播，尤其是英美国家，在网络领域已经占有话语权的绝对优势，对其他国家国际形象的塑造占据主导权，中国要掌握在网络空间的话语主导权，利用好网络传播当代中国价值观念。如何利用网络做好国际传播工作，提升当代中国价值观念的传播实效，就要在传播时间、方式、内容等方面做足功夫。

1.利用好国外主流媒体传播平台

主流媒体始终是舆论引导的风向标，在网络世界中也同样如此，对于海外受众而言，网络空间中最具解释力和影响力的信息源依然是主流媒体的报道。因此，利用网络传播中国价值观念一个很重要的议题就是要有效地影响国外主流媒体关于中国的报道内容及态度。如今在中国发生的任何重大

---

① 参见邢博主编：《构建中国在中东欧地区舆论新格局》，中国国际广播出版社，2014年，第44页。

事件,不仅是国内关注的焦点,也是国际社会关注的热点,与其让外国媒体花费心思竭力报道中国的消息,不如以开放透明的自信态度主动向世界说明中国。以中国共产党第十九次全国代表大会为例,公开、透明、创新成为外媒记者对十九大报道的深刻印象。外媒记者一千八百多人与会报道,新闻中心开放了境外记者采访党代表申请系统,在党代会期间开设了党代表通道,这些开放的举动,成为外媒人士认知中共十九大、认知中国的最好注脚。这样公开、透明的自信也赢得了国外媒体对中国的高度赞赏与认可。

2.要加强中国媒体的网络化建设

国内媒体要增强海外网络的覆盖能力,加强外文网站建设。外文网站是中国对外传播的重要窗口,是直接展示中国形象的良好平台,也是增强国际理解、促进交流合作的重要途径。世界上的很多国家,它们了解中国的信息多半引述于西方媒体,很多可能与事实不符,或者是不能完全正确地反映中国立场。所以要让外国人民有渠道可以直接接触中国的报道,通过中国媒体获得关于中国全面、客观的信息,要让世界读懂中国。那么最经济、最快捷的方式就是建设好中国的外文网站。完善的外文网站应为外国人民提供尽可能多的信息咨询和公共服务,方便外国人民加深对中国的了解。就目前我国的外文网站发展情况而言,一是缺少媒体的英文网站建设,二是英文网站过于简单,形同虚设。因此,加强外文网站建设势在必行,网站建设除了网站的自我介绍以外,还要增加更多实质性的信息内容。首先,外文网站要以提供服务性信息为主,为外籍人士了解中国提供权威的信息资源,比如招商引资的规划情况,旅游服务开发情况等;其次,外文网站要注重交流与互动情况,增加评论互动与网站链接,既丰富信息拓展渠道,也能同访问者实现参与互动;最后,加强中国形象宣传,发表最新文章和评论,加深外籍人士对中国的深度了解,让中国的声音和观点被世界更多的人听到。

3.利用好"微传播"平台

"微传播"已经成为了一种主流的传播方式。网络领域中的微传播就是要重视社交媒体传播。社交媒体是伴随网络技术发展而形成的一种新型媒体形态,是人际交往和大众传播的重要方式,随着全球网络的互联互通,社交媒体迅速地实现了从电脑互联网到移动终端的延伸,使人们接收信息的方式更加方便快捷。中国的微博、QQ、微信等社交媒体成为了信息传播的重要平台,是国际传播加以有效利用的重要渠道。社交媒体拥有庞大的用户群体,信息传播速度快,影响广。根据 WE ARE SOCIAL 与 Hootsuite 合作发布的最新《2020 全球数字报告》显示,截至 2020 年 1 月,全球社交媒体用户数已达到了 38 亿人,而且网民群体越来越年轻化,社交媒体的传播方式更加简短、快捷,形式生动活泼、重点突出,更容易获得受众的好感与亲赖,加强"微传播",有助于增强国际传播效果。

(四)发掘民间力量

国际传播是一项系统工程,不仅需要以国家和政府作为传播的主力,还需要汇集各种传播力量,民间群体是国际传播中不容忽视的重要力量,这些群体包括海外华人华侨,在华学习、工作、生活的外国人以及非政府组织,这些群体具有十分强大的传播潜力,他们既是国际传播的重要对象,也可以成为国际传播活动的重要中介。[①]

1.海外华人华侨是国际传播的重要力量

自秦汉以来,华人华侨已广布全球各地,据侨情统计,中国目前海外有六千多万华人华侨,他们是中国对外传播的宝贵资源,也是我国对外传播的独特优势,要以侨为桥,让世界更加了解中国。2016 年 12 月,国务院印发了

---

① 参见常江、田浩:《中共十九大对外传播议程设置解读》,《对外传播》,2017 年第 11 期。

《国家侨务工作发展纲要(2016—2020 年)》,该纲要以凝聚侨心侨力同圆共享中国梦为主题,对这五年的侨务工作作出了总体规划,对我国汇聚海外华人华侨力量进行国际传播工作具有积极的指导作用。

首先,发挥海外华人华侨沟通中外的桥梁作用。随着中国经济实力和国际地位的显著提升,随着海外华人逐渐融入所在国家的主流社会,借助广大华人华侨民间使者的身份,加强中国与世界的沟通和对话,介绍中国的发展状况,为所在国家发展与中国的关系建言献策,增信释疑,促进所在国与中国积极开展外交合作、文化交流、民间交往。

其次,发挥海外华人华侨传递中华文化的作用。海外华人华侨在情感上对中国具有天然的亲近感,民族情感强烈,对中华文化有高度的认同感。同时,他们又融入了国外的本地生活,吸收了多元的文化元素,是文化交流的重要载体和中介。借助海外华人华侨的力量,要兴起"汉语热",升温"中国节",重视"唐人街""中国城",通过发展华文教育,重视中华传统节日,举办中国文化节等活动扩大中华文化的海外影响,使华人华侨所在的文化团体成为传承中华文化的重要平台。同时,鼓励和资助华人华侨与所在国家的文艺团体合作举办文化嘉年华活动,展现中华文化精品,扩大中华文化的亲和力、感染力和吸引力,通过文化传播加深其他国家对中国的了解。

最后,发挥海外华人华侨塑造中国形象的作用。他们虽长期旅居海外,但依然是炎黄子孙的血脉,他们在国外的言行表现都代表着中国,国外人民通过他们来感知和认识中国。要引导他们构建一个"和睦相融、合作共赢、团结友爱、充满活力"的华侨华人群体,[1]既要提高自身素质更好地融入当地社会,同时还要有社会责任感,关爱社会,为所在国家的经济社会发展作出贡献,同时要努力为促进中外关系的友好发展作出贡献。

---

① 参见冯建华、李永杰:《华侨华人:提升中国软实力的重要资源》,《中国社会科学报》,2014 年9 月 22 日。

2.在华的外国人也是国际传播的重要力量

随着中国的开放程度越来越高,中国经济发展的速度越来越快,越来越多的外国人选择来到中国留学、工作,甚至是定居,他们有的来自发达国家,有的来自发展中国家。这部分人长期旅居中国,对中国有更切身、更深入的了解,站在客观与公正的立场上,他们将会是中国对外传播的新兴力量。一方面,他们对中国有更加客观的认知,这是他们对其本国人民介绍中国的基础。很多外国人囿于主客观条件的限制,并没有机会来到中国,他们对中国的了解都是基于媒体的报道或者是网络信息的传播,而这些信息有可能是不真实不全面的。只有真正来到中国,他们才能真切地感受到中国的发展之快,变化之大,才能真正认知到中国道路、中国制度的优越性,才能认知中国政府以人民为中心的执政精神,才能深刻地感知中华文化与中国精神。而这些,就是在华外国人可以向他的同胞介绍的中国实情,相比于中国人自己的对外传播,这有助于增强外国人认知中国的真实性与信任度。习近平主席履新后的第一次外事活动就是接见在华外国专家,并向他们阐释中国的外交政策,这有助于他们理解中国的政策并向其祖国人民阐说。另一方面,在华外国人的文化程度普遍较高,对于发展中外友好关系有更深刻的认知,他们可以成为中外交流的友好使者。中国是一个十分友好的国家,对在华外国人提供了很多方面的优惠政策,不管是来华留学、工作,还是投资经商,都能感受到中国政府的大力支持与中国人民的真挚热情,他们对中国的发展情况与走向有更加积极的看法。因此,鼓励和支持在华外国人为推进中国与其祖国发展友好关系作出积极贡献。

四、优化传播策略

提升当代中国价值观念国际传播的有效性，不仅需要在扩充渠道的基础上使中国声音能传播出去，更重要的是要使传播出去的中国声音能被别人听进去，能入脑、入心，这就需要在深入把握传播受众的情况下，讲求一定的传播技巧，用别人乐于接受的方式、易于理解的语言来传递中国的新理念新思想，促进中国声音的有效传播。

(一)加强受众分析

毛泽东说过："做宣传工作的人。对于自己的宣传对象没有调查，没有研究，没有分析，乱讲一顿，是万万不行的。""射箭要看靶子，弹琴要看听众。"[①]国际传播中，受众的接受程度是衡量传播效果的重要标尺。没有受众的积极接受，传播可以说就是徒劳的、无效的。而要实现效果，就要有一个"对路"的问题。所谓"对路"，就是要用被人乐于接受的方式进行传播，否则就是"不对路"的。为什么"不对路"呢？这便是基于历史文化、国家利益、心理状态以及思维差异而形成的。"要影响人们，你的'讯息'(情报、事实等等)必须进入他们的感官。"[②]要增强传播的有效性，就要实现从主体思维向受众思维的转变，实现从"我想报道什么"到"你想听什么"的转变，加强国际受众分析，适应受众需求，在更加关注受众特点、受众情感的基础上，实现有效传播。

1.针对不同的国家和地区进行受众分析

不同国家、不同地区的社会制度与意识形态不同，受众在政治立场、文

---

① 《毛泽东选集》(第三卷)，人民出版社，1991年，第836页。

② [美]威尔伯·施拉姆、[美]威廉·波特：《传播学概论》，陈亮等译，新华出版社，1984年，第222页。

化特质、宗教信仰等各个方面都不一样,因此对中国的认知、理解、态度都会不一样,要提升国际传播效果,就要根据不同的国家受众,在传播内容和传播的方式方法方面有所区别,做到"外外有别"。

从国际关系角度来说,不同的国家和地区与中国的国际关系呈现不同的亲疏状态,不同的亲疏关系将会有不一样的民意基础。国际传播是国际关系的重要组成部分,国际关系在一定程度上影响着其国家人民对别的国家的认知和情感,对与中国关系友好、密切的国家,要更加注重人文交流,增进人民友谊;要加强经贸合作,追求互利共赢;要加强战略沟通,增进战略互信。对与中国关系复杂敏感的国家,要解疑释惑,要突出共同利益,着力解决具有分歧的问题;促进人文交流,增进国民之间的友好往来,通过民间非官方渠道让外国民众增加对中国的接触和了解。

从文化差异角度来说,亚太地区的国家基于历史的渊源,与中国具有一定的共同的文化属性,在交流中可以尽可能地寻找共性,求同存异。欧美地区的民众生活在一个媒介相对饱和的环境中,对信息的需求和品位相对较高,崇尚自由与民主,对程序化、简单化的政治宣传具有强烈的排斥性。对他们的传播就要通过生动活泼的形式吸引人、潜移默化的方式感染人。拉美和非洲地区有过被殖民的历史,直到现在这些地区的发展逻辑都依然深受殖民主义的影响。如今中国来到这些地区投资、建厂,这其中一定注意将中国的造血型援助与西方的殖民式援助区别开来,这是对拉美和非洲地区传播的主要内容之一。要传播中国成功的经济发展方式以增进该地区人民发展的信心。中东地区,宗教关系错综复杂,中国对这些地区的国际传播活动要了解他们的风俗习惯、宗教禁忌等,避免因为文化方面的差异而形成误会和冲突。

2.要对不同的受众群体进行分析

受众群体因为本身的社会身份、职业性质、知识结构、党派立场、宗教信仰、媒介接触形式、认知方式等方面的不同,在认知能力和情感态度方面存在较大差距。根据传播受众接受信息的程度和影响力的区别,可以将受众进行群体分类,要根据受众的不同分类,有重点、有层次、有区别地制定传播策略,选择传播内容,国际传播要日益向分众化方向发展。要重点加强对目标受众的传播。一般来说,可以将受众分为目标受众和一般受众。"所谓目标受众,就是与自己相关度最大、最需要影响的那一部分受众。"①一个国家的目标受众是该国的中上层人士,包括政治精英、工商人士以及知识分子等,他们是一个国家的中流砥柱,掌握着一个国家的发展决策和整体发展态势,引领着一个国家的主流思想,也能引导其他民众对某个国家或某个事件的看法和价值判断。对这些受众群体的传播内容要侧重于中国的政策法规、战略规划、高层互动等重磅信息,让他们了解中国的对内对外的政策信息和大政方针。而一般受众是指一个国家的普通民众,他们对国际问题的关注兴趣和认知能力都比较有限,他们更容易受到精英群体意见的影响。对一般受众的传播内容要更细致微观,要贴近他们的生活实际,更多的是在衣食住行等方面,增加他们对中国的了解。比如优质的"中国制造"产品,友好善良的中国人民,是他们接触中国信息的直接方式,通过这些日常途径来增强他们对中国的好感。

3.要对受众的信息需求进行分析

在传播中,受众的信息需求是否得到了满足是传播产生效果的重要条件,因此需要在了解受众需求的基础上,将受众当作消费者,给他们提供其所需的信息。早在2011年,中国投入巨资在纽约时代广场上进行的中国形象"人物篇"的宣传并没有取得多大的正面传播效果,援引香港浸会大学孔庆勤博士的话说:"对很多美国人来说,看了这个广告很紧张,第一个想法

---

① 程曼丽:《国际传播学教程》,北京大学出版社,2006年,第190页。

是：中国人来了，而且来了这么多。这一国家形象片传播效果并不理想，让西方观众感到更多的是压迫感。"①对于像美国这样的西方发达国家来说，它们并不希望总是看到中国强大起来的宣示性内容，新兴大国与守成大国不可避免地存在竞争与博弈的关系。如何在竞争中加强合作，寻找关系的平衡点，这就需要在共同关切的问题上积极有所作为。

随着中国综合国力的显著提升，国际社会关于中国的"威胁论""责任论"又呈现出新的翻本，推出了"陷阱说"，比如"修昔底德陷阱""金德尔伯格陷阱"。前一个陷阱说是关于中国对现有国际秩序，尤其是对美国世界第一地位挑战的忧虑，第二个陷阱说是对中国崛起未能承担起提供全球公共产品责任的"欲加之罪"。一些以精英立场为主体的研究和调查表明，中、美两国之间缺少战略互信。②其中的一个重要原因就是美国民众对中国的大国职责存在疑虑，对于诸如美国这样的发达国家，与其总是对他们宣示中国的发展成就，不如向其展示中国在国际社会中作出了怎样的重大贡献。在国际传播中，要更注重对国际问题、全球性问题的关注，在解决这些重大问题中贡献中国方案，展现中国价值。而对于广大的发展中国家，它们的民众对中国的关注点和兴趣点，更多集中在中国的经济发展和社会进步方面，他们希望加深对中国的了解来汲取和借鉴更多的发展经验。因此，对他们提供的信息更多的应该是事实性信息和服务性信息，如中国进行了什么样的改革，取得了哪些成就，发生了哪些变化，积累了什么样的发展经验，中国与他们的国家进行了哪些方面的合作，中国可以对其提供什么样的援助等。通过这些信息的传播，满足发展中国家受众对中国发展的信息需求，增强其发展的信心，加深对中国的了解与友谊。

---

① 王帆：《中国对外传播的客居受众效果研究》，复旦大学出版社，2015年，第127页。

② 参见[美]刘康：《大国形象：文化与价值观的思考》，上海人民出版社，2015年，第14页。

（二）优化语言翻译

语言是沟通的基础,是对话的桥梁,语言的畅通是相互理解的前提。国际传播是跨越国家、跨越语言的传播,对于广大国际受众而言,翻译是跨越语言障碍的唯一途径。传播者力图用语言来实现与传播受众之间的理解与共鸣,就需要在语言翻译方面进行创造性的加工。近代伟大的翻译家严复先生曾经提出了"信、达、雅"的翻译理论,至今在我国翻译界仍有着巨大而深远的影响。提升当代中国价值观念国际传播的有效性,需要在语言翻译方面提升水平,增进话语理解的深度。

1.要注重共通性表达,要实现共情与共鸣

中外文化在文明特质上有明确的差异, 这将给国际传播带来诸多跨文化方面的理解障碍,加之中国的快速发展,国际社会在认知中国的发展理念和发展走向上会有不准确认知,导致出现一定的猜疑、误判、偏见。这些认知偏差和障碍就需要中国通过自身的话语去表达和阐释,让世界人民听得懂,听得进。不管不同文化之间有着怎样的差距,人类的情感都是有着共通性的,对美好生活向往与对美好事物的期待都是一样的,因此在国际传播中,要寻找到能引起共情的契合点,引发国际受众的情感共鸣。比如,1954 年,周恩来总理参加日内瓦会议,其间要放映电影《梁山伯与祝英台》给与会代表,时任新闻联络官的熊向晖向总理请示如何将这部典型的中国越剧介绍给外国人,总理将其翻译成了一个巧妙的名字——"中国的罗密欧与朱丽叶",这个特别有吸引力又恰如其分的名字完美地弥合了巨大的文化差异, 找到了情感共鸣,起到了理想的传播效果。

2013 年, 习近平主席在莫斯科国际关系学院发表的重要演讲中说:"鞋子合不合脚,自己穿了才知道。"[1]这句话虽然是中国谚语,但是表达的意思

---

[1] 《十八大以来重要文献选编》(上),中央文献出版社,2014 年,第 260 页。

通俗易懂,全世界人民都能理解。习近平主席用这个比喻来阐释一个国家应该走适合本国国情的发展道路,简洁明了又具有强大说服力。在德国科尔伯基金会的演讲中,他引用歌德的名著《浮士德》,指出中国不是可怕的"墨菲斯托",巧妙地回应了西方国家关于中国是"睡狮"的担忧。2015年,习近平主席在出席博鳌亚洲论坛发表的主旨演讲中,引用各国的民谚俗语来阐释中国倡导合作共赢的发展理念,他说:"东南亚朋友讲'水涨荷花高',非洲朋友讲'独行快,众行远',欧洲朋友讲'一棵树挡不住寒风',中国人讲'大河有水小河满,小河有水大河满'。"①这样通俗的表达,阐释了中国与其他国家有着共同的价值理念和发展追求,巧喻妙说,直抵人心,极易产生共鸣。

2.解释性翻译

解释性翻译是翻译领域的一个专业术语,是一种有效的翻译方法,"是把要解释(即要翻译)的内容融合到译文中去,与译文一气呵成,巧妙地传达出原文的含义和风格"②。在国际传播中,基于文化的差异,有很多具有文化特色的表达在其他的文化语境中用直译是没有办法准确表达其含义的。况且中国与西方走的是完全不同的发展道路,其他国家对中国的国情以及中国发展理念、发展特色十分缺乏了解,甚至由于立场不同,还有抵触和偏见的情绪,如果在价值传播中不能明晰概念,就会很容易造成国际社会对中国的误解。德国历史学家斯宾格勒曾指出:"民族彼此之间的理解也像人与人之间的了解一样是很少的。每一方面都只能按自己所创造的关于对方的图景去理解对方,具有深入观察的眼力的个人是很少的、少见的。"③翻译本身就是一个解疑释惑的过程,要避免引起误会的表述是特别需要注意的问题,

---

① 习近平:《迈向命运共同体 开创亚洲新未来——在博鳌亚洲论坛2015年年会上的主旨演讲》,《人民日报》,2015年3月29日。

② 方梦之:《应用翻译研究:原理、策略与技巧》,上海外语教育出版社,2013年,第362页。

③ [德]斯宾格勒:《西方的没落》,张兰平译,商务印书馆,1995年,第308页。

因此添加必要的背景说明进行解释性翻译是增进国际理解的重要方式。段连城先生也说过："不管写得多好的中文,如果机械地逐字逐句译成外文,而不在翻译阶段进行必要的加工,就不可能成为流畅的外文。"①比如,20世纪邓小平提出的"韬光养晦"的方针,在国际社会的翻译中就引起了诸多对中国的误解。"韬光养晦"是根据当时的国际国内局势发展提出的发展方针,是"专注于自身发展建设,决不当头"的意思,并不是国外所认为的"掩盖自己的能力,等待时机"。比如中国的"龙",在中华文化里是一种吉祥的图腾,象征着勇敢和力量,然而其对应的英文翻译就是dragon,表示一种狮头羊身蛇尾的怪物,形容凶狠的人。如果在对外翻译表述中不阐释清楚"龙"在中国的历史文化中所表征的含义,那么就会造成西方世界的误解,这也是西方国家常常用dragon来形容"中国威胁论"的一个重要原因。

3.准确性翻译

翻译的准确性是指译文内容要保持原本内容和意义的完整性。在新的时代条件下,做好国际传播工作,要引导国际社会正确的认知当代中国,了解中国特色。因此,在对外翻译中,要将中国的价值理念准确无误地表达出来,就需要有准确性的翻译。随着中国的社会发展与外交工作的日趋活跃,也会不断地涌现出很多新的概念和术语,做好对这些概念和术语的标准化翻译是提升对外传播有效性的重要基础,要专词专译。尤其是中央文献中关于中国发展理念、发展道路、内外政策的专有词汇,一定要有准确、全面、权威的解释,这样才能有针对性地回应国际社会关切,最大限度地避免和减少误解误读。②如果在特定概念和术语的表述上存在一词多译,就很容易引起外国媒体及人民的误判和猜疑,不同的翻译表述呈现的核心概念还是有所

---

① 段连城:《呼吁:请译界同仁都来关心对外宣传》,《中国翻译》,1990年第5期。

② 参见王雷鸣:《关于中央文献对外翻译传播的几点思考》,《马克思主义与现实》,2014年第4期。

区别的,不利于外国人民理解。比如,"中国梦"被翻译成"China's Dream"或者"Chinese Dream",前者被理解为"中国的梦",很容易让西方世界误会成"中国的野心";而后者意为"中国人的梦",更能体现每个中国人民的梦想,则更能体现中国梦的实质,也才能表达出它的亲和性。再如,关于"一带一路"倡议的翻译曾经出现多种版本,"一带一路"被翻译成"One Belt & One Road","倡议"被翻译成"initiative""strategy""project""program""agenda"等,这些翻译,一方面不利于国际社会理解"一带一路"的准确内涵;另一方面又会将"倡议"理解为"战略""计划"等含义,容易误解该倡议是"中国野心"的一部分。为了消除这样的理解障碍,国家发改委会同外交部、商务部等部门,共同发布了"一带一路"英文译法的官方规范,"一,在对外公文中,统一将'丝绸之路经济带和 21 世纪海上丝绸之路'的英文全称译为'the Silk Road Economic Belt and the 21st-Century Maritime Silk Road','一带一路'简称译为'the Belt and Road',英文缩写用"B&R"。二,'倡议'一词译为'initiative',且使用单数"①。此外,在对外翻译方面,中央编译局作为中央文献对外翻译的重要职能部门,也正在付诸巨大努力,从 2015 年开始,每年都对中央文献的重要术语进行统一的翻译,比如"'四个全面'战略布局""'两个一百年'奋斗目标""创新驱动发展战略"等,这些统一规定的翻译,有助于在对外传播中国价值观念时准确用词,也有助于其他国家及人民的理解。

(三)讲好中国故事

讲好中国故事是当代中国价值观念国际传播的重要方式,也是做好国际传播的现实要求,更是提升传播有效性的重要途径。习近平主席强调要讲好中国故事,传播好中国声音,要把讲好中国故事当成时代的命题和时代的

---

① 本刊:《"'一带一路'倡议"的英文译法》,《中国科技术语》,2015 年第 6 期。

使命。当今,中国在全球事务中发挥着越来越重要的作用,尽管在国际舆论环境中对中国的评价褒贬不一,但是国际社会对中国的关注热度却只升不降,世界都希望更多地了解中国,了解中国的发展走向。"在全球化深入发展的条件下,中国故事不仅连着中国自身的历史、现实和未来,更关系到中国与世界 各国共同发展的这一重大主题,讲好中国故事是一个事关中国和平、发展、共赢的战略性问题。"①对世界讲述中国故事,正是中国与世界沟通的机会,向世界展现一个真实、全面、立体的中国,掌握中国形象自塑的主动权,提升中国国际形象,让中国价值观念深入人心。

1.甄选讲故事的内容

当今,中国正日益走向世界舞台的中心,上演着很多精彩的故事,这些故事呈现着中国发展的现实图景,也映衬出整个世界的发展走向。如何向世界讲好中国故事,那么首先要在故事的选择上引人入胜,让人有听故事的兴趣。自新中国成立以来,尤其是改革开放以后,中国的发展进步可以说是跨越式的,中国发展的故事无疑是世界各国所好奇的。因此,讲好中国故事,首先就要讲好中国发展的故事。中国的发展故事与自身的发展历程、基本国情、道路选择、制度特色等有着密切的关系。从清王朝的没落到新中国的成立,中国经历了一百多年的反侵略的抗争历史和救亡图存的探索历史,在历史的洪流中选择了最坚强的领导和最适合的道路。中国的基本国情是中国发展的现实基础,中国特色社会主义制度是中国发展的基本前提,中国人民的艰苦奋斗是中国发展的不竭动力,中国共产党的领导是中国发展的根本保证。可以说,没有党的统一领导和英明决策,中国不可能取得如此辉煌的发展成就。著名的未来学家约翰·奈斯比特(John Naisbitt)在其著作《大趋势》(1982年)、《中国大趋势》(2009年)、《掌控大趋势》(2017年)等著作中展

---

① 徐占忱:《讲好中国故事的现实困难与破解之策》,《社会主义研究》,2014年第3期。

望了未来的世界和中国,他认为在中国的发展崛起中,中国共产党起到了决定性作用。他说,如果真的由多党轮流执政,人们关注的焦点将是如何取得政权,而不是国家的发展。那样的中国,将不会取得如今这样的成就。这些都是中国发展的奥秘,是需要讲清的中国故事。

2.创新讲故事的方式

"工欲善其事,必先利其器。"中国不缺好故事,欠缺的是讲故事的方式,讲好中国故事,要创新表达方式,改变传统陈情与说理的刻板方式,通过艺术化的形式展现中国故事,在轻松愉悦的氛围中传播中国的价值理念,赢得世界的倾听。严肃的、灌输式的说理性报道是不受欢迎的,纪录片、影视作品等是在新的时代环境下可资利用的国际传播方式。纪录片在新中国成立初期就被喻为"装在盒子里的大使",是国际传播的重要方式,是讲述中国故事的重要载体。它集视听效果、艺术与真实、娱乐与趣味于一体,首先在形式上就很具有吸引力,更容易引起国外受众的关注兴趣,同时在内容呈现方式上也更易被人接受。

近年来,随着国际社会对中国的兴趣越来越浓厚,外国人也制作或者与中国合作制作了一批关于中国主题的纪录片,在国外引起了不错的反响,比如中国中央电视台与英国广播公司(BBC)联合摄制的《美丽中国》《改变地球的一代人》等纪录片,从不同的主题切入,展现了自然的中国与人文的中国。《中国面临的挑战》直面中国崛起难以避免的挑战,以海外存疑的键入问题为导向,从中国问题专家罗伯特·劳伦斯·库恩的视角,通过事实说话和雄辩论述,答疑解惑。纪录片以"真实"为基础,以"客观"为态度,以"艺术"为展现方式,有助于增强国外受众对中国的认识。"我们应该建立纪录片长期发展战略,增强自觉意识、责任感和使命感,丰富纪录片的题材,创新'中国叙事'，通过讲述中国故事塑造'中国形象'。"①中国目前也拍摄了较多既立足本土，也放眼世界的纪录片，比如《为了梦想》讲述了5个普通人在的逐梦之路；《丝路，重新开始的旅程》《一带一路》《丝路歌声》《丝路舞者》讲述了"一带一路"中国与共建国家的故事；《环球同此凉热》以国际化视角，从全球气候变化这一国际命题切入，讲述了中国对世界的思考和责任。今后的中国，还需要拍摄更多这样体现中国价值，具有世界意义的纪录片。

同时，影视片也是讲述中国故事的重要方式，好莱坞电影、韩国电视剧、日本动漫，在中国几乎已经达到了言提必知的效果。这些不同类型的影视题材，无不渗透着其国家价值观。美国电影充满了个人英雄主义色彩，韩国电视剧展现了无所不在的传统文化，日本动画也体现着日本的文化特质。中国需要借鉴、吸收这些国家的艺术特色和传播经验，打造具有中国文化魅力的影视作品，这是中国利用影视文化传播中国价值理念需要思考和努力的方向。

讲好中国故事需要注意故事内容呈现的平衡性，也就是说讲故事要站在客观的立场，对中国进行全面、真实的报道。从时间的轴度来说，讲历史的中国，也要讲现实的中国，还要讲未来的中国。对国际社会而言，中国的未来发展走向是它们更关注的，它们需要确定中国是否会走上新的扩张之路。即使中国从来都是坚持和平发展的战略路线，但依然会有国际误解，对未来中国的发展走向的规划与说明是讲述中国故事的重要部分。从内容的维度来说，在讲述中国故事时，要讲成就，也要讲问题；要讲机遇，也要讲挑战；要讲大局势，也要讲小故事；要有自我肯定的褒奖，也要有自我反思的批评。只有这样，才能让别人相信这是一个真实的中国，正如香港浸会大学学者孔庆勤所说："一味把自己认为好的信息呈现出来，而不顾及西方语境下的释读，会

---

① 刘晶、陈世华：《"讲好中国故事"：纪录片的"中国叙事"研究》，《现代传播（中国传媒大学学报）》，2017年第3期。

令我们试图传达的信息大打折扣。"①

当今,中国正处于深化改革的攻坚期,经济转型的关键期,社会矛盾的凸显期,在取得巨大发展成就的同时,也依然面临着诸多的现实困难和挑战,在发展过程中,也伴随着出现了很多的社会问题需要解决,在未来的发展过程中,面对的任务依然艰巨。讲述中国故事,既要立足中国"之中",也要站到中国"之外",对中国的发展与现状有整体性、全局性的把握,并且真实客观地呈现,才能向世界展现一个立体的中国。

(四)强化危机管控

危机通常是指那些能够带来高度不确定性和高度危险的、特殊的、不可预测的、非常规的事件或一系列事件。②"国际舆论危机,指的是在某一时期或某一事件中,各类媒体对某些政治集团或某些国家片面、偏激或敌对的舆论占据主导地位,并使国际上不明真相的受众的情绪、思维和行为等产生共鸣的一种舆论传播现象。"③在国际传播领域中,国际国内突发的与国家有关的重大事件都可以被纳入危机事件。中国在"非典""汶川地震""奥运火炬传递受阻""新冠肺炎疫情"等事件中,陷入过国际舆论的危机之中,从这些事件中也汲取了相应的经验与教训。随着中国在国际社会中的地位日渐凸显,世界的聚光灯时刻对准中国,一些国家拿着放大镜来观察中国的国际国内言行。虽然近年来,国际媒体关于中国的报道立场趋于客观,但是西方一些媒体对中国的批评之声仍不绝于耳,恨不能抓住中国的"小辫子"大做文章。这样的情况下,一旦有关中国的突发事件发生,就会成为国际舆论普遍关注的焦点,如果不及时、不恰当地处理,就会迅速演变为国际舆论危机,就会对

---

① 牛光夏、徐晨:《形象宣传片的传播取向与价值诉求》,《青年记者》,2016 年第 12 期。

② 参见欧亚、王朋进:《媒体应对——公共外交的传播理论与实务》,时事出版社,2011 年,第 262 页。

③ 钟昭华:《突发公共事件与国际舆论危机应对策略》,《管理学刊》,2011 年第 4 期。

国家形象造成严重的破坏。在危机事件的处理中,体现的是一个国家的态度立场和价值理念,因此如何在突发事件中,积极应对危机,有效引导国际舆论,是中国在国际传播中必须要做的未雨绸缪的工作。

1.完善危机预警机制

做好危机预警,是危机出现时有效应对的重要基础。首先,建立危机预警机构。建立政府主导、社会专业机构、媒体共同参与的危机应对体系,设立危机处理的专门机构。目前,中国处理国际危机事件的机构,如外交部、国务院新闻办,都设立了新闻发言人制度,因此要提高新闻发言人的媒体应答技能和舆论引导能力。其次,制定危机处理方案。在做好舆情危机分析的基础上,对可能出现的危机进行预判,尽量采取措施规避危机的发生,同时也做好危机不可避免地发生之后的应对方案。危机中的决策十分关键且多数无法逆转。[1]因此,提前做好应急预案应对潜在危机其作用是不言而喻的。对于历史问题,比如关于中国领土争端问题,需要根据客观历史梳理出事实材料和法定文件,果决处理并坚定发声;对于突发问题,要用事实说话,呈现客观现实,增强事件报道的公开透明性;对于国际关联性问题,要善于利用国际权威组织发声,要注重加强国际合作,援引第三方证据增加说服力。最后,打造高端智囊团队。智囊团队是产生新思想、提供新方案的高精尖人群,在危机预警中,要加强对涉华舆情信息的跟踪、分析和研判,对有可能转化为境外关注焦点的事件,提前做好舆论引导和应对部署。在应对危机事件的过程中,要发挥智囊团队积极建言献策的作用、作为意见领袖的舆论引导作用,助力国家和相关部门解决问题,转“危”为“机”。

2.增加强危机处理能力

对危机的预警是未雨绸缪,最关键的问题还是危机事件发生之后,如何

---

① 参见北京太平洋国际战略研究所:《应对危机——美国国家安全决策机制》,时事出版社,2001年,第2页。

恰当有力地处理。要在危机处理的速度、态度、透明度、可信度等方面下功夫。首先,需要反应迅速,主动向外界披露信息。兵贵神速,信息传播也同样如此,对报道时机的抢占,就是对报道主动权的掌握,尤其是在互联网技术如此发达的今天。当与国家密切相关的重大事件发生以后,公众都迫切地想知道事情的真相,国际舆论也势必处于沸腾的状态,如果本国媒体不能在第一时间作出报道,就是拱手将事件的解释权交给外国媒体,此后就只能处于被动回应的状态。其次,对事件的报道要公开透明,对于负面信息要客观、理性分析报道,不能遮蔽。"舆论只有通过公开的表达和传播,在公开化的过程中,增强意见的交流,取得社会更广泛的认同,才能扩大声势和影响,也才能取得力量和权威。"①负面消息并不一定都是损害形象的,合理的分析与说明、独特的视角、深刻的解读,更能呈现事态的完整性,对事实的遮蔽则会造成信任值的折损。最后,要警惕舆论污名化。2020年新冠肺炎疫情的突然来袭,中国在打好国内防疫抗疫阻击战的同时也积极对其他国家展开抗疫援助,展现了一个大国的责任与担当。尽管如此,一些西方媒体依然罔顾事实,在国际舆论中抹黑中国,将疫情政治化,围绕病毒源头对中国标签化、污名化。针对这样的舆论危机,有效的防疫举措以及国内舆论的及时披露,从一定程度上扭转了疫情带来的负面国际影响。同时,还需要紧扣国际舆论的焦点和疑点问题,及时准确发声,妥善回应国际舆论关切,对不实言论予以有理有据的反击,加强话语建设,正向引导国际舆论。

(五)实现本土化传播

美国学者罗兰·罗伯森(Roland Robertson)提出了"全球本土化"(glocal-ization)的概念,认为:"一国想要自己输出的文化产品与大众媒介信息被广

---

① 许静:《舆论学概论》,北京大学出版社,2009年,第12页。

泛接受,在全球范围内达成共识,就必须根据输出地的文化特征,将所输出产品进行本土化加工,以满足接受国受众对之进行的解读。"①当前,中国价值观念的国际传播,中国媒体在"走出去"的过程中,不仅需要扩大规模,更需要提高质量。囿于中国与外国在文化传统、政治体制、核心价值观等方面的显著差异,价值观念的国际传播会出现一定的"文化折扣",为了尽量减少传播中的信息折损和意义流失,就需要探索中国媒体在国际传播中的本土化传播策略。

1.探索与外媒新的合作方式

一是借助国外本土的现有渠道,实现媒体之间的合作,使中国媒体能更好地融入国外传媒市场。包括购买版面、时段,交换新闻信息,合办版面、节目,参股国外媒体等"借船出海"的方式提高中国媒体的国际传播能力。

二是加强与外媒合办栏目,通过项目合作的方式借助外国主流媒体平台推广共同的主题类节目,比如"中央电视台英语新闻频道与澳大利亚天空电视台联合制作大型电视辩论节目《对话世界》,在中澳双方电视平台播出;西语国际频道与拉丁美洲最大跨国媒体南方电视台合办介绍中国和拉美文化的周播文化节目《Prisma》(棱镜),在对象国黄金时间段播出反响积极"②。中缅两国媒体于2017年开办了《中国电视剧》栏目,开创了中缅媒体合作的新模式,为中缅人民之间的相互了解架起了新的桥梁。

2.增加本土人员的录用

加大本土化力度,在工作人员的聘用方面,要扩充本地人员的招聘录用。

一是因为本地化工作人员,在文化、语言、人脉资源等方面都具有天然的优势,他们对本地区人民的生活习俗和心理特征比任何外来人员都要了解,这是外来工作人员通过培训所无法达到的目标。引进本土人员,可以最

① 常江、文家宝:《BBC的全球化与本土化传播策略及启示》,《对外传播》,2014年第8期。
② 《央视探索国际合作新方式　有效提升对外传播能力》,央视网,2016年11月16日。

大限度地消除文化上的隔阂。

二是聘用一定数量的本地人员,有助于拉近与本地区人民的距离,增强境外媒体的亲和力,从而增强所在地区人们对其的好感与信任感。

三是聘用本地人员,能在一定程度上保证境外媒体职员的相对稳定性,从而有助于其长远持续发展。

3.传播内容的本土化

主要是指在传播过程中,将传播内容与所在地区的实际情况相结合,尊重并注重对本土人文环境的研究和吸收,在传播中实现传播内容与地域的人文风俗的有效融合。国际传播中,传播内容一定要"接地气",要"因地制宜",否则就会"水土不服"。一方面,要密切关注所在地区发生的国际国内事务,积极报道所在地区的"身边事",满足本土地区的信息需求。同时,更重要的一点是在新闻报道中,要向受众传达中国观点,打造不一样的新闻特色。另一方面,要将中国内容、本土联系与国际视野实现巧妙的融合,在报道中国的时候,既要将报道内容与本地受众建立起紧密联系,又要从宏观的国际视野进行立意升华,增强关于中国相关报道的重要性和价值性。

第五章 当代中国价值观念国际传播 有效性的科学测评

国际传播的有效性是一个国家在长期的对外传播实践中所产生的影响力的总体反映。对效果的把握是对传播概况的整体把握，是进一步促进国际传播，改进传播策略和方式方法的重要参考指标。当代中国价值观念在世界范围内的传播，其作用效果由浅到深、由隐性到显现，首先作用于人的思想认知层面，最后映射到人的行为。通过质性研究，拟定具体的评估要素，在科学性原则的指导下，按照一定的指标体系，对国际传播的影响范围和程度进行分析和衡量，对传播实效进行测评。

一、当代中国价值观念国际传播有效性的测评原则

所谓原则，"就是指导人们的认识、思想、言论和行为的规定或准则。在哲学上把一些反映事物发展一般规律的命题或基本原理，与人们的认识、实

践联系起来,赋予其方法论意义"①。恩格斯说过:"原则不是研究的出发点,而是它的最终结果;这些原则不是被应用于自然界和人类历史,而是从它们中抽象出来的;不是自然界和人类去适应原则,而是原则只有在符合自然界和历史的情况下才是正确的。"②原则来源于实践,又可以指导实践,是在遵循客观规律的基础上根据实践活动的现实需要而提出的一种行为准则。相对于具体的特定阶段的认识和实践活动而言,那些从过去的认识和实践中总结出来的,作为认识和研究结果的正确原则,又会对进一步的认识和实践活动起到积极的指导作用。研究和探索当代中国价值观念国际传播有效性的测评原则,其目的在于指导当代中国价值观念国际传播有效性的测评活动顺利开展,获取有效的测评结果,用于指导当代中国价值观念国际传播的实践活动。由此,依据对原则的分析和界定,将当代中国价值观念国际传播有效性的测评原则界定为根据测评目的和测评规律而制定的用于指导测评活动的准则和基本遵循。在坚持可行性与合理性统一的前提之下,拟定采取以下原则进行效果测评:

(一)注重客观性

客观性原则是指在测评实践中测评主体坚持客观的、实事求是的态度,不以个人主观情感和偏向影响测评过程和结果。是否坚持了客观性原则将直接影响测评结果是否符合实际情况,是否能为今后的实践工作提供有参考价值的指导建议。一般来说,坚持和贯彻客观性原则,要求测评主体对待事实材料与测评结果都要始终坚持客观接纳的态度。

1.要客观对待事实材料

在资料和数据收集的过程中、在信息处理和数据分析中都要坚持客观

① 刘建明主编:《宣传舆论学大辞典》,经济日报出版社,1993年,第555页。
② 《马克思恩格斯选集》(第三卷),人民出版社,2012年,第410页。

的立场,不要掺杂个人的主观情感和价值判断,也不要随意夸大或缩小任何指标的价值范围。在收集资料的过程中,对于正、反两方面的材料都要重视并且同等对待,不能凭借个人情感倾向进行主观取舍,避重就轻,或者只重视正面材料,而有意忽视反面材料。要毫无保留地留存真实、原始的数据资料,对庞杂的测评信息进行必要的加工和整理,但是必须要在确保不改变原始数据反映的真实情况的前提下进行,坚决杜绝通过"整理""加工"等方式改变数据资料的真实性,更不能凭主观意志添加信息资料,不能随着个人情感而篡改数据或者夸大积极评价,压缩负面评价。要坚持用事实说话,用数据得出测评结论。要防止测评过程中出现颠倒因果关系的行为出现,不能主观预判了结论,然后再去收集资料佐证结论。

2.要客观看待测评结果

不可否认的是,当代中国价值观念的国际传播,有的传播是有显著效果的,而有的传播只有微弱效果,有的传播甚至是无效的,这样的情况在测评结果中肯定会有所呈现,对待呈现出来的问题,要正确接受、客观看待。一方面,对当代中国价值观念国际传播的限制性因素要有客观的认知,"世界公众了解与认识中国的渠道是西方主导的媒体,这一局面在相当长的阶段里难以改变"[1]。中国由不同媒体所呈现的全球形象必然是五花八门、复杂多样的,甚至是千奇百怪的。这些形象、印象、态度、主观感受和理性评估等复杂交织,构成了世界民意的无形之网。虽然民意常常难以琢磨、无法掌控,带有随机性、非理性成分,但毕竟是当今世界上日益强大的力量,任何国家和个人、任何跨国机构,无论是政府还是企业,都无法忽视与回避。[2]另一方面,对当代中国价值观念国际传播的目标效益要有长远的认知。要全面分析和评

①　[美]刘康:《变化中的中国全球形象》,《国际传播》,2016 年第 1 期。

②　参见[美]刘康:《利益、价值观和地缘政治:中国崛起的全球民意调查》,载范红主编:《国家形象研究》,清华大学出版社,2015 年,第 221 页。

价当代中国价值观念国际传播已经产生的、正在产生的、将要产生的、可能产生的效果。测评数据一般来说只能反映出直观的影响和显在的效果,而对于潜隐性的影响则很难显示出来,但这并不能否认间接效果的存在。针对当代中国价值观念国际传播的影响效应来说,更是存在效果"滞后"表现的情况,因为作用于受众思想观念方面的影响,很难立竿见影,需要漫长的时间才能表现出来,这种效果的延时性、外延性,在测评结果的分析中不能被轻视或者省略。

(二)突出方向性

方向性原则就是对测评活动具有方向性指引和导航作用的原则。在当代中国价值观念国际传播有效性测评过程中,这种方向性既体现在着眼于既定目标的实现程度的考评,也体现在对未来发展趋势预设的探试中。

1.测评要紧紧围绕测评目标进行

从目标定位来测评传播效果是测评的基本方向之一,没有目的的测评是不存在的,也是无意义的。邵培仁先生说过:"不论是传播活动还是评估活动,都应该有具体明确的目的,不可空泛。在评估中,评估的目的应该服从和服务于传播目的。"①当代中国价值观念国际传播的目标定位即是有效传播,有效传播的内涵界定,按照传播学理论,传播效果发生的逻辑顺序,由浅到深包括认知、态度、行为三个层次。从认知层面来说,当代中国价值观念国际传播有效性的目标就是把中国价值观念传播出去,让受众听得见中国声音。从态度层面来说,其目标就是能引起受众思想、情感、观念或价值认知发生一定的变化,而这种情感变化也是有层次和程度的,初级的状态就是能听懂当代中国价值观念表达的是什么;再进一步就是能理解当代中国价值观念

① 邵培仁:《传播学导论》,浙江大学出版社,1997年,第387页。

的客观性与合理性；更深层次的就是能认可当代中国价值观念的时代价值。从行为层面来说，就是通过言行表现出来的对中国价值的认同与支持。不管是认知的变化，还是态度与行为的改变，都会通过一系列的行为表现出来。一般而言，改变一个人的认知相对来说比较容易，而改变一个人的态度和行为则比较困难。①测评项目要紧紧围绕测评目标进行设计，既要体现三大方面的内容，也要把握对国外受众影响程度的要求是否恰当。

2.测评要适应现阶段国际传播事业的发展需要

目前，我国的国际传播工作已经被上升到国家战略的高度加以重视，习近平总书记提出了一系列的理论阐述以及工作部署：讲好中国故事，传播好中国声音，用中国理论来解释中国实践，建构起中国话语体系，融通中外理念，一方面要塑造好中国的国际形象，另一方面要为世界的发展贡献更多的中国理念和中国智慧。因此，测评工作要适应国际传播发展形势的需要，在测评中，要坚持一定的"符合度"，即测评项目要与实际的传播工作相符合。同时，测评需要具有一定的前瞻性预设，对未做而觉得可能有效的工作进行一定的考评，在测评结果与预设方向一致时，可以在今后的传播工作中进行补充和完善。

3.测评不是目的，发展才是根本

从形式上来说，测评是一个阶段性的工作；从内容上来说，测评涉及中国价值观念国际传播的内容与方法。测评的过程，就是一个不断加深自我认知和了解他人认知的过程，从而改进和发展国际传播工作。过去做得好的地方，通过测评继续得到发扬；对于做得不好的地方，通过测评需要不断改进；一些该做而没有做的地方，通过测评需要得以明确和完善。测评是一种方式和手段，而不是目的，测评的出发点和落脚点都是为了更好地促进实践活动

---

① 参见张昆：《国家形象传播》，复旦大学出版社，2005年，第435~436页。

的开展。正因为如此,在当代中国价值观念国际传播有效性的测评中,既要看现状、看实效,更要看发展的方向和前进的趋势,不能为了测评而测评,测评是为了更好地传播。

(三)彰显科学性

科学性原则是指在测评过程中坚持科学的态度,在科学理论的指导下采用科学的方法进行测评活动的行为准则。坚持科学性原则需要贯彻的具体要求是:

1.资料占有要尽可能全面

当代中国价值观念国际传播的有效性问题研究涉及的内容十分丰富,测评必须要客观反映传播过程、各类影响因素,以及影响因素之间的内在联系、本质特点和规律性,才能准确反映传播的客观效果。因此,在数据占有方面,尽可能全面地占有测评资料是必不可少的条件。这包括传播主体的传播情况、受众的接收及接受情况、接收条件及形式、不同国家的民意情况等,都需要多方面的掌握。

2.运用科学的方法

一方面,数据的收集方法要科学。一是要保证能收集到测评数据,二是要保证搜集数据的方式具有可操作性。对当代中国价值观念国际传播有效性的测评,占有充分的原始性资料是必不可少的,而对于国外受众的情况掌握是一项比较困难的事情,多渠道、多角度的方式去获取测评数据是保证数据科学的基本要求。其中,具有可操作性的数据采集方式包括问卷、访谈、专门机构以及专家咨询、运用网络工具的数据收集,或者委托国外民调机构的民意测试等。针对不同的测评内容尽量合理地采用合适的调研方法,而对于整体情况而言,测评数据的收集一定要坚持覆盖性与概括性相结合,全面性和代表性相统一,利用现有统计渠道和统计数据,辅以抽样调查,能够取得较为准确的数据。另一方面,测评数据的分析要科学。调查手段、数据获取等是保证测评科学性的基础,同时还需要保证数据分析的科学性,特别是对测评指标体系中所涉及的定性指标,必须持严谨、科学的态度,保证测评结论的可靠性。通过多指标的筛选与合成,以较少的综合性指标,规范、准确地反映当代中国价值观念国际传播的状况,揭示当代中国价值观念国际传播的综合性影响,为优化其传播效果提供理论支撑。

3.对潜在问题要进行科学分析

测评过程不可能是一帆风顺的,要对测评方案中可能发生的问题、困难、障碍等进行预测和分析,对问题发生的可能性以及可能产生的不良效果要提前有预判,做好防范工作并提前准备好应变措施。国际传播效果的测评绝大多数都是在国外进行,在操作过程中,如果进行国外实地调研的话,需要投入的人力、物力和时间成本都将是巨大的,需要做好时间和调研路线的规划,确保选取有代表性的国家和地区进行调研。同时,对数据的采集方案要做合理的安排,通过问卷、访谈、专家咨询、网络调查等多渠道多角度获取测评信息,避免单一途径获取信息造成的视角偏狭的限制。另外,有些调查需要借助和利用境外专门的调查及咨询公司,一种方式是直接聘请它们进行效果调研,另一种是购买它们的调查数据。对于第一种方式,在调查方案的设计中要有明确的自我标准和原则,例如如何选定测评要素、如何确定测评指标、如何提炼测评问题等,都需要在合作中洽谈,达成统一意见,设立统一标准。对于第二种方式,则需要有充分消化国外调研资料的能力,挖掘有用信息为己所用。

(四)满足有效性

有效性原则一方面是指测评结果具有效力,具有可信度,具有可参考的价值,另一方面是指对今后的实践活动具有指导意义。

1.测评必须着眼于具有较高的信度

信度,也即可信度,亦即可靠性,是指所评估的属性或特征的前后一致性程度,即运用同样的工具在不同的时间对同一对象的测评,其结果具有稳定性。对于中国价值观念的国际传播有效性的测量,不可能进行重复的测量,如何考量测评的信息,就需要借助于其他专业的测量结果。目前,美国皮尤研究中心(The Pew Research Center)的"全球态度与趋势调查"(Global Attitudes&Trends)、BBC 的"环球扫描调查"(Globe Scan),以及中国外文局对外传播研究中心每年一度的"中国国家形象全球调查"数据,都是很权威的测评数据。当代中国价值观念的国际传播有效性的测量,其测评结果需要与权威数据进行比对,在相似的调查内容栏目,极大权威测评数据和结果越接近,其信度越高,反之越低;如果相通或类似的内容差异太大,则需要重新测评。

2.测评必须着眼于具有较高的效度

效度即测评的有效性程度,是指一项评估能够正确测出所要测评的属性或特征的程度,它是科学测评的必备条件,一项测评如果没有效度,无论在其他方面具有怎样的优点,都不能发挥该项测评的真正功能。当然,效度都是根据特定的测评目的来说的,当代中国价值观念国际传播有效性的测评效度,一方面包括测评的内容效度,即所选项目是否符合测评内容的需要,是否有助于达到测评目的;另一方面包括结构效度,结构效度是指测评项目所呈现的,抽象结构的外部特征反映抽象结构的程度。比如,当代中国价值观念的国际传播对外国人民关于中国好感度的影响,这关涉到思想层面,但因为思想层面的内容是抽象的,不适宜用直接的问答形式进行测评,那么就需要用一些具体的测评项目来考衡,此时具体项目与抽象的思想活动就需要有较高的切合度,才能保证测评的效度。

3.测评必须着眼于实际问题的解决

随着中国综合国力的显著提高,中国的国际影响力也得到很大提升,从一定程度上来说,当前中国在国际社会上的影响力是呈正向趋势的,国际对中国以及中国价值观念的认可程度是积极的。但是也存在不少问题,中国的"自拍"形象在世界上并不那么受欢迎。①根据现有的中国国家形象调查报告显示,中国国际影响的自我认知与实际情况有较大差距,对此,中国必须有清醒的认知,高度重视问题,针对测评结果呈现的问题,着眼于问题的解决。诚然,对当代中国价值观念国际传播中存在的诸多问题,期望通过评估就能达到解决的目的,是不可能实现的。但是如果不能解决任何问题,那测评就失去了存在的价值。价值观念国际传播的有效性测评是一项十分庞大的系统工作,要花费巨大的人力、物力、财力,不着眼于问题的解决的测评都是徒劳无功的,没有实现它的测评效益。因此,要通过测评,对当代中国价值观念国际传播中出现的问题有明确的指示意义,能引导国际传播工作在现有基础上改进方法,提升效果。

二、当代中国价值观念国际传播有效性的测评指标

测评指标是指对测评对象进行效果检测的标准和尺度,是对测评项目的具体细致的分解,具有较强的可操作性。解决测评活动中"用什么测"的问题,一般由定量指标和定性指标构成,是对实施效果进行客观、科学分析的重要依据。当代中国价值观念国际传播有效性的测评指标主要是指传播活动对传播受众的心理和行为所产生的影响程度进行测量的标准,它包括效果层级的梯度指标、传播致效的核心指标和可以量化操作的具体指标等内容。

---

① 参见[美]刘康:《利益、价值观和地缘政治:中国崛起的全球民意调查》,载范红主编:《国家形象研究》,清华大学出版社,2015年,第221页。

（一）梯度指标

梯度指标是根据传播的效果层次而划分的。传播对受众的影响，主要作用于受众的心理系统，受众的心理状态深浅变化体现出传播的影响程度，即传播的效果强弱。从作用于受众的知觉，再到受众的思维、情感，最后上升为意志与价值倾向，由浅入深，构成了传播效果层次，那么对于传播效果评估也必然呈现出层级状态，即用梯度指标衡量。

1.浅层指标

知晓度，是指对当代中国价值观念的认知效果。这种知晓度是概而言之的，既包括对中国价值观念具体概念的认知，也包括对中国在国际社会中提出的价值理念的认知。比如，中国价值观念包括了"爱好和平""爱国敬业""诚信友善"等内容，国外受众对这些理念的认知是否会有我们对西方社会所提出的自由、民主、平等等价值理念的那种耳濡目染的熟悉；又或者，对于中国在重要的国际场合或者重大的国际事务中，提出的中国方案或中国理念，如"人类命运共同体""新兴大国关系"等是否有被国外受众知悉。

国外受众对当代中国价值观念的知晓程度与知晓的渠道紧密相关，而受众的知晓渠道与主体的传播渠道几乎是等同的，考察中国价值观念的知晓度，首先便要考察中国价值观念国际传播的渠道。传播渠道对于受众的知晓度具有很大的影响，传播渠道越多，受众接收到信息的机会就越大，对中国价值观念知晓的可能性就越大。中国对外传播的主要渠道在不断拓展，目前来说，结合了新旧媒体的形式，国外受众接触有关中国报道的媒体大约分为这样几大类：外国的本土媒体、国际传播的英语媒体、中国在境外的英文媒体、华人华侨媒体、国际传播的社交媒体。这些媒体覆盖了不同的媒介形态，包括了传统媒体、网络媒体和社交媒体，报纸、杂志、电视、广播、网络都成了传播中国价值观念"走出去"的重要方式。随着媒介融合形势的加强，

"全媒体"正在逐步推广开来,同一种媒体也可以呈现出不一样的媒介形态,这大大加强了外国受众接触到中国价值观念的几率。随着一些中国媒体的海外落地,以及与国外媒体的融合发展,这还只是从主观角度出发扩大了中国价值观念的传播渠道,为增强国外受众的知晓度做好了主观上的准备工作,而真正达到让外国受众知晓的目的,则需要通过一些量化数据才能得知。书籍、报刊、杂志等的发行量、订阅率、市场占有率,广播、电视等的收听率、收视率,网络媒体的关注率、点击率、阅读率等,才能从整体上反映出国外受众对中国价值观念的接触率与知晓度。数据越大,反映出知晓度越高,反之则越低。这种知晓度是一种客观的状态,即信息传播出去,恰恰传播对象接收到了,这就算达到了让受众知晓的目的,而对思想层面没有其他要求。

2.中层指标

理解度和赞成度,是指当代中国价值观念的情感效果和态度效果。也就是说,当外国受众对中国价值观念有一定知晓度以后,引起了自己思想观念的某些变化,能理解中国价值观念的合理性。比如,能从中国的现实国情出发理解中国的发展,解决几亿人民的温饱问题,就是在实现和保障民众的人权。中国作为拥有14亿多人口的最大发展中国家,有着自身特殊的国情,发展和稳定就是最大的人权,不能总以西方的社会制度和价值观念为框架,来生硬地框量中国的社会发展。能从中国的历史渊源、现实任务和未来追求理解当前中国提出的社会主义核心价值观,这表达了中国想要建设什么样的国家和社会,培养公民什么样的美好诉求。其他国家及其民众对社会主义核心价值观的具体内容并不一定要认同,但是要能理解它们作为中国具有向心力的价值观念的合理性;在更进一步的层次上,能赞成中国价值观念所表达的思想内核。在国际舞台上,面对重大的国际事务,中国从人类的长远利益、整体利益出发,提出的中国方案能汇聚国际社会的广泛共识,得到国际社会的积极响应。比如,面对复杂的国际局势和众多的全球性问题,中国提出构建人类命运共同体,携手应对全球挑战,维护世界和平,促进世界发展,打造一个共建共享的美好世界。

对当代中国价值观念的理解度和赞成度,与传播对象自身的情况有很大关系。如果把传播对象界定为一个国家,那么该国对中国价值观念的理解就和该国与中国的政治、经济、文化、社会等各方面的关系有密切联系,在政治关系上越友好、文化交流更深入、经贸往来更和谐、社会交往更活跃的国家,对中国价值观念的理解度和赞成度有可能就会越高,反之则越低。如果把传播对象界定为个体,那么与个体对象的年龄、职业身份、教育经历、文化程度、收入、宗教信仰、政治党派等因素有很大相关性,个体对中国的了解程度会影响他们对中国价值观念的理解和认同,对中华文化和中国现实发展状况比较了解的受众,会更加容易理解中国的价值观念。

对受众对象关于当代中国价值观念受众的理解度和赞成度测评,要着眼于国际社会对中国价值观念的内容报道及评价。对于涉华报道内容的分析一般包括两种维度:一是以选题分,每当遇到重大的选题(如涉及我国的社会问题、重要纪念日、突发事件等),关于中国的报道会比较集中;二是以时期分,不同时期或者阶段,外媒对中国报道的重点不一样。[1]对报道内容的描述和评价则体现了外国社会对中国的态度。比如,2008 年西藏拉萨发生的"3·14"重大暴乱事件,西方主流媒体对此事的报道,展现的是中国政府"镇压"藏独分裂分子的"残暴"行为,不尊重人权,煽动种族情绪,具有强烈的反共反华意识。在对同一年的汶川大地震的报道中,则突出了中国政府的积极作为。新的历史时期,中国提出了实现中华民族伟大复兴中国梦的目标,国外媒体对此有褒有贬,CNN 引用习近平主席的原话,称:"中国梦将使中国人

---

① 参见程曼丽、王维佳:《对外传播及其效果研究》,北京大学出版社,2011 年,第 174 页。

民和世界人民共同受益。"《华盛顿邮报》说,如果中国不和美国站在一起,解决自己制造的问题,那么中国梦便只是一个口号而已。境外媒体的报道内容与表述方式,一定程度上反映了国外社会对中国某一阶段的认知和态度,或者对特定事件的情感倾向。客观的报道与评价体现实事求是的立场,有褒奖则意味着对中国及其价值观念的认可,有贬损则意味着对中国价值观念的不认同,甚至是敌意。

3.深层指标

支持度,是指当代中国价值观念的行为效果。也就是说传播受众对中国价值观念有了深刻的理解与认同之后,在行为中表现出来的对中国的支持。从客观现实来分析,要改变其他国家及人民的行为是十分困难的,要超越社会制度、意识形态以及国家利益等宏观差异,表达出对中国价值观念的拥护,绝对是对其体现的真理性的高度认可。在中国革命时期,美国记者埃德加·斯诺写了《红星照耀中国》一书,客观描绘了一部中国革命的史诗,向世界展示了中国共产党人理想主义的革命情怀与大无畏的革命精神,让世界了解了中国共产党带领人民赢得胜利的伟大与正义。新中国成立以后,中国人民走上了独立自主的发展道路,在外交上坚持"和平共处五项原则"的外交方针,赢得了亚非拉地区国家的广泛支持,在这些国家的拥护下,中国于1971年终于恢复了在联合国的合法席位。进入了21世纪,尤其是党的十八大以来,中国以及中国共产党在国际上的影响力日益提升,中国的快速发展及其伟大成就也引来了国际社会的高度关注。2013年9月和10月,国家主席习近平在出访中亚和东南亚国家期间,先后提出共建"丝绸之路经济带"和"21世纪海上丝绸之路"的重大倡议(即"一带一路"伟大倡议),截至2021年12月底,中国已经同147个国家和32个国际组织签署了206份共建"一带一路"合作文件。这说明了中国提出的"共商共建共享"的建设原则得到了很多共建国家的支持。与之相反,与中国比邻的印度却迟迟没有加入"一带一路"倡议,并将其称为中国的"债务陷阱外交",预示着"新的殖民时代的到来",而富有远见的,具有客观视角的学者则认为,"10 年之后,新德里将不得不评估其反对'一带一路'的利弊。届时印度可能发现自己已成孤家寡人"①。

(二)核心指标

核心指标反映的是研究有效传播最关心的实质问题,那就是中国价值理念的吸引力、感召力、影响力有无提升。因此,国际传播有效性测评的核心指标主要是指能够反映中国理念在全球治理和国际舆论格局中发挥实质性作用的能力,包括国际议题设置能力、传播内容生成能力和传播的延展能力。

1.议题设置能力

所谓"议题"(agenda),是"依据重要性的不同,而将相互联系的一系列问题进行排序"②。"议题设置"(agenda setting)是指媒介用来建构社会公共事务与关注话题的一种理论。③其核心思想不仅是告诉人们想什么,而且是引导人们怎么想,对舆论具有引导性作用。在国际传播的复杂环境下,强大的议题设置能力将会使一个国家在国际上占据道义性的制高点,国际社会的议程设置能力与一个国家的综合实力有着十分紧密的联系。美国在苏联解体之后,一直居于"世界老大"的位置,在国际社会拥有绝对的议题设置能力。2001 年"9·11"事件以后,美国设置了"全球安全"的议题,打着反恐的旗号实施着它的扩张战略,发动了两场对外战争,美国的反恐没有让世界变得更安全,反而让世界陷入更加动乱复杂的局势。美国打着"人权高于主权"的旗号,干涉别国内政,它所谓的"人权"成了别国灾难的重要根源,欧洲难民潮

---

① 阿里夫·拉菲克:《反对"一带一路"印度或成孤家寡人》,《环球时报》,陈俊安译,2017 年 12 月 28 日。

② James W.Dearing, and Everett M.Rogers, *Agenda-setting*, Sage Publications, 1996, p.2.

③ 参见程曼丽、王维佳:《对外传播及其效果研究》,北京大学出版社,2011 年,第 121 页。

一波又一波,中东炮声昼夜不停,无数平民命丧战乱或者无家可归。虽然美国的对外行为给其他国家和人民带来了极大的灾难,但是它有一个"义正言辞"的理由作为其战略行动的借口。强大的议题设置能力使这个国家站在道义的制高点上,为其国家谋取利益。当然,这是强权国家利用其国家实力而做出的不道义行为,并不能代表它的正确性。

当代中国价值观念国际传播是否有效及其效果的强弱,很大程度上体现在国际议题的设置能力上,中国拥有国际议题的设置能力,只是为了更好地表达中国理念,传播中国声音,用中国智慧凝聚更多的力量,为建设更加美好的世界而努力。

一是引导国际社会关注方向的能力。从国家而言,要看是否能在把握国际大势的前提下,引领世界沿着更好的方向发展,凝聚更多的共识,解决更多的全球性问题。从媒体而言,中国价值观念国际传播是否具有效力,要看中国媒体在海外发声的权威性有多高,长期以来,国际舆论都被像 CNN、BBC、半岛电视台这样的国际一流媒体所主导,它们在国际事务的议题设置中具有无法超越的地位,左右着国际舆论。当中国能打造出具有世界影响力的媒体时,那么中国的议题设置能力也就将得到空前提高。

二是主动诠释自己的能力。经过改革开放四十多年的发展,中国已经发生了翻天覆地的变化。当前,中国不仅需要专注于自身发展,而且也需要向世界说明中国。长久以来,中国的国际形象几乎都由"他塑"而成,"贫穷落后""保守专制"的社会样态都是外国媒体向其人民描绘的中国形象。今天的中国,在纷繁复杂的国际传播格局中,要用自己的话语去定位和塑造中国的国际形象,中国议题设置能力提高的表现就是能用自己的话语向世界展示中国发展的图景。中国的发展实践证明,中国所选择的理论、道路和制度都是正确的,中国有自信的理由向世界主动阐释新型的大国形象。当前中国最大的议题就是实现中国梦,要用中国梦阐释好中国的发展路径和奋斗目标,更要用中国梦展示其世界意义,引导世界正确看待中国的发展,释疑无端揣测。

三是维护中国合法权益的能力。国际社会提出的关于中国形形色色的负面议题层出不穷,侵害中国利益的事情也时有发生。妖魔化、污名化中国的言论从来就没有消失过,"中国威胁论"伴随着中国的发展崛起也未真正消停过,在中国提出"一带一路"倡议之后,国际社会依然用霸权逻辑来解读中国的发展战略,将其称之为"新版的马歇尔计划",这些都需要中国发出自己的声音为其正名。中国要在保持高度的政治敏锐性和牢固政治定力的基础上,具有强大的反击能力。台湾问题一直是中国主权问题的重要议题,国际上有些国家总是不顾中国利益,与台湾保持着不具有合法性的外交关系,像有的国家的对台军售这种行为完全违反了"一个中国"原则,侵害了中国的主权利益,中国要有严正的反击能力,在国际社会坚决亮明中国内政不容干涉、"一个中国"的底线。菲律宾与中国关于南海争端问题,上演了"南海仲裁案"的政治闹剧,2016 年 7 月 12 日,海牙国际仲裁法庭对南海仲裁案作出"最终裁决",判菲律宾"胜诉",中国政府于 2016 年 7 月 13 日由国务院新闻办公室发表了《中国坚持通过谈判解决中国与菲律宾在南海的有关争议》白皮书,声明南海诸岛是中国固有领土,南海仲裁判决就是一张废纸,这就是中国以正视听的能力的有力展现。

2.内容生成能力

内容的生成指向了传播主体向传播对象提供信息的能力,不仅包括信息的输出能力,更要凸显的应该是信息传播之后产生的实际效力。传播内容是影响传播效果的关键所在,没有吸引力、说服力的传播几乎就是无效的传播,当代中国价值观念的有效传播,就是要通过传播内容来影响、吸引、说服外国受众,这其中包括了对受众需求的满足以及对受众心理和行为的影响。

一是对受众需求满足的能力。受众是有着特定"需求"的人,把他们的媒介接触活动看作是基于特定需求动机来"使用"媒介,从而使这些需求得到"满足"的过程,这就是传播学效果研究中的"使用与满足理论"。著名的传播学者施拉姆将该理论比喻为"自助餐厅",传播者提供的信息就好比餐厅提供的自助食物,传播受众就是就餐的人,他们根据自己的喜好和需求来挑选食物。在"进餐"的过程中,就餐者才是主角,食物是为其服务的。那么反映在传播过程中,也就是说,受众具有了更大的主动性,而不再是被动地接受。因此,在当代中国价值观念的国际传播中,如何测评传播效果的好坏与大小,那么就需要通过受众的信息满足程度来衡量。外国受众对中国信息的需求包括哪些?更偏好怎样的信息类型以及信息呈现方式?在国际传播提供的中国信息中,是否满足了外国受众对中国认知的需要?更进一步,是否主动提供了激发他们的新的兴趣和好感的信息内容?是否达到了对增长见识的满足或者信息补偿的目的?对于以上问题,或者更多类似的问题,如果都能给予肯定回答,那就说明中国价值观念的国际传播中是以受众需求为导向的,具有了一定的内容生成能力。具体表现出来的媒介传播行为就是,中国媒体原创性的内容能成为外媒关于中国信息报道的重要来源。

二是对受众心理的说服能力。说服是"由于接受别人的信息而产生的态度改变"[1],传播的说服效果是指受众的态度在沿着传播主体说服意图的方向发生的变化。在国际传播的语境中,国际社会对中国的疑虑还有很多,在西方的话语体系中,受其意识形态的影响,将中国等同于中国共产党,并且带着固有的偏见进行审视。一方面,以苏联为参考来解读中国的发展道路,从而对中国的各项政策进行曲解;另一方面,以其他大国的发展崛起模式为参考,臆测中国的未来发展将走向争霸扩张的道路。这些认知偏差在西方世界占有很大市场,所以"中国威胁论""中国崩溃论"等论调才会在国际舆论

---

[1] J.M.Olson and M.P.Zanna, Attitudes and Attitude Change, *Annual Review of Psychology*, 1993, p.135.

中此起彼伏。强调加强当代中国价值观念的国际传播,就是要用中国话语消解西方话语中污名化的中国形象,向世界发出中国声音。

当前,随着中国综合国力与国际地位的提升,中国具有了一定话语权,但同时也存在习近平总书记指出的"有理说不出"和"说了传不开"的问题,这就要涉及中国话语表达的说服力问题。当代中国价值观念的有效传播,其作用效力的一个方面就应该是中国话语权的说服力增强。比如,自 20 世纪 90 年代开始,随着中国的崛起,"中国威胁论"就纷纷出笼,2003 年,中国学者郑必坚提出了"和平崛起论",此后这一概念得到中国政府的官方认可,时任国家领导人在国际外交场合也用到了中国"和平崛起"的表述。2005 年,中国政府发表了《中国的和平发展道路》白皮书,2011 年,中国国务院新闻办公室再次发布《中国的和平发展》白皮书,回应了世界对中国发展崛起的质疑,详细阐述了中国选择了什么样的发展道路,回答了中国发展对世界意味着什么等问题。此后,中国的和平崛起逐渐得到国际社会的认可,前美国总统奥巴马在国际场合也公开表示"欢迎中国的和平崛起,中国的发展对亚太和世界来说是一件好事",并且在他 2015 年提交的《国家安全战略》报告中再次表示,欢迎中国的和平崛起。不管这些国际言论的表态之后的行为是否与思想相符合,但至少说明,中国"和平崛起论"在道义上和合理性上战胜了"中国威胁论"的论调,在国际舆论中,对传播受众具有积极的说服作用。

3.传播延展能力

传播延展能力体现的是传播效力的持续发挥。传播的有效性既体现为即时的,也体现为长久的,即时性效果主要体现在具体的事件上,长久性效果则体现在中国对外交往的全过程。当代中国价值观念的国际传播,其追求的有效性一定是伴随中国国际交往的始终,要为中国提升国际地位、增强国际话语权打下坚实的基础。持久性效果的衡量,要从政治、外交、话语等方面来体现大国影响力。

　　一是媒体报道的延展能力。中国媒体报道的延展能力是反映中国媒体国际传播能力的一个重要标准，西方媒体对中国媒体报道的转引情况又是反映中国媒体报道延展能力的重要窗口。对媒体传播延展能力的测量可以从量化测评和质性评估两方面来加以考察。量化测评主要是关注境外媒体对中国新闻报道的内容的引用率和转载率，比率越高在很大程度上就说明中国媒体的内容把控能力越强，其国际传播能力越强，影响力越大。近年来，随着中国在全球治理中的影响力逐渐增强，中国声音的国际传播穿透力也得到了很大提升，中国主流媒体在国际国内重大事件的报道中，其源发性报道增多，外媒转载中国的报道率逐渐提升。过去，很多发生在中国的大事，世界是通过欧美发达国家的主流媒体得以了解，今天世界可以通过中国媒体直接了解，这就是中国媒体传播能力增强的表现。质性测评主要是指通过对外媒转引中国报道的态度和立场进行分析，是坚持正面的、负面的、还是中立的。一般来说，正面立场的转引表达了外媒对中国相关报道的认可与赞同；中立立场的转引一定程度上可以说明是对中国报道的客观性认可；负面立场的引述报道则说明中国报道对特定的外媒来说，因为一些复杂的原因没有引起共鸣。总的来说，正面和中立立场的转引越多，说明中国媒体的传播延展能力越强。

　　二是价值观念的吸引力。西方的普世价值为何在西方世界如此盛行，那是因为它披着民主、自由、人权等人类共同追求的价值理念的外衣，妨碍了人们对它的正确认知。当历史与实践揭开了普世价值的虚伪面纱，人们认识到西方所宣扬的普世价值与全人类所倡导的共同价值有着本质区别。和平、发展、公平、正义、民主、自由，是全人类的共同价值，中国是共同价值的积极倡导者和有力推动者，代表着一大批新兴经济体和发展中国家以及最为广泛的世界民众,[1]中国倡导的价值观念是人类共同价值的具体体现,中国价值观念的有效传播就是中国价值观念深得世界民心,在每一个中国倡议之后能得到其他国家和民众的大力支持。20世纪,新中国成立后的近三十年,经济基础还十分薄弱,同他国的外交关系也十分不顺畅。但那时的中国,在外交方面却产生过具有世界影响的价值观念,和平共处五项原则与"三个世界"的划分理论为中国赢得了一大批发展中国家的广大盟友。今天,习近平主席提出的构建人类命运共同体理念,合作共赢的经济发展理念,不仅在推进"一带一路"建设的实践中得到了成功运用,在促进世界经济发展中也发挥了重要作用,为破解人类发展难题提供了新原则和新思路,凝聚了新的国际共识,产生了广泛的国际影响。今天的世界,文化、价值观等因素在国际交往与国际关系中的作用日渐突出,中国价值观念是否得到了世界人民的认可,主要还取决于价值观本身的吸引力、思想上的穿透力和道义上的感召力。

三是实质性贡献力。一个国家对世界的贡献就是该国在国际社会上产生影响力的重要基础。20世纪80年代,邓小平对时代主题进行了科学的判断,他认为世界不会爆发第三次世界大战,和平与发展是时代的主题。这一伟大的论断不仅为中国的发展指明了方向,而且也影响着整个世界,为世界作出了和平性贡献。改革开放四十余年,中国的经济发展成就举世瞩目,中国人民经过艰苦卓绝的奋斗,到今天已经使八亿多人摆脱贫困,是第一个提前实现联合国千年发展目标贫困人口减半的发展中国家,为全球减贫事业做出了巨大贡献,为国际人权发展作出了重大贡献,中国的发展奇迹成为了其他发展中国家渴望借鉴的发展经验,为世界作出了生存性贡献。今天,国际局势风云变幻,世界又在不确定性中时刻充满了撕裂的危险,美俄深陷结

---

① 参见项久雨:《莫把共同价值与"普世价值"混为一谈》,《人民日报》,2016年3月30日。

构性对抗,中东社会持续动荡,朝核问题持久未决,美韩军演一再升级,整个世界神经紧绷。中国的和平发展理念是否可以为世界注入新的正能量,为缓解世界冲突和解决全球性问题作出价值性贡献,成为中国价值观念在国家级传播中是否起到了有效作用的重要考量。

(三)具体指标

测评当代中国价值观念国际传播有效性的具体指标,是上述梯度指标、核心指标的具体表现形式,具有可观度和可度量性,其测评方式将更加简单,易操作。这些指标从传播受众的个体到群体,展现对中国的认知与态度,同时也反映国际社会大致关于中国的舆论环境。具体指标包括:

1.政府层面

国家是对外传播的重要主体,当代中国价值观念国际传播的目的就是塑造良好的国际形象,营造良好的国际舆论环境,服务于国家政治经济建设以及进一步发展的需要。对当代中国价值观念国际传播的有效性测评,离不开对中国在世界政治经济环境中所处地位的考察。

首先,政治关系层面。这体现在中国与其他国家政治往来的频率及深度,包括高层互访的情况、国际事务中的合作情况、联合开展项目的情况、国际援助的数量及来源国情况、军事交流的次数和规模、政党交往的情况等。①中俄关系自21世纪以来一直稳中向好,尤其是习近平主席履新以来,与普京总统在几年来多达数十次会晤,高层关系日益深化,中俄伙伴关系更是得到空前强化,在国际舞台上相互支持。俄罗斯卫星通讯社2017年12月28日撰文称,中国已成为"俄罗斯最友好和亲近的国家",是俄罗斯的"头号朋友"。中国与巴基斯坦是可以称为"铁哥们"一样的友好国家,进入21世纪以

① 参见程曼丽、王维佳:《对外传播及其效果研究》,北京大学出版社,2011年,第179页。

来,中巴全面合作伙伴关系进一步深入发展,双方高层接触频繁,政治互信不断增强,巴基斯坦成为中国可靠的朋友。在与其他政治博弈比较复杂的国家,如何运用中国智慧妥善处理与它们的相互关系,从而打造更加积极、更加平和的国际关系。比如,中国与美国之间存在新兴大国与守成大国之间的利益矛盾,但是中国提倡构建不冲突不对抗、相互尊重、合作共赢的新型大国关系,习近平主席在与美国总统的会晤中一再强调,中美两国在战略意图上不能发生误判,双方在这个根本性问题上不能发生错误。中国的外交价值理念为中美两国的关系奠定了基调,因此引领着双边关系的良好发展,同时对处理与其他国家的外交关系也有积极的影响。

其次,经贸状况层面。国际间经贸往来的情况不仅由当前的经济时局决定,还受双边、多边的政治关系、国际舆论的影响。通过对中国与其他国家经贸往来情况的统计,可以反映中国与该国的双边关系,在相当程度上能够反映出中国价值观念在该国的传播效果。经贸情况大致反映在与中国的进出口贸易数量、投资情况、企业合作情况、来华设厂情况等方面,经贸往来的规模越大,可以说对中国价值观念的认知状态就越好。

最后,文化交流层面。从传播属性来说,国际传播属于跨文化传播,当代中国价值观念由中华优秀传统文化和社会主义先进文化孕育而生,体现着中华文化的精神内核和价值魅力,考察中华文化与其他国家的文化交流的整体情况,我国的对外文化、教育和科学交流是否有更大的发展,是测评当代中国价值观念国际传播有效性的一个重要指标。文化交流的概况主要反映在中华文化的海外吸引力及文化产品的消费方面,比如,孔子学院和孔子课堂的开办情况、学员数量,汉语言的海外学习情况,中国书籍的翻译及海外销售情况、中国影视等艺术作品的输出情况、中国演出团体的国际巡演情况等,这些都是中华文化海外影响力的重要指标,也是中国价值观念国际传播有效与否的重要参考指标。

2.民间层面

民间层面主要是指社会团体、非政府组织的国际往来情况,民间层面往来的活力与深度在一定程度上反映了所在国与中国的外交关系,其国民对中国的友好程度。民间往来形式多种多样,包括文化、旅游、经贸、医疗、青年交流以及非政府组织等众多内容,民间往来有别于官方的正式交往,更基于人民之间的传统友谊以及由共同的志趣形成的组织或活动,是民间人士之间的友好活动。与中国开展民间往来的组织或团体,他们对中国及其人民都有相当程度的认知与好感,民间活动越广泛、越深入,越能体现中国价值观念在其国家的被接纳程度,是中国价值观念有效传播的重要证明。当然,中国与其他国家的民间往来不仅是当代中国价值观念国际传播有效与否的重要体现,同时,民间往来的交流与互动也能促进中国价值观念的进一步传播。

3.个人层面

中国形象在外国人民心中的印象能反映出中国在国外的被接纳程度,当代中国价值观念的国际传播是否有助于改善或者增强中国在国际社会中的印象,是判断中国价值观念国际传播是否有效的重要参考指标。外国民众对中国的良好印象体现在行为以及态度中。比如,在行为方面,对中华文化很感兴趣,学习汉语,喜爱中国人民,来中国留学或者旅游,来中国投资,在中国办企业,工作,甚至是定居等,这些行为都能表现出外国人民对中国的热爱;在思想观念方面,对中华文化有一定了解并且认可中华优秀文化,对中国人民和中国政府有好感,对中国在处理国际事务中的行为很认同、很支持等,这些态度和立场也表明外国人民对中国价值观念的认可。通过国家相关部门关于来华留学生、游客人数、外资企业数量和规模以及外媒关于中国的相关报道数据,就可以大致从整体掌握外国人民对中国的认可、对中国价值观念的认可情况。

三、当代中国价值观念国际传播有效性的测评方法

对当代中国价值观念国际传播有效性的测评是一个系统的过程，测评原则与测评指标的设定都是测评工作的前提和基础，测评工作的开展就需要在遵循测评原则的基础上，在指标体系的指引下，运用恰当的方法进行实际测评工作。测评方法是检验传播效果的重要手段，没有科学的测评方法，要得出具有科学性的测评结果就无从谈起。一般来说，测评方法的选择遵循的逻辑是：根据传播的预设目标，选择测评方向，对传播工作的实际效率、目标的实现程度、国际影响等进行评估。基于当代中国价值观念的国际传播是一个多主体、多层次、多类型、多因素、多矛盾的复杂系统活动，所以方法的选择也应具有多样性。针对不同的测评内容，不同的传播方式，不同的传播主体和受众，采取不一样的或者是综合的测评方法，在操作层面尽量避免不合理的测评方法导致的测评失误，力求全面、客观、准确地反映当代中国价值观念的国际传播现状，得出对传播工作具有总结性、参考性和指导性的测评结果。

中国价值观念国际传播有效性的测评是对我国对外传播工作及其客观效果的考察评估，它既是对传播效果的综合分析过程，也是对传播过程及行为的价值判断过程。按照测评内容、测评目的和测评手段的不同，可以分为质性测评与量性测评。当代中国价值观念国际传播有效性的测评，既有需要定量研究的内容，也有可以通过质性判断的测评内容，因此要将质性测评与量性测评两种方法结合运用。质性测评与量性测评各有优缺，二者相互补充，质性测评可以形成量性测评所要检测的假设，可以成为量性测评的一个参考指标；量性测评可以为质性测评提供材料佐证，增强质性测评的解释力。

（一）质性测评方法

质性研究是以研究者本人为研究工具，在自然情境下采用多种资料收集方法对社会现象进行整体性探究，使用归纳法分析资料和形成理论，通过与研究对象互动对其行为和意义建构获得解释性理解的一种活动。质性测评是测评主体对测评使用描述性语言对测评对象"质"的特性、程度、状态等非量化的资料进行收集、整理和分析的过程。①通常来说，质性测评方法包括档案评估法（portfolio assessment）、自评报告法（self-assessment report）、关键文本分析法（critical text analysis）、访谈法（interview）、反思模型法（reflective model）。质性测评方法比较费时、耗力，且不太容易进行大规模施测，但是它能提供更加详尽的、个性化的信息。对当代中国价值观念国际传播有效性测评，其主要能使用到的质性测评方法包括如下六种：

1.自评报告法

即自评总结法，测评主体按照测评要求对所完成的工作进行的总结报告，对当代中国价值观念国际传播有效性的自我测评，是从宏观层面对中国价值观念的国际影响的一个整体估计。一方面，从国际实力与国际传播能力的现状出发对传播实况进行的综合分析，从传播能力预估传播的有效性，传播效果与传播能力有着密切联系，传播能力越强，对增强传播效果越有积极影响。另一方面，通过国家统计数据和相关调查报告进行的逻辑演绎，从而对国际传播的有效性进行分析判断，它以国家间的政治关系、经贸情况、文化交流等客观统计数据为参考依据，数据支撑具有权威性、可靠性。这些数据来源主要可以参考中国皮书数据库，该数据库以皮书系列丛书为基础，全面整合中国经验与中国道路、世界经济与国际关系方面的学术研究资源和

---

① 参见程曼丽、王维佳：《对外传播及其效果研究》，北京大学出版社，2011年，第189页。

媒体资讯,为分析解读当今中国与世界的现状和发展趋势提供知识信息,是研究中国国际交往及其关系的重要素材。

2.访谈法

这是质性测评的传统方法,是测评者对被测评者进行的直接的、个人的访问形式。这种方法有助于更深入地了解被测评者的感受与思想,但是很难进行规模较大的样本测评,更适合对特定群体或者典型个案进行考察。比如,针对特定群体的访谈,可以选择来华留学生为访谈对象,了解他们对当前中国的认知、对当代中国价值观念的认知;也可以选择某一个国家的一定群体进行访谈,了解他们通过什么样的途径认知中国、如何看待中国在国际事务中的行为与态度、如何评价中国与其母国的外交关系等。针对特定的事件或者典型案例的访谈,比如,中国提出了"一带一路"倡议并举办了多届"一带一路"高峰论坛,这是中国在世界经济发展中发挥新的引擎作用的有力证明,同时也是中国价值理念国际影响力的重要彰显。那么为加深对这种国际影响的深入了解,可以对不同国家关注"一带一路"建设的学者、专家或政要进行访谈,探寻他们对"一带一路"、对其中蕴含的中国价值理念的认知与评价。

3.专家会商法

即通过专家集体讨论的形式进行测评。主要是由测评组织者制定测评议题,参与会商的专家结合自身专业知识及经验,佐以参考材料,对该议题进行分析与评测,测评组织者根据会商专家们的意见进行归纳整理,形成最终测评汇报。采用会商法测评,专家人数不宜过少,以避免测评结果的偏颇性。同时,会商专家要在该专业领域具有一定的权威性与代表性,他们的观点才更有专业性与说服力。对当代中国价值观念国际传播效果的测评,一定要涉及传播学、政治学、国际关系学、政治经济学等领域,因此会商专家成员组一定要含括这些领域的研究专家。同时,价值观念的国际传播是一个实践问题,在会商专家中,不仅要包括理论研究者,还要包括实践工作者,从理论与实践相结合的角度进行会商,评估结果更加真实、客观、科学。国际传播实践工作者提供的更多是实际工作案例,是分散的、个案的,理论专家的分析是整体的、笼统的,二者相互补充,合二为一,就能归纳出当代中国价值观念在国际传播中所取得的成绩、遇到的问题及积累的经验。

4.关键文本分析法

这是一种基于事实材料的分析,通过对采样文本的研读、分析,从文本的信息呈现对其深层含义进行分析把握,从而从逻辑推理中对传播效果进行判断。对当代中国价值观念国际传播有效性进行文本分析,首先,要选取关键文本。这些文本的来源主要是境外主流媒体。主流媒体包括美联社(AP)、路透社(Reuters)、《纽约时报》《华盛顿邮报》、CNN、BBC等,这些媒体在世界久负盛名,在组织规模与报道实力上具有不可比拟的优势,其舆论引导能力非同一般,因此这些主流媒体对其他国家的形象建构、对国际受众态度的影响都是极为显著的。其次,对主流媒体关于中国的报道情况进行收集、整体。一方面,统计关于中国报道的数量、篇幅及选题。报道的数量及篇幅能大致反映出国外对中国的关注度,报道得越多越频繁,那么关注度就越高,说明中国的国际知晓度越高,这是证明中国价值观念国际传播有效性的一个基本指标。另一方面,统计关于中国报道的主要选题,选题反映的是国外媒体对中国的关注重点,是衡量国外关注点与中国价值观念国际传播的议题设置是否相符合的重要指标,同时,也能为丰富传播议题,提升传播实效提供参考。再次,对主流媒体关于中国的报道内容的态度倾向性进行分析。媒体的态度倾向性体现在文本呈现中,其语言风格、遣词用句都能反映出媒体的立场、态度、价值观乃至潜意识,这是测评当代中国价值观念国际传播有效性的重点分析内容,也是反映传播是否有效的重要测评标准。最后,对文本取样的所有主流媒体关于中国的报道进行综合分析,因为不同的主流媒体呈现的报道数量、主题、内容及态度倾向可能会有不同,这就需要测评者在各个媒体单独分析的基础上再次进行整体概括,从而得出测评分析结论。

5.实地考察法

实地考察方法是从人类学中借鉴过来的一个方法,指为弄明白一个事物的真相、势态发展流程,而去实地进行的直观的、详细的调查方法。对当代中国价值观念国际传播有效性的测评进行实地考察,就要首先拟定测评内容,然后确定实地考察地点和人员。比如,如果是对境外媒体关于中国价值观念报道及其影响性研究,那么就要选取国际主流媒体作为实地考察范围,从中确定一个或几个作为调查目标,然后再确定调查人员去目标单位参观或者实习,了解它们关于中国的报道取材、偏好、流程、态度、舆论影响等方面的内容。如果是对某个国家关于中国价值观念认知及态度的实地考察,那就需要在确定考察国家后,派遣调查人员在国外暂居一定时间,通过对其人民接触了解,以及对其社会状态的感知与记录,来判断这个国家国民对中国价值观念的认知与态度,中国价值观念在该国的传播是否有效。

6.档案测评法

档案测评法最先运用于对学生的成长测评,是一种发展性评价方式,具有主题性、持续性、包容性与反思性。档案测评法运用于对当代中国价值观念国际传播的有效性测评中,是一种纵向性评估方式,主要侧重比较和生长的视野。它测评的数据来源要基于已有的关于中国价值观念国际传播有效性的测评报告,通过对每一年测评报告的分析,能够多层面、多方位地反映我国国际传播工作的整体情况,包括有效性的提升方面以及所存在的问题都能够呈现。比如,由中国外文局当代中国与世界研究院主办的《中国国家形象全球调查报告》这一项目,每年就中国政治、外交、经济、文化、科技以及整体形象与影响力进行全球调查,以此观测国际社会对中国的立体认知。这种测评方式更多是基于其他测评方式所得结果基础上的总结性反思，是对传播效果的整体把握，可以对往后的国际传播工作提供一定指引。

(二)量性测评方法

量性测评是采用定量计算的方法，对测评内容进行量化分析的过程。[①]这种测评方式主要运用统计学的相关原理与方法，将统计数据作为主要的测评信息，按照测评指标体系建立一定的统计模型，对可以量化的测评内容及其相互间的关系进行测量、计算和分析，参考拟定的测评目标，得出相应的测评结论。量性测评方式可以在一定程度上摆脱主观情感及偏好等主体性因素的影响，运行逻辑比较严谨，其标准化、准确化程度较高，测评结果务实、客观、科学。主要的量性测评方式有传统的问卷调查法及现代化的大数据分析法。

1.问卷调查法

问卷调查法是目前国内社会量性调查研究运用最普遍的一种方法，测评者用严格设计好的问卷，采用问题作答的书面形式与对调查者进行交流，从而获取测评资料。运用问卷调查法进行测评具有较多的优点。首先，相对质性研究方法来说，其效率更高。在问卷调查的实施过程中，可以同时在不同的地方对广泛的调查对象进行问卷测试，能够在短时间内获取大量的测评数据。其次，真实性有很大保障。因为调查问卷都是采用匿名方式填写，且不会留下个人隐私信息，因此被调查者能够在没有顾虑的情况下真实作答。最后，标准化程度较高。不同的被调查者所面对的调查问卷是统一的，形式和内容都完全一样，没有差别；调查过程也几乎不受调查者的影响，被调查者只需要对问题作答就可以了；调查结果的分析基于调查数据的广泛收集，

---

① 参见程曼丽、王维佳：《对外传播及其效果研究》，北京大学出版社，2011年，第192页。

既有代表性也有整体性,更能增加调查结果的准确性。

问卷测评法的运用也并非简单易行。首先,最重要也是关系到测评是否能实现测评目标的重要因素,就是要设计一份科学的调查问卷。问卷内容的科学性,将决定测评结果的有效性。问卷的主体内容要紧密围绕测评目的展开, 也就是说问题的设计与安排都要直接或间接地反映当代中国价值观念国际传播是否有效、效果大小等问题,但又要摒弃问题回答选项中的主观偏向性。同时,考虑到调查对象都是外国受众,因此问卷的语言表述也一定要准确、地道,这样才有助于被调查者的有效作答。其次,就是要科学地选择调查对象。国际传播面对的是全世界的国家和人民, 它的受众群体广泛而复杂,测评工作不可能对所有受众都进行问卷调查。因此,就只有按照一定的国别、职业、年龄、性别等因素选取一定范围的受众进行抽样调查。最后,就是要科学地投放问卷。要保证投放的问卷能最大限度地回收,这需要在发放问卷的过程中有足够的时间、人力以及财力的支持。当然,也可以委托专门的调查机构进行这项工作,但对其科学性也要有十分严格的要求。

2.大数据分析法

大数据分析方法是伴随着信息技术的高速发展而产生的。一方面,信息的海量生产让人应接不暇,在数据泛滥的情况下,有价值的信息被淹没在巨大的数据海洋之中,有价值的见解和知识很难发现。于是,大数据分析应运而生,它依托计算机技术予以实现,对海量信息进行识别、收集、分类、概括、组织、分析、建模,揭示数据背后的客观规律,识别信息的价值,帮助人们更好地理解数据,增加洞见。[1]最常用的大数据分析方法包括了描述型分析、诊断型分析、预测型分析和指令型分析四种方法。这些方法运用于当代中国价值观念国际传播有效性的测评中, 主要会对国际传播中网络传播这个领域

---

① 参见王星:《大数据分析:方法与应用》,清华大学出版社,2013年,第2页。

的传播情况有一个纵深性的了解。描述型分析展现当前我国的国际传播工作已经开展到什么程度,网络传播在国外覆盖率达到多少,受众主要是哪些群体,受众主要关心的中国话题是什么等;诊断型分析会对传播现状进行原因分析,上海外国语大学新闻传播学院的吴瑛教授及其团队以国际主流媒体间的互引关系为分析对象,统计了16个国家、36家国际主流媒体间的互引关系,探索全球范围内的信息流动与背后的权力关系。研究发现,当前世界信息体系日益"去中心化","中国媒体开始走出'边缘',渐趋权力结构的'中心',处于互引网络重要的交通路径上"[①]。一方面,新华社、《人民日报》等中国媒体已成为国际媒体互引网络的重要节点,居于中心地带。在世界五大通讯社的相互引用关系中,新华社的被引用量居于首位,美联社、路透社、法新社、俄通社-塔斯社居于其后。另一方面,中国媒体还未与周边媒体形成信息流动的"子结构"。预测型分析可以对未来传播工作发展趋势作出一定预估,中国需要在哪些领域、国家、主题等方面加强传播;指令型分析就是告知未来还需要做什么。

(三)测评方法的运用

测评方法是完成测评任务的技术性手段,也是得到有效测评结果的重要保证,因此在测评过程中,方法的科学运用也是至关重要的一个环节。

1.国际民意调查是最需要掌握的测评内容

国际民意是反映中国价值观念国际传播有效性的重要指标,开展国际民意的实证调查是测评当代中国价值观念国际传播有效性的重要内容、重要手段。在民意与媒体对国际舆论影响日益重要的今天,了解国际民意的重要性再怎么强调也不为过。一方面,民意在很大程度上能比较广泛地反映中

---

① 肖昊宸、查建国:《中国形象为世界增光添彩》,《中国社会科学报》,2017年6月7日。

国价值观念在其他国家的接纳程度;另一方面,良好的国际民意概况就是中国价值观念有效传播的力证,有利于提升国际话语权;同时,国际民意也是决策者制定对外传播战略和政策的重要参考。因此,要十分重视国际民意调查的工作。

目前来说,囿于国际性民意调查的实施难度较大,中国的国际民意调查工作还十分欠缺。关于中国的国际民意调查大多来自国外的调查机构,国际影响力较大的有美国皮尤研究中心的"全球态度与趋势"(Global Attitudes & Trends)、盖洛普民意测验所(Gallup Poll)、芝加哥全球事务学会等调查机构。据不完全统计,2016 年发布的国际涉华民调报告有近 30 个,以美国皮尤研究中心为例,该机构 2016 年发布的与中国相关的调查报告与评论就达 13 个。[①]西方民意调查机构大量发布有关中国的调查报告,掌握了很大的话语主动权,致使中国在这一方面陷入被动。但是西方民调机构得出的调查结果并不一定完全展示了国际社会对中国认知的真实情况,一方面,它们在调查议题的设计上就非常具有导向性;另一方面,媒体在对调查结果进行解读时也具有选择性,往往选择一些令人"震惊"的结果进行报道,因为可以放大对中国不利的负面结论,从而影响其他国家人民对中国的看法。因此,加强中国自己的国际民意调查,十分必要也十分紧迫。

首先,要打造中国自己权威的国际民调机构。目前,中国外文局对外传播研究中心每年进行的"中国国家形象全球调查"是比较权威的国际民调。要将这个项目做大做强,在技术和资金上给予充足的保障,同时,要发展智库型的、专业型的调查机构,为我国长远的国际民意调查工作服务。其次,开展国际民意调查要在调查议题上花费心力,巧妙地设置蕴含有中国价值理念在其中的全球议题、中国议题,在本着了解国际社会对中国及中国价值观

---

① 参见翟慧霞:《通过国际民调提升国际舆论话语权的探索与建议》,《国际传播》,2017 年第 5 期。

念的真实认知的目的上，还要通过国际民意调查对中国的国际舆论能力有所提升。最后，要完善国际民意调查方法，不仅要开展线上的网络调查，还要通过电话民意测试、实地投放问卷或者入户面访等多种方式进行调查，以便获取更加详实、覆盖面更广泛的资料。

2.测评方法的混合运用

全面测评与单项测评相结合。全面测评是指对当代中国价值观念国际传播的有效性测评要从传播主体、传播内容、传播渠道、传播受众等多方面进行综合性的评判，形成一个完整的测评体系。中国价值观念的国际传播是一个系统的过程，传播的每一个环节都会对传播的有效性产生影响，因此在测评过程中，要讲究系统性、整体性、全面性，不能故意忽略哪一个环节，在测评指标体系的设定以及测评内容的选定上都需要兼顾全面，从整体上对传播效果进行把握。同时，也可以对单项内容进行测评，比如，国际传播效果最明显的体现在传播受众的态度、思想和行为中，因此是衡量传播是否有效的重要标准，那么在进行测评工作的时候，出于对这一标准的重点把握，可以对这一单项指标进行测评，前文所提到的国际民意调查就是针对受众的专门调查。全面测评和单项测评并不矛盾，全面测评主要体现在测评指标以及总的测评结果方面，单项测评主要是说在测评实施过程中，具体环节可以"单独行动"，它是全面性测评的汇合支流。

政府测评与第三方测评相结合。当代中国价值观念国际传播有效性的测评，基于其测评规模、人力资源、周期及资金来源等各方面条件的限制，操作难度很大。一般来说，都是政府为测评主体，通过外宣相关部门进行组织实施。这种方式能最大限度保证测评工作的刚性需求以及测评结果的权威性。但同时，权威性也代表着一定的行政刚性需求，对其测评结果在国际舆论的引导中有一定的负面影响，这跟看待其他国家官方测评报告的心态是一样的。在政府主导的测评中，要结合第三方测评。第三方测评是指独立于政府部门的社会组织、中介机构等进行的一种测评。第三方测评在其业务领域具有独特的技术优势，能更加高效地做好相关测评工作，尤其是在网络化时代，根据测评的现实需要将部分测评工作委派给专业的测评机构，对于提升测评效率大有好处。

周期测评与动态测评相结合。当代中国价值观念国际传播有效性的测评，作为国际传播过程中的重要组成部分，其测评目的是为了通过对传播现状的把握，扬长避短，从而更加有效地进行国际传播。测评活动跟传播活动一样，是一个持久的过程，那么根据测评活动的周期稳定性，可以将测评活动分为周期测评和动态测评。

周期测评是指在一定的时间段内对中国对外传播活动的效果进行评估，可以分为长期、中期、短期等形式，具有一定的时间规律，比如每年都对中国的海外形象进行的调研评估，就属于周期测评。一般来说，周期测评是全面测评，对传播过程的各个环节都要进行尽可能全面的考察，从而在宏观视角对国际传播效果有整体把握，在微观视角又能对具体的传播举措和影响因素有更细致了解。与此同时，周期测评具有长期性、复杂性和艰巨性的特点，在执行过程中会有一定的难度，但是作为国际传播中必不可少的一个环节，必须持之以恒地进行，要在规模化、周期性的测评实践中，不断建立起常态化、制度化的测评机制，以保证在以有效传播为方向的指引下，建立起有效传播的管理体系，保证国际传播在高投入中有显著的成效。目前，中国已经建立了国内首个自主调研平台——中国国家形象调查平台，它已定期、持续地发布了中国国家形象调研报告。

动态测评是指基于特定的活动或者事件而进行的对传播效果的评估。比如，危机事件的处理，世界性的大型活动的举办，新闻发布会，特殊的文化交流活动等。国际传播活动是动态的过程，在长时间段内，周期测评能反映整个效果的波动起伏情况，是一种总结性评估。在短期而言，还是需要坚持过程性的评估方式，即进行动态测评，才能及时地发现在重要事件和节点上，国际传播工作是否取得了预期的成效，否则测评结果滞后于现实工作的需要，就失去了测评的意义。因此，根据现实情况的需要进行动态测评就显得十分必要，及时获取当前的最佳数据，对促进和改善当前及今后的国际传播工作，具有十分重要的作用。所以要将周期测评与动态测评结合起来，在定期进行周期测评的同时，坚持开展动态测评，既要提高对国际传播活动效果的宏观把控性，又要增强国际交往实践中传播活动的针对性、实效性。

结语 为更好展示真实、立体、全面的 中国而不懈奋斗

　　进入 21 世纪,环顾全球,国际形势依然风起云涌,在复杂的国际局势下,无论是塑造国际形象,还是维护国家利益,中国价值观念的国际传播都具有举足轻重的作用。回顾近年来中国走向世界的脚步,可以发现随着中国国际传播理念的进步,传播体系的不断扩展,传播能力显著增强,当代中国价值观念的国际传播效果日益提升。这将是对既往国际传播工作成效的阶段性总结,也是未来继续推进国际传播工作,更好传播中国声音、传达中国理念的一种指引。

一、大国形象日益提升

　　2018 年 3 月,由美国盖洛普公司、大西洋理事会、英国广播公司、俄罗斯社会舆论基金会等多家知名民调机构及智库、媒体发表的报告显示,中国的

国家形象"得分"持续上涨,国际形象更加积极、正面。① 2019 年 9 月,由当代中国与世界研究院和国际调查机构凯度华通明略合作完成的第 7 次《中国国家形象全球调查报告 2019》显示,海外对中国整体形象好感度稳中有升,2019 年的整体印象分为 6.3 分,较 2018 年提升 0.1 分。中国在科技、经济、文化、安全、政治、生态等各领域参与全球治理表现获得较高认可度,海外年轻人来华意愿等方面也均呈现积极发展态势。这两份最新的报告共同说明了中国海外形象的日益提升。中国在更广泛、更深层次地参与全球治理中,获得国际认可的程度日益增加, 尤其是广大发展中国家对中国的好感度稳中上升。

从中国的内部发展来看,中国的发展成就让世界叹服。新中国成立以来 70 多年的奋斗史,改革开放 40 多年的发展史,中国发生了翻天覆地的变化,政治稳定,社会繁荣,经济体量世界第二,科技创新日新月异,社会主义事业蒸蒸日上,综合国力显著增强。在治国理政的实践中,始终以民生福祉为问政施政的重要方向,在以习近平同志为核心的党中央坚强领导下,团结带领全国各族人民,采取了一系列具有原创性、独特性的重大举措,经过 8 年持续奋斗,取得了脱贫攻坚全面胜利,现行标准下近 1 亿农村贫困人口全部脱贫,困扰中华民族几千年的绝对贫困问题得到历史性解决,书写了人类减贫史上的伟大奇迹。联合国首席经济学家艾略特·哈里斯在接受新华社的采访时称赞中国消除绝对贫困是人类历史上"独一无二"和"令人鼓舞"的伟大成就。中国的改革勇气令世界钦佩,党的十八大以来,中国以前所未有的决心和勇气进行了全方位的深化改革, 尤其是在政治领域的反腐工作, 力度之大、决心之坚定、持续时间之长,都是史无前例的,这种刮骨疗毒、壮士断腕的决心和行动,得到了世界各国的广泛称赞。美国《华尔街日报》网站 2014

---

① 参见黄日涵:《中国国际形象为何持续提升?》,《环球时报》,2018 年 3 月 17 日。

年 8 月 5 日报道称,从其规模、强度、持续的时间以及落马官员的级别来看,习近平向公众表明,在清理贪腐问题上,他的态度是严肃认真的。①剑桥大学政治和国际研究系教授马丁·雅克这样评论中国的反腐工作:"中国不仅在解决自己国家的难题,而且在解决一个全球性问题",西班牙巴塞罗那自治大学东亚研究中心主任高遁认为:"作为外部观察者,我认为中国所做的一切都会影响世界",哥本哈根商学院亚洲研究中心主任柏思德表示对"中国反腐的连续性和深刻性印象深刻"②。

从与世界的交往来看,中国负责任的大国形象日渐深入人心。在维护世界和平方面,中国贡献了巨大的维稳力量。随着中国综合国力的不断增强,中国在世界维和与国际人道主义救援等行动方面,在力所能及的范围内为世界的安全问题担起了重要责任,作出了巨大贡献。

自 1990 年中国参与联合国维和行动以来,先后参加了 24 项维和行动。2015 年,中国还宣布加入新的联合国维和能力待命机制,并建设 8000 人规模的维和待命部队。迄今为止,中国是联合国安理会常任理事国中派遣维和人员最多的国家,累积达 2 万多人次。自 2008 年以来,中国军队在亚丁湾、索马里海域护航,累计护送 6400 余艘中外船舶。

在全球公共卫生事业中尽责担当,2014 年埃博拉疫情在西非爆发,中国第一时间提供了防控物资等人道主义援助,并先后派遣三批医疗队赴非开展救援,彰显了大国责任与担当;2020 年全球抗击新冠肺炎疫情中,中国及时披露病毒信息、分享抗疫经验、援助其他抗疫国家,为应对全球疫情蔓延作出了巨大贡献。

在国际反恐事业中,倡导以新安全观为引领,积极参与和加强国际反恐合作,深入参与联合国、亚太经合组织、上合组织等多边机制框架下的反恐

① 参见王其辉:《境外媒体及国际社会对十八届四中全会的评述》,《长江论坛》,2014 年第 6 期。
② 《老外眼中的中国反腐:中国在解决一个全球性问题》,人民网,2015 年 9 月 23 日。

合作，推动在联合国框架下制定"信息安全国际行为准则"。推动落实联合国《全球反恐战略》，建立以合作共赢为核心的国际反恐体系。

在促进世界经济发展方面，中国为世界发展注入了新的发展动力。"一带一路"倡议为世界提供了新型的公共产品，在逆全球化思潮越来越强劲的时候，以共享理念促进全球化进程中的包容性增长，为广大发展中国家提供了更多发展机遇。同时，中国为推动相关地区与国家经济持续稳定增长，解决基础设施建设融资难的问题，于 2014 年出资设立丝路基金，携手金砖国家成立金砖国家开发银行，于 2015 年发起成立亚洲基础设施投资银行，成为了世界经济发展的主要引擎。英国《金融时报》刊文所称："中国成为全球经济开放的领头羊。"全球知名智库、波恩德国发展研究院高级研究员托马斯·菲斯评价说："我要积极评价中国的全球政策——这不仅因为中国对于稳定全球经济发挥了重要作用，而且中国还向发展中国家伸出了援手。"[1]

在全球环境保护方面，中国为应对气候变化作出了表率。2017 年 11 月日至 17 日，在德国波恩召开的《联合国气候变化框架公约》第二十三次缔约方大会，中国的领导作用成为世界瞩目的焦点。中国已经走在绿色发展道路的前列，正在改建其能源体系，正在向 2030 年实现 1/5 的能源来自清洁能源的目标努力，正在筹备碳排放交易体制，正在兑现减排承诺，多国媒体对中国在国际合作中的建设性作用给予了积极评价，"以行动定义领导力，中国遥遥领先"。美国《纽约时报》刊文说，在美国声称退出《巴黎协定》之时，中国正如期兑现自己在《巴黎协定》中的承诺。法国主流财经媒体《论坛报》刊文标题为"气候：世界依靠中国"，英国《卫报》报道称，世界各国在将政治承诺转化为实际行动方面取得重要成果，中国一如既往地发挥了建设性作用。[2]

---

[1]　严瑜：《中国展现负责任大国风范》，《人民日报·海外版》，2017 年 6 月 26 日。

[2]　参见骆青、葛文博：《应对气候变化，世界需要中国》，《人民日报》，2017 年 11 月 22 日。

二、中国理念日益深入人心

习近平主席指出:"世界那么大,问题那么多,国际社会期待听到中国声音、看到中国方案,中国不能缺席。"①这份责任与自信使得中国积极参与全球治理,在建设和完善现有国际治理体系中发挥了建设性作用,为"建设更加美好的世界,怎样建设更加美好的世界"贡献中国理念,为世界发展和人类未来指出了新的发展方向。中国始终倡导在和平与发展的时代主题之下,用发展促和平,用中国理念擦亮世界和平的底色,为世界的共同发展提供新的动力。

人类命运共同体理念引领全球治理改革方向。自党的十八大以来,人类命运共同体理念不断发展完善,习近平总书记在国内外大小不同场合数次阐释了人类命运共同体的主张。2013 年,习近平主席首次出访俄罗斯,在莫斯科国际关系学院发表的讲话中首次提到了命运共同体的概念;2015 年,习近平主席在出席纪念联合国成立 70 周年大会发表的演讲中,深入阐释了人类命运共同体概念及核心思想;2016 年,在中国杭州举行的 G20 集团首脑第十一次峰会上, 习近平主席在致辞中再次提到了要树立人类命运共同体意识,推动各国经济的良性互动;2017 年 1 月 18 日,习近平主席在联合国日内瓦总部发表《共同构建人类命运共同体》的重要讲话,着眼于世界发展大势,提出了中国的方案:构建人类命运共同体,实现共赢共享。2020 年,习近平主席先后出席二十国集团领导人应对新冠肺炎疫情特别峰会、第 73 届世界卫生大会开幕式等重要场合发表重要讲话, 呼吁国际社会携手共建人类卫生健康共同体。第七十一届联合国大会主席彼得·汤姆森将其称之为"人类在

---

① 习近平:《习近平主席新年贺词(2014—2018)》,人民出版社,2018 年,第 13 页。

这个星球上的唯一未来"。2017 年 2 月 10 日,联合国社会发展委员会第五十五届会议协商一致通过,"构建人类命运共同体"理念首次被写入联合国决议中。①联合国副秘书长兼开发计划署署长施泰纳称赞"'人类命运共同体'是中国对联合国的贡献",德国席勒研究所主席黑尔佳·策普·拉鲁什感叹:"中国将互利共赢和人类命运共同体等理念注入全球治理,正在产生积极效果。"②巴基斯坦常驻联合国日内瓦总部副代表穆罕默德·库雷希表示,对面临诸多挑战的当今世界而言,构建人类命运共同体,不啻为中国"为我们这个地球村提供的一把钥匙"③。这些极负盛誉的评价说明了"人类命运共同体"理念逐渐成为了国际社会的广泛共识,彰显了中国理念对全球治理的重要贡献。

"一带一路"从中国倡议到全球共识。"一带一路"倡议自提出以来,虽然不乏质疑论调或唱衰之声,但是随着"一带一路"项目的不断推进,其促进经济贸易全球化的成绩有目共睹,国际社会对"一带一路"的积极态度也不断升温。该倡议自实施以来,进度快,效益高,在实现政策沟通、设施联通、贸易畅通、资金融通、民心相通五方面成果显硕。"一带一路"已经成为了当前引领多边、双边国际合作的重大建设项目,它积极对接欧洲"容克计划"、哈萨克斯坦"光明之路"、俄罗斯"欧亚经济联盟"、蒙古"草原之路"、印尼"全球海洋支点"、印度"季风计划"、韩国"欧亚倡议"等国发展战略,成为当前双边、多边国际合作的明星项目。④推进了一批看得见的重大项目,中老铁路、印尼雅万铁路、瓜达尔港口、中欧班列、中哈、中俄、中缅油气管线等项目成功推进,在不断完善基础设施互联互通的过程中,也联通了各国的政策和经贸,

---

①　参见《人类命运共同体理念成为广泛共识(钟声)》,《人民日报》,2017 年 2 月 14 日。

②　《当中国理念成为国际共识(钟声)》,《人民日报》,2017 年 9 月 22 日。

③　《国际社会积极评价中共领导中国推动构建人类命运共同体》,新华网,2017 年 10 月 21 日。

④　参见夏先良:《"一带一路"倡议三年多来取得辉煌成就》,《经济参考报》,2017 年 5 月 8 日。

以及各国的文化、情感和民心。丰硕的成果表明了"一带一路"倡议是顺应时代发展潮流和各国人民期待的，它的巨大成就和伟大意义也得到了国际社会的高度认可。联合国秘书长古特雷斯在纽约联合国总部接受《人民日报》记者采访时表示，"'一带一路'倡议与联合国 2030 年可持续发展议程相辅相成"，"'一带一路'倡议具有远见卓识，它不仅有利于国家之间实现联通，而且使各国人民之间民心相通，形成人类命运共同体，共同面对并着力解决全球性挑战，为世界提供了中国方案"。① 2016 年 11 月 17 日，第七十一届联合国大会上，193 个会员国一致赞同联合国大会第 A/71/9 号决议首次写入"一带一路"倡议；2017 年 3 月 17 日，联合国安理会通过决议形式，支持"一带一路"倡议，体现了国际社会对推进"一带一路"倡议的普遍支持；2018 年 3 月 23 日，联合国人权理事会第三十七届会议通过了中国提出的"在人权领域促进合作共赢"的决议。中国倡议越来越多地被写进联合国决议，体现了中国理念和中国方案在世界范围内被接纳和认可的程度越来越高。

三、"新时代外交"点亮世界

自党的十八大以来，习近平主席作为中国特色大国外交的总设计师，亲自擘画和推进了精彩纷呈的元首外交，成果显著，"习式外交"已然成为了中国一张闪亮的名片。务实的主政作为、科学的外交理念和明睿的外交决策不仅展现了习近平主席的个人魅力和领导风范，赢得了世界各国人民的由衷赞许，更塑造了中国特色外交的大国气派，向世界展示了一个重情义、讲信义、树道义、尚和合、求大同的大国形象，打造了中国和平外交的升级版。

"习式外交"理念影响世界。一方面，不容挑战的国家利益观。习近平主

---

① 《"一带一路"为应对全球性挑战提供新机遇——联合国秘书长古特雷斯》，《人民日报》，2017 年 5 月 12 日。

席履新以来,中国面临的外部局势并不太平,美国重返亚太,日本企图将钓鱼岛"国有化",中越之间关于南海岛礁争端时有升温,菲律宾挑起的中菲黄岩岛争端此起彼伏,还上演了南海仲裁案的政治闹剧,中印洞朗对峙事件等一系列涉及我国领土主权的争端问题,共同构成了中国严峻的外部压力。在关涉国际利益的问题上,习近平主席向世界传递了中国的"底线思维","中国人民不信邪也不怕邪,不惹事也不怕事,任何外国不要指望我们会拿自己的核心利益做交易,不要指望我们会吞下损害我国主权、安全、发展利益的苦果"。坚定的外交定力向世界划出了中国的"利益红线",彰显了中国坚决捍卫国家利益的自信和魄力。

另一方面,勇于担当的大国责任观。习近平主席在国际外交中在一如既往坚持和平发展道路的同时, 不断为全球治理和世界的共同发展提出新理念,开辟新路径,贡献中国方案,积极发展与其他国家互利共赢的双边、多边关系。在世界言说"中国梦",将"中国梦"与其他国家的梦结合起来,将"中国梦"融入世界梦;向世界承诺中国始终坚持走和平发展道路,不管中国发展到什么程度,都不会称霸、不会搞扩张,一个繁荣发展的中国只会成为世界和平更加坚实的守护力量,而不是威胁;以博大开阔的胸怀开展外交关系,提出与中美构建新型大国关系、倡导"亲诚惠容"的周边外交理念、倡导"真实亲诚"的对非方针,坚持正确的义利观。这些蕴含了中国文化的中国价值观念否定和超越了西方国际关系理论的窠臼,为世界的发展注入了含有中国元素的正能量,赢得了国际社会对中国的认可与尊重,深化了政治互信,使中国的"朋友圈"不断壮大。

习式语言春风化雨。习近平主席履新以来,其独特的话语风格就成了中国外交中的一抹亮丽的颜色,其语言既亲切随和、朴实幽默,又自信睿智、大气磅礴。在习近平主席的每一次出访演讲或在外媒发表的署名文章中,总是以朴实真挚的语言诉说着中国与到访国家的真挚友情, 以细小温暖的故事拉近与外国民众的距离,传递来自中国的善意和温度。作为一位亲切友好的国家领导人,习近平主席用朴实生动的话语,阐释中外交往中的深刻道理,比如,用"鞋子合不合脚,自己穿了才知道"说明一个国家应该选择和坚持适合自身国情的发展道路;用"中国人喜欢茶而比利时人喜爱啤酒"说明不同文明既各具特色,又能够包容互鉴;用"朋友要老,好酒要陈"比喻经过岁月沉淀的深厚传统友谊;用"和平犹如空气和阳光,受益而不觉,失之则难存"呼吁世界各国一道共谋和平;用"一花独放不是春,百花齐放春满园"强调世界各国应树立命运共同体意识;用"志合者,不以山海为远"倡导国际合作;用"吹灭别人的灯,会烧掉自己的胡子""力量不在胳膊上而在团结上",倡议通过对话合作促进各国交流和地区安全。在联合国日内瓦总部的演讲中用"中国方案是:构建人类命运共同体,实现共赢共享"这一句智慧之声回答了"人类社会何去何从"这一根本性问题,成就了中国价值观念影响世界的震撼之效。

作为一个会讲故事的高手,习近平主席在国外大大小小各种场合的讲话中善用故事,用故事来说理陈情。比如,他在莫斯科的演讲中,讲述了抗日战争时期苏联飞行大队长库里申科来华同中国人民并肩作战的事例,阐发中俄两国之间患难与共的情谊;在巴基斯坦的演讲中,讲述了在中国遭遇汶川大地震,巴基斯坦倾囊相助的故事,在也门撤侨行动中巴基斯坦鼎力协助的故事,阐发了中巴深厚的友谊;在坦桑尼亚的演讲中,讲述了一对中国年轻夫妇如何热爱非洲的故事,中国电视剧《媳妇的美好时代》在坦桑尼亚热播的故事,以寻常百姓的视角,拉近了两国人民之间的距离;在新加坡的演讲中,讲述了郑和下西洋带来了中新友好交往的故事;在哈萨克斯坦的演讲中,讲述了冼星海在阿拉木图创作的故事;在津巴布韦讲述了"非爱不可"妈妈团体的故事,等等。亲切的话语,感人的故事,诉说了国家之间的深厚情谊,拉近了中外人民之间的距离,让世界看到了一位真诚、朴实、智慧、可信赖的中国领导人,也让世界感受到了一个友好、自信、有担当的中国形象。

四、寰宇全球再奋进

放眼世界,中国的综合国力正在稳步提高,中国参与和影响国际治理的能力显著提升,中国智慧、中国方案、中国理念在世界范围内的影响越来越深入,当代中国价值观念的影响力和吸引力正在不断增加。但是中国要建设成为一个文化强国,用中国理念在促进全球治理中发挥更大的作用,其前路依然漫漫。当今的国际形势在加速演变,中国面临着复杂的国际传播环境,如何在风云变幻的国际环境中保持中国自身的发展定力,并且扩大中国声音对世界的影响,需要在很多方面努力。

首先,做好自己的事情是提升中国国际影响力的重要基础。中国特色社会主义进入新时代,面临着新机遇,也出现了新挑战。中国要坚持在全面深化改革中,破解政治、经济、社会建设和民生等方面的问题难题,办好中国自己的事情,增强中国发展的底气和国际影响力。在政治建设方面,着力净化政治生态,加强思想、组织、作风建设,净化党的肌体,保持党的先进性,提高党的领导力,增强党在社会主义事业建设中的掌舵能力,实现党和国家治理体系和治理能力的现代化。在经济建设方面,要实现战略转型,从重视经济及发展速度向重视发展质量转变,贯彻创新、协调、绿色、开放、共享五大发展理念,破解发展难题,厚植发展优势,增强经济发展动力和活力,推动中国经济持续健康发展, 赢得经济发展的主动,为国家发展奠定坚实的物质基础。在科技方面,要"面向世界科技前沿、面向经济主战场、面向国家重大需求、面向人民生命健康",提高科技创新能力,攻坚克难,解决"卡脖子"的科技问题。在社会建设和民生问题方面,坚持"人民对美好生活的向往就是党的奋斗目标"的指引原则,着力解决人民最关心的问题,提升人民的幸福感和获得感,用中国人民的幸福生活宣示中国发展道路的科学性。

其次,要根据时代的变化不断建构有中国解释权的话语。一直以来,西方国家掌握着话语的主动权,喜欢给中国贴上各种标签,在继"中国崩溃""中国威胁"等用词之后,近来西方国家和媒体又抛出了"锐实力"这个新名词,其主旨思想是指责中国的对外文化交流受政府控制,并且有对西方国家进行价值观渗透、干预文化领域各种自由的政治目的。西方国家利用这个新概念对中国的对外人文交流活动横加指责,冠以"政治渗透"的帽子,体现出西方国家随着中国的发展崛起而产生的焦虑和恐慌心态,仍延续着冷战思维的做法。同时,也给中国提出了警醒,不能总是只打舆论反击战,要善于根据中国自身的发展实际和国际时局,积极主动地提炼出包含中国理念的新概念,在全球化深入发展和深度融合的新形势下,加强国际传播,更加强调"全球内容、中国价值"的话语表达,牢牢把握住自我发展的话语解释权。

再次,要加强受众分析,尤其是要注重青年群体。青年是国家的未来,世界的未来走向掌握在青年手里。只有在各国青年的心中播下和平与友好的种子,未来才能收获世界携手共进的果实。青年之间的交往是国家之间人文交流的重要组成部分,加强当代中国价值观念的国际传播,要创建和依托多种多样的中外青年交流合作机制,密切青年之间在"友谊""合作""发展"等主题下的相互往来,通过中外国家之间的各种合作交流活动,增进中外青年之间的相互了解,建设和谐世界的理念才会更加深入人心,世界未来的发展前景才会更加光明。

最后,建立和完善国际传播有效性的测评反馈机制,科学促进当代中国价值观念的有效传播。从国际传播学的视角来看,效果测评是传播领域中十分重要的一个环节,传播效果的提升需要在掌握传播现状的基础上,通过现实反馈的数据与事实,总结经验教训,更好地改进传播。在当前中国价值观念国际传播的测评方面,科学的测评标准有待提炼,有效的测评方法有待挖掘，完整的测评体系有待创设。国际传播是一项永远处于进行时状态的工作，提升传播有效性要在保持动态测评中，详细充分地掌握传播实况和有效影响，更新传播理念，创新传播方式，增强传播能力，不断提升传播实效。

　　我们坚信，当代中国价值观念必将以其包容的文化内涵、共同的价值追求和丰富的时代意蕴彰显出它独特的世界意义！

参考文献

一、经典文献类

1.《马克思恩格斯选集》(第三卷),人民出版社,2012年。

2.《马克思恩格斯选集》(第四卷),人民出版社,2012年。

3.《马克思恩格斯文集》(第五卷),人民出版社,2009年。

4.《马克思恩格斯文集》(第九卷),人民出版社,2009年。

5.《毛泽东选集》(第三卷),人民出版社,1991年。

6.《邓小平文选》(第一卷),人民出版社,1994年。

7.《邓小平文选》(第三卷),人民出版社,1993年。

8.《邓小平文集(一九四九——一九七四年)》(下卷),人民出版社,2014年。

9.《胡锦涛文选》(第三卷),人民出版社,2016年。

10.《江泽民论加强和改进执政党建设(专题摘编)》,中央文献出版社、研究出版社,2004年。

11.《习近平谈治国理政》,外文出版社,2014年。

12.《习近平谈治国理政》(第二卷),外文出版社,2017年。

13.习近平:《弘扬和平共处五项原则　建设合作共赢美好世界——在和平共处五项原则发表60周年纪念大会上的讲话》,人民出版社,2014年。

14.习近平:《在庆祝中国共产党成立95周年大会上的讲话》,人民出版社,2016年。

15.习近平:《决胜全面建成小康社会　夺取新时代中国特色社会主义伟大胜利——在中国共产党第十九次全国代表大会上的报告》,人民出版社,2017年。

16.习近平:《习近平主席新年贺词(2014—2018)》,人民出版社,2018年。

17.《十六大以来重要文献选编》(中),中央文献出版社,2006年。

18.《十七大以来重要文献选编》(上),中央文献出版社,2009年。

19.《十八大以来重要文献选编》(上),中央文献出版社,2014年。

二、中文译著类

1.[英]格雷厄姆·沃拉斯:《政治中的人性》,朱曾汶译,商务印书馆,1996年。

2.[美]哈罗德·D.拉斯韦尔:《世界大战中的宣传技巧》,张洁、田青译,中国人民大学出版社,2003年。

3.[美]亨利·基辛格:《论中国》,胡利平、林华等译,中信出版社,2014年。

4.[美]理查德·伯恩斯坦、[美]罗斯·芒罗:《即将到来的美中冲突》,隋丽君等译,新华出版社,1997年。

5.[美]刘康:《大国形象:文化与价值观的思考》,上海人民出版社,2015年。

6.[美]刘康主编:《国家形象与政治传播》,上海交通大学出版社,2010年。

7.[美]罗伯特·福特纳:《国际传播:全球都市的历史冲突及控制》,刘利群译,华夏出版社,2001年。

8.[美]罗伯特·基欧汉、[美]约瑟夫·奈:《权力与相互依赖》,门洪华译,北京大学出版社,2001年。

9.[加拿大]马歇尔·麦克卢汉:《理解媒介:论人的延伸》,何道宽译,译林出版社,2011年。

10.[美]塞缪尔·亨廷顿、[美]劳伦斯·哈里森:《文化的重要作用:价值观如何影响人类进步》,程克雄译,新华出版社,2002年。

11.[美]塞缪尔·亨廷顿:《文明的冲突与世界秩序的重建》,周琪等译,新华出版社,2010年。

12.[法]塞奇·莫斯科维奇:《群氓的时代》,许列民等译,江苏人民出版社,2006年。

13.[德]斯宾格勒:《西方的没落》,张兰平译,商务印书馆,1995年。

14.[法]托克维尔:《论美国的民主》(第一卷),董果良译,商务印书馆,2014年。

15.[美]威尔伯·施拉姆:《美国传播研究的开端——亲身回忆》,王金礼译,中国传媒大学出版社,2016年。

16.[美]威尔伯·施拉姆、[美]威廉·波特:《传播学概论》,陈亮等译,新华出版社,1984年。

17.[美]沃尔特·李普曼:《公众舆论》,阎克文、江红译,上海人民出版社,2006年。

18.[美]沃纳·赛弗林、[美]小詹姆斯·坦卡德:《传播理论:起源、方法与应用》(第4版),郭镇之译,华夏出版社,2000年。

19.[美]希伦·A.洛厄里、[美]梅尔文·L.德弗勒:《大众传播效果研究的里程碑》,刘海龙等译,中国人民大学出版社,2004年。

20.[美]约翰·罗克尔:《世界舞台上的国际政治》(第9版),宋伟等译,北京大学出版社,2005 年。

三、中文著作类

1.北京太平洋国际战略研究所:《应对危机——美国国家安全决策机制》,时事出版社,2001 年。

2.陈日浓:《中国对外传播史略》,外文出版社,2010 年。

3.程曼丽:《国际传播学教程》,北京大学出版社,2006 年。

4.程曼丽、王维佳:《对外传播及其效果研究》,北京大学出版社,2011 年。

5.窦卫霖:《中美官方话语的比较研究》,上海外语教育出版社,2011 年。

6.段连城:《对外传播学初探》,五洲传播出版社,2004 年。

7.段鹏:《传播效果研究:起源、发展与应用》,中国传媒大学出版社,2008 年。

8.范红主编:《国家形象研究》,清华大学出版社,2015 年。

9.方梦之:《应用翻译研究:原理、策略与技巧》,上海外语教育出版社,2013 年。

10.甘险峰:《中国对外新闻传播史》,福建人民出版社,2004 年。

11.关世杰:《跨文化交流与国际传播研究》,中国社会科学出版社,2011 年。

12.郭庆光:《传播学教程》,中国人民大学出版社,1999 年。

13.韩方明主编:《城市外交:中国实践与外国经验》,新华出版社,2014 年。

14.韩震:《社会主义核心价值观与中国文化国际传播》,中国人民大学出版社,2017 年。

15.何国平:《中国对外报道思想研究》,中国传媒大学出版社,2009 年。

16.何国平:《中国对外报道思想研究》,中国传媒大学出版社,2009 年。

17.胡键:《角色·责任·成长路径——中国在 21 世纪的基础性战略问题》,上海人民出版社,2010 年。

18.胡正荣、关娟娟主编:《世界主要媒体的国际传播战略》,中国传媒大学出版社,2011年。

19.江畅:《论中国价值文化发展》,科学出版社,2018年。

20.金灿荣:《和平发展:大国的责任》,中国人民大学出版社,2014年。

21.李希光、周庆安主编:《软力量与全球传播》,清华大学出版社,2005年。

22.李智:《国际传播》,中国人民大学出版社,2013年。

23.李智:《国际政治传播:控制与效果》,北京大学出版社,2007年。

24.刘继南、何辉等:《中国形象——中国国家形象的国际传播现状与对策》,中国传媒大学出版社,2006年。

25.刘建明:《宣传舆论学大辞典》,经济日报出版社,1992年。

26.刘笑盈、何兰主编:《国际传播史》,中国传媒大学出版社,2011年。

27.刘燕南、史利等:《国际传播受众研究》,中国传媒大学出版社,2011年。

28.骆郁廷:《精神动力论》,武汉大学出版社,2003年。

29.骆郁廷:《思想政治教育引论》,中国人民大学出版社,2018年。

30.骆郁廷:《文化软实力:战略、结构与路径》,中国社会科学出版社,2012年。

31.明安香:《传媒全球化与中国崛起》,社会科学文献出版社,2008年。

32.欧亚、王朋进:《媒体应对——公共外交的传播理论与实务》,时事出版社,2011年。

33.欧阳雪梅:《当代中国文化》,五洲传播出版社,2014年。

34.秦玉才、周谷平、罗卫东主编:《"一带一路"读本》,浙江大学出版社,2015年。

35.邵培仁:《传播学导论》,浙江大学出版社,1997年。

36.佘双好:《大众化时代中国故事:中国特色社会主义理论普及路径》,武汉大学出版社,2014年。

37.佘双好:《中国梦之中国精神》,武汉大学出版社,2015年。

38.沈苏儒:《对外传播的理论与实践》,五洲传播出版社,2004年。

39.沈壮海:《思想政治教育有效性研究》,武汉大学出版社,2016年。

40.沈壮海:《文化强国建设的中国逻辑》,人民出版社,2017年。

41.沈壮海:《文化强国之路》,湖南教育出版社,2014年。

42.沈壮海:《文化如何成为软实力》,天津教育出版社,2016年。

43.石义彬:《传播研究:国际视野与中国实践》,社会科学文献出版社,2014年。

44.世界华文传媒年鉴编辑委员会编:《世界华文传媒年鉴2015》,世界华文传媒年鉴社,2015年。

45.孙东哲:《新媒体与国际传播》,外文出版社,2014年。

46.孙吉胜等:《"中国崛起"话语对比研究》,世界知识出版社,2015年。

47.孙来斌:《民族精神 时代精神 共同理想》,武汉大学出版社,2014年。

48.孙来斌主编:《中国梦之中国复兴》,武汉大学出版社,2015年。

49.唐润华:《中国媒体国际传播能力建设策略》,新华出版社,2015年。

50.陶坚、林宏宇主编:《中国崛起与国际体系》,世界知识出版社,2012年。

51.陶文钊:《中美关系史(1972—2000)》(修订本)(第3卷),上海人民出版社,2016年。

52.田智辉:《新媒体环境下的国际传播》,中国传媒大学出版社,2010年。

53.廎继光:《中国当代传播理论体系分析》,四川大学出版社,2005年。

54.王帆:《中国对外传播的客居受众效果研究》,复旦大学出版社,2015年。

55.王庚年主编:《国际舆论传播新格局研究》,中国国际广播出版社,2013年。

56.王庚年主编:《建设现代综合新型国际一流媒体研究》,中国国际广播出版社,2011年。

57.王星:《大数据分析:方法与应用》,清华大学出版社,2013年。

58.王义桅:《海殇？欧洲文明启示录》,上海人民出版社,2013 年。

59.王义桅:《"一带一路"机遇与挑战》,人民出版社,2015 年。

60.吴瑛:《文化对外传播:理论与战略》,上海交通大学出版社,2009 年。

61.吴瑛:《中国声音的国际传播力研究》,上海交通大学出版社,2016 年。

62.项久雨:《思想政治教育价值论》,中国社会科学出版社,2003 年。

63.项久雨、詹逸夫:《中华圣贤经典——礼》,长江文艺出版社,2011 年。

64.项久雨:《中国新贡献》,人民出版社,2018 年。

65.肖航、纪秀生、韩愈:《软传播:华文媒体海外传播研究》,中国传媒大学出版社,2013 年。

66.邢博主编:《构建中国在中东欧地区舆论新格局》,中国国际广播出版社,2014 年。

67.胥琳佳:《品牌形象的国际化传播——基于受众的态度和行为的视角》,人民日报出版社,2016 年。

68.徐牧:《大变局:中国模式的崛起与西方模式的衰落》,九州出版社,2010 年。

69.许静:《舆论学概论》,北京大学出版社,2009 年。

70.姚遥:《新中国对外宣传史:建构现代中国的国际话语权》,清华大学出版社,2014 年。

71.叶朗:《中国文化国际传播与影响力报告(2016)》,北京大学出版社,2016 年。

72.张桂珍:《中国对外传播》,中国传媒大学出版社,2006 年。

73.张昆:《国家形象传播》,复旦大学出版社,2005 年。

74.张昆主编:《中国国家形象传播报告(2016)》,社会科学文献出版社,2017 年。

75.张友谊主编:《文化软实力:提升当代中国文化建设的社会影响》,济南出版社,2013 年。

76.张毓强:《国际传播:思想谱系与实践迷思》,中国传媒大学出版社,2017 年。

77.张蕴岭主编:《中国与世界:新变化、新认识与新定位》,中国社会科学出版社,2011 年。

78.赵化勇主编:《中央电视台发展史(1958—1997)》,中国广播电视出版社,2008 年。

79.赵建国主编:《传播学教程》,郑州大学出版社,2012 年。

80.赵可金:《公共外交的理论与实践》,上海辞书出版社,2007 年。

81.赵可金、孙鸿:《政治营销学导论》,复旦大学出版社,2008 年。

82.赵磊主编:《"一带一路"年度报告:从愿景到行动(2016)》,商务印书馆,2016 年。

83.赵启正:《公共外交与跨文化交流》,中国人民大学出版社,2011 年。

84.赵启正、雷蔚真主编:《中国公共外交发展报告(2015)》,社会科学文献出版社,2015 年。

85.赵启正主编:《公共外交战略》,学习出版社,海南出版社,2014 年。

86.郑永年:《大格局:中国崛起应该超越情感和意识形态》,东方出版社,2014 年。

87.郑永年:《通往大国之路:中国与世界秩序的重塑》,东方出版社,2011 年。

88.郑永年:《中国崛起——重估亚洲价值观》,东方出版社,2016 年。

89.朱穆之:《朱穆之论对外宣传》,五洲传播出版社,1994 年。

四、中文期刊类

1.艾四林:《"中国梦"与中国软实力》,《中国特色社会主义研究》,2013 年第 3 期。

2.常江、田浩:《中共十九大对外传播议程设置解读》,《对外传播》,2017年第 11 期。

3.常江、文家宝:《BBC 的全球化与本土化传播策略及启示》,《对外传播》,2014 年第 8 期。

4.陈健:《中美关系发展的思考》,《世界经济与政治》,2012 年第 6 期。

5.陈曙光:《中国话语和话语中国》,《教学与研究》,2015 年第 10 期。

6.陈正良、周婕、李包庚:《国际话语权本质析论——兼论中国在提升国际话语权上的应有作为》,《浙江社会科学》,2014 年第 7 期。

7.戴木才:《从思想和价值观上打造"中国话语权"》,《红旗文摘》,2015年第 6 期。

8.郭小聪:《约瑟夫·奈软实力说中的"吸引"与"追随"》,《国际关系学院学报》,2010 年第 3 期。

9.侯惠勤:《"普世价值"的理论误区和制度陷阱》,《世界社会主义研究》,2017 年第 1 期。

10.胡智锋、刘俊:《主体·诉求·渠道·类型:四重维度论如何提高中国传媒的国际传播力》,《新闻与传播研究》,2013 年第 4 期。

11.寇立研、周冠宇:《"一带一路"对外传播需要把握的十对关系》,《对外传播》,2015 年第 3 期。

12.李东燕:《从国际责任的认定与特征看中国的国际责任》,《现代国际关系》,2011 年第 8 期。

13.李国振:《在对外交往中提升中国国家软实力的几点思考》,《当代世界》,2010 年第 1 期。

14.李希光:《我国长期面临外部舆论环境的严峻考验》,《求是》,2013 年第 3 期。

15.刘晶、陈世华:《"讲好中国故事":纪录片的"中国叙事"研究》,《现代传播(中国传媒大学学报)》,2017 年第 3 期。

16.刘小燕:《关于传媒塑造国家形象的思考》,《国际新闻界》,2002 年第 2 期。

17.罗建波:《中国特色大国外交:新理念、新战略与新特色》,《西亚非洲》,2017 年第 4 期。

18.骆郁廷:《文化软实力:基于中国实践的话语创新》,《中国社会科学》,2013 年第 1 期。

19.门洪华:《关键时刻:美国精英眼中的中国、美国与世界》,《中国社会科学》,2012 年第 7 期。

20.倪建平、黄卫红:《关于中国国家形象与外交政策的理论思考》,《毛泽东与邓小平理论研究》,2004 年第 10 期。

21.庞中英:《全球治理赤字及其解决——中国在解决全球治理赤字中的作用》,《社会科学》,2016 年第 12 期。

22.佘双好:《推动习近平新时代中国特色社会主义思想深入人心的路径选择》,《马克思主义理论学科研究》,2018 年第 1 期。

23.沈壮海:《价值观自信是文化自信之核》,《中国领导科学》,2016 年第 9 期。

24.沈壮海:《文化软实力的中国话语》,《文化软实力》,2016 年第 2 期。

25.宋涛:《为建设美好世界贡献中国智慧》,《当代世界》,2017 年第 1 期。

26.唐小松、王义桅:《美国公共外交研究的兴起及其对美国对外政策的反思》,《世界经济与政治》,2003 年第 4 期。

27.王晨:《积极推进党委新闻发言人制度建设》,《求是》,2010 年第 20 期。

28.王雷鸣:《关于中央文献对外翻译传播的几点思考》,《马克思主义与现实》,2014 年第 4 期。

29.王文:《智库:对外传播的重要平台》,《对外传播》,2014 年第 1 期。

30.王义桅:《超越和平崛起——中国实施包容性崛起战略的必要性与可能性》,《世界经济与政治》,2011 年第 8 期。

31.文建:《把握国际话语权 有效传播中国声音——习近平外宣工作思路理念探析》,《中国记者》,2016 年第 4 期。

32.吴飞:《流动的中国国家形象:"中国威胁论"的缘起与演变》,《南京社会科学》,2015 年第 9 期。

33.项久雨:《看清"普世价值"的伪善本质》,《人民论坛》,2018 年第 6 期。

34.项久雨:《论中国崛起的文明特质与世界意义》,《思想理论教育》,2017 年第 5 期。

35.项久雨、姚兰:《文化视域下中国形象对外传播的基本向度》,《江淮论坛》,2017 年第 5 期。

36.项久雨、张业振:《当代中国价值观国际传播中的自我与他者》,《武汉大学学报(哲学社会科学版)》,2018 年第 2 期。

37.项久雨:《中国价值观念国际传播的三大目标》,《人民论坛》,2017 年第 19 期。

38.邢丽菊:《推进"一带一路"人文交流:困难与应对》,《国际问题研究》,2016 年第 6 期。

39.徐占忱:《讲好中国故事的现实困难与破解之策》,《社会主义研究》,2014 年第 3 期。

40.俞新天:《中国价值观的世界意义》,《国际问题研究》,2013 年第 4 期。

41.喻国明:《主流传媒应该如何办——〈纽约时报 100 年〉读后》,《新闻前哨》,2013 年第 5 期。

42.翟慧霞:《通过国际民调提升国际舆论话语权的探索与建议》,《国际传播》,2017 年第 5 期。

43.张恒军、章彦、宁晓晓:《加强国际传播人才培养的思考》,《新闻界》, 2013 年第 3 期。

44.张辉:《塑造中国和平发展形象的国际公关战略》,《公关世界》,2016 年 第 13 期。

45.张昆、吴金伟:《"联接中外、沟通世界"——打造具有影响力、公信力、 感召力的外宣旗舰媒体》,《对外传播》,2016 年第 4 期。

46.张涛甫:《怎样破解中国文化与价值观念传播难题》,《人民论坛》,2017 年第 9 期。

47.张毓强、尚京华、唐艾华:《中国国际传播人才培养的历史沿革》,《当 代传播》,2010 年第 4 期。

48.赵浩生、周庆安:《政治游说、国际公关与中国形象——赵浩生教授清 华大学演讲录》,《国际新闻界》,2001 年第 4 期。

49.赵可金、陈维:《城市外交:探寻全球都市的外交角色》,《外交评论》 2013 年第 6 期。

50.赵银平:《文化自信——习近平提出的时代课题》,《理论导报》,2016 年 第 8 期。

51.周鑫宇:《"城市外交"的特殊作用》,《世界知识》,2015 年第 7 期。

52.周鑫宇:《中国国际责任的层次分析》,《国际论坛》,2011 年第 6 期。

五、中文报纸类

1.陈先达:《文化自信的本质与当代意义》,《光明日报》,2018 年 1 月 8 日。

2.《当中国理念成为国际共识(钟声)》,《人民日报》,2017 年 9 月 22 日。

3.冯建华、李永杰:《华侨华人:提升中国软实力的重要资源》,《中国社会 科学报》,2014 年 9 月 22 日。

4.郝立新:《核心价值观:当代中国精神名片》,《光明日报》,2017 年 10 月 18 日。

5.黄日涵:《中国国际形象为何持续提升?》,《环球时报》,2018 年 3 月 17 日。

6.吉瑜洁:《央视海外传播应充分利用和发挥好社交媒体作用》,《中国新闻出版广电报》,2016 年 7 月 20 日。

7.《建设社会主义文化强国 着力提高国家文化软实力》,《人民日报》,2014 年 1 月 1 日。

8.李德顺:《推进当代中国价值观念建设》,《光明日报》,2014 年 4 月 18 日。

9.罗建波:《大国外交新思维与中国的国际责任》,《学习时报》,2014 年 5 月 5 日。

10.骆青、文博:《应对气候变化,世界需要中国》,《人民日报》,2017 年 11 月 22 日。

11.牛光夏:《国产纪录片:如何与世界对话》,《光明日报》,2016 年 8 月 20 日。

12.《人类命运共同体理念成为广泛共识(钟声)》,《人民日报》,2017 年 2 月 14 日。

13.沈壮海:《文化强国建设的中国逻辑》,《人民日报》,2016 年 9 月 21 日。

14.沈壮海:《文化自信与当代中国文化新发展》,《光明日报》,2017 年 10 月 18 日。

15.宋鲁郑:《中共展现自信开放与担当(望海楼)》,《人民日报·海外版》,2017 年 11 月 30 日。

16.孙微:《又炒"中国渗透"! 英媒别有用心出歪招对付中国"锐实力"》,《环球时报》,2017 年 12 月 20 日。

17.唐润华:《中国媒体如何提升国际传播能力》,《中国科学报》,2014 年 7 月 25 日。

18.项久雨:《莫把共同价值与"普世价值"混为一谈》,《人民日报》,2016年3月30日。

19.严瑜:《中国展现负责任大国风范》,《人民日报·海外版》,2017年6月26日。

20.杨振武:《把握对外传播的时代新要求》,《人民日报》,2015年7月1日。

21.《"一带一路"为应对全球性挑战提供新机遇——联合国秘书长古特雷斯》,《人民日报》,2017年5月12日。

22.张红:《炒作"中国威胁"实为"威胁中国"？》,《人民日报·海外版》,2018年2月1日。

23.张文东:《文化传播:基于文化自信的国家战略》,《光明日报》,2017年8月23日。

24.郑科扬:《文化霸权主义:强权政治战略的新形态》,《中国社会科学报》,2016年1月15日。

六、外文期刊类

1.Andrew J. Nathan,China's Challenge,*Journal of Democracy*,Vol.26,2015.

2.Bridget Welsh;Alex Chang,Choosing China:Public Perceptions of 'China as a Model',*Journal of Contemporary China*,Vol.24,2015.

3.Callahan,William A,Identity and Security in China:The Negative Soft Power of the China Dream,*Politics*,Vol.35,2015.

4.Chang,Peter T. C,Confucian Pluralism and China's Dream of a Harmonious World,*China Information*,Vol.28,2014.

5.Emilian Kavalski,Relationality and Its Chinese Characteristics,*The China Quarterly*,Vol.226,2016.

6.Fan Hao,Ideological Expectations for Value Consensus in Chinese Society,*Social Sciences in China*,Vol.37,2016.

7.Heberer,Thomas,China in 2013:The Chinese Dream's Domestic and Foreign Policy Shifts,*Far Eastern Survey*,Vol.54,2014.

8.Jack Barbalet,Chinese Individualization,Revisited,*Journal of Sociology*,Vol.52,2016.

9.Jan Servaes,The Chinese Dream Shattered Between Hard and Soft Power?,*Media,Culture & Society*,Vol.38,2016.

10.John Ross,Jinghai Zheng,Karla Simone Prime,What can be Learned from China's Success?,*Journal of Chinese Economic and Business Studies*,Vol.14,2016.

11.Karen Dawn Smith Stegen,Understanding China's global Energy Strategy,*International Journal of Emerging Markets*,Vol.10,2015.

12.Kent Wickstrøm Jensen,Shahamak Rezaei,Thomas Schøtt,Shayegheh Ashourizadeh,Jizhen Li,Chinese Entrepreneurs' Human and Social Capital Benefiting Innovation:in China and in the Chinese Diaspora,*International Journal of Business and Globalisation*,Vol.16,2016.

13.Lulu Gu;W. Robert Reed,Does Financing of Chinese Mergers and Acquisitions Have"Chinese Characteristics"? *Economics Letters*,Vol.139,2016.

14.Marcia Don Harpaz,China's Coherence in International Economic Governance,*Journal of Chinese Political Science*,Vol.21,2016.

15.Michal Kolmas,China's Approach to Regional Cooperation,*China Report*,Vol.52,2016.

16.M. S. Prathibha,The Promise of China's Cooperative Behaviour towards India,*Strategic Analysis*,Vol.39,2015.

17.Richard Horton,Offline:Health—the Chinese Dream,*The Lancet*,Vol.387, 2016.

18.Richard Westra,China's Development:Capitalism and Empire,*Journal of Contemporary Asia*,Vol.46,2016.

19.Robert Barro,China's Growth Prospects,*Frontiers of Economics in China*,Vol.11,2016.

20.Robin Wilson,China and Japan,*The Mathematical Intelligencer*,Vol. 38,2016.

21.Saroj Bishoyi,China's Nightmare,America's Dream:India as the Next Global Power by William H. Avery,*Strategic Analysis*,Vol.38,2014.

22.Seifudein Adem,China in Africa:Articulating China's Africa Policy, *Journal of Contemporary African Studies*,Vol.33,2015.

23.Silvia Menegazzi,China's Political Dilemma:Change or Continuity? *The International Spectator*,Vol.50,2015.

24.Thuy T. Do,China's Rise and the'Chinese Dream'in International Relations Theory,*Global Change,Peace & Security*,Vol.27,2015.